融媒时代背景下新闻传播的变革研究

张 哲 著

吉林出版集团股份有限公司
全国百佳图书出版单位

版权所有　侵权必究

图书在版编目（CIP）数据

　　融媒时代背景下新闻传播的变革研究 / 张哲著. -- 长春：吉林出版集团股份有限公司, 2021.12
　　ISBN 978-7-5731-1335-1

　　Ⅰ. ①融… Ⅱ. ①张… Ⅲ. ①新闻学－传播学－研究 Ⅳ. ①G210

中国版本图书馆 CIP 数据核字（2022）第 017930 号

融媒时代背景下新闻传播的变革研究
RONG MEI SHI DAI BEI JING XIA XIN WEN CHUAN BO DE BIAN GE YAN JIU

著　　者：张　哲	责任编辑：郭玉婷
出版策划：齐　郁	

出　　版　吉林出版集团股份有限公司
　　　　　（长春市福祉大路 5788 号，邮政编码：130118）
发　　行　吉林出版集团译文图书经营有限公司
　　　　　（http://shop34896900.taobao.com）
电　　话　总编办 0431-81629909　　营销部 0431-81629880/81629881
印　　刷　天津和萱印刷有限公司
开　　本　787mm×1092mm　　1/16
印　　张　12
字　　数　216 千字
版　　次　2022 年 6 月第 1 版
印　　次　2022 年 6 月第 1 次印刷
书　　号　ISBN 978-7-5731-1335-1
定　　价：78.00 元

印装错误请与承印厂联系

前 言

科学技术作为第一生产力，在推动经济和社会发展中起着决定性的作用，是先进生产力的集中体现和主要标志。近年来，数字技术、网络技术、信息技术等不断创新，以互联网、移动终端为代表的新媒体快速发展。传统媒体为了在激烈的市场竞争中占有一席之地，不得不通过各种方式和渠道同新媒体进行交流和合作，因此导致不同的媒体之间取长补短，走上了融合的必经之路。媒体格局翻天覆地的变化必然造成媒体传播格局的变化。新生的传媒力量所带来的颠覆性改变，极大地丰富了信息产业的格局，改变了新闻行业的形态，加速了新闻传播的市场化进程，这无疑对全球传媒组织提出了全方位的革命性挑战。当今的新媒体已经跨越了媒体形态的界限，跨越了时空的拘囿，甚至也跨越了文化的隔阂，更深刻地渗入世界的政治、经济、文化、科技等各个领域。

本书第一章为媒体融合与新闻传播，分别介绍了媒体融合概述、深化对媒体融合的认识和媒体融合背景下新闻传播概况三个方面的内容；本书第二章为媒体融合对新闻传播的影响，主要介绍了媒体融合给新闻传播带来的机遇与挑战、媒体融合对新闻生产的影响、媒体融合对新闻媒体考核评价的影响和媒体融合对新闻报道的影响；本书第三章为融媒时代新闻传播渠道的变革发展，主要介绍了融媒时代纸质媒介的发展、融媒时代广播电视的发展、融媒时代手机新闻和网络媒体新闻的发展以及短视频和直播；本书第四章为融媒时代新闻业务改革，主要介绍了融媒时代新闻采访与写作工作、融媒时代新闻编辑工作、融媒时代新闻采编人员角色转型和融媒时代新闻记者实现能力的跨越；本书第五章为融媒时代新闻传播管理创新，主要介绍了融媒时代新闻传播舆论引导的管理和融媒时代新闻传播者的管理；本书第六章为融媒时代新闻传播变革与新发展，主要介绍了融媒时代新闻传播面临的新挑战、融媒时代新闻传播的发展策略、融媒时代新闻传播教育和新闻人才培养和新闻传播融合和变革之路。

在撰写本书的过程中，作者得到了许多专家学者的帮助和指导，参考了大量的学术文献，在此表示真诚的感谢。作者在撰写中力求内容系统全面，论述力求条理清晰、深入浅出，但由于作者水平有限，书中难免会有疏漏之处，希望广大同行及时指正。

作者
2021 年 8 月

目 录

第一章 媒体融合与新闻传播 1
    第一节 媒体融合概述 1
    第二节 深化对媒体融合的认识 9
    第三节 媒体融合背景下新闻传播概况 11

第二章 媒体融合对新闻传播的影响 19
    第一节 媒体融合给新闻传播带来的机遇与挑战 19
    第二节 媒体融合对新闻生产的影响 24
    第三节 媒体融合对新闻媒体考核评价的影响 26
    第四节 媒体融合对新闻报道的影响 31

第三章 融媒时代新闻传播渠道的变革发展 41
    第一节 融媒时代纸质媒介的发展 41
    第二节 融媒时代广播电视的发展 48
    第三节 融媒时代手机新闻和网络媒体新闻的发展 73
    第四节 短视频和直播 80

第四章 融媒时代新闻业务改革 109
    第一节 融媒时代新闻采访与写作工作 109
    第二节 融媒时代新闻编辑工作 122
    第三节 融媒时代新闻采编人员角色转型 129

第四节 融媒时代新闻记者实现能力的跨越……136

第五章 融媒时代新闻传播管理创新……143
第一节 融媒时代新闻传播舆论引导的管理……143
第二节 融媒时代新闻传播者的管理……150

第六章 融媒时代新闻传播变革与新发展……155
第一节 融媒时代新闻传播面临的新挑战……155
第二节 融媒时代新闻传播的发展策略……158
第三节 融媒时代新闻传播教育及新闻人才培养……166
第四节 新闻传播融合和变革之路……179

参考文献……185

第一章 媒体融合与新闻传播

20世纪90年代初，传统媒体和新媒体还可以作为独立的媒体形态存在，通过不同的传播方式为受众提供不同的新闻服务。在近几年，在数字技术、宽带技术、软件技术、IP技术迅速发展的背景下，电信网、广播电视网、互联网的产业边界被逐渐打破，使得依附在这三网之上的传统媒体和新媒体的边界逐渐模糊，并开始产生业务融合。与此同时，新闻传播自身的特点决定了媒体融合的必然。融媒时代即媒体融合的时代，"融"不单单是新旧媒体的融合，更是人的融合，需要对媒体的体制机制、新闻生产流程中的采编各个环节、媒体人的理念和技能等各个方面都进行与新时代相匹配的革新。新技术的学习和应用，观念的更新，缺一不可。融媒时代新闻传播走到了一个十字路口，传统媒体与新媒体的融合已经势不可挡，新闻传播产业正向着媒体融合的方向快速发展。

第一节 媒体融合概述

在全球数字化浪潮下，信息技术迅猛发展，诸如互联网、手机之类的新媒体层出不穷，新媒体的出现无疑给传统媒体带来了挑战，但是它并不能取代传统媒体的地位，于是媒体就朝着互相融合的方向发展。新旧媒体之间的界限也趋于模糊，整个社会的媒体格局发生了变革。媒体融合不是一个孤立存在的问题，它是为传统主流媒体转型服务的，是打造新型主流媒体的必经之路。

一、媒体融合的定义

媒体融合的设想最早起源于媒体在技术领域的融合。尼古拉斯·尼葛洛庞帝（Nicholas Negroponte）曾设想过印刷出版行业、电脑行业和广播电影行业的融合，被表述为三个相互交叉且趋于重叠的圆环，为媒体融合研究开拓了思路。1983年，麻省理工学院的教授伊契尔·索勒·普尔提出了"传播形态聚合"，他认为科技正在被赋予自由的生命力，媒介发展开始呈现集多种功能于一体化的趋势：一种物理形态的网络能够承载所有类型的媒介服务，而一种媒介服务也可以发布于任何物理形态的网络。他在《自由的科技》一书中指出：一种物理形态的网络将可以发布任何与媒体有关的服务。"各种模式融合"的过程正在模糊媒体之间的界限，"过去存在于一种媒介及它的用途之间的一对一的关系正在消失，概括而言，这就是不同媒介形式融合的涵义。"保罗·莱文森（Paul Levinson）也对处在新技术环境下的媒体发展做出了预测，认为媒介的融合是进化的必然方向。他认为"媒介可以合作，以求贴近当前技术环境，从而存活下来，媒介进化似乎有汇聚的趋势，合作的媒介各自履行延伸和复制的任务。"

在普尔的基础上，詹金斯（Jenkins）将媒体融合定义为"跨越多个媒介平台的内容流动，多种媒介产业之间的合作，以及受众行为的转移"。博尔特和格鲁辛（Bolter & Grusin）则从再媒介化（remediation）的角度出发，认为媒体融合是"至少三种重要技术——电话、电视和电脑——的互相再媒介化，它们中的每一个都是各种技术、社会和经济实践的杂合"。美国南卡罗来纳大学的华人学者魏然则将"媒体融合"定义为"在内容（包括新闻、信息、娱乐节目和数据）的制作、播出和传播上传统媒体与具有互动性的新媒体相结合"。

相比而言，国内学术界对媒体融合的界定研究较为薄弱。绝大多数著作将媒体融合视为一个不证自明的概念，几乎没有对其进行严格界定就开始探讨相关问题。在为数不多的媒体融合概念讨论中，刘鹏指出，所谓融合，意味着边际界限的模糊、交叉、突破、浸润，媒体融合不仅仅是媒介介质的融合，更是移动互联网环境下产品形态的融合、经营模式的融合、产业发展的融合。宋建武则认为，"媒体融合的过程，实际上是持续发展的互联网技术及其应用迫使传统媒体从过去单一的传播渠道、内容和方式向平台化方向发展的过程"。更多学者则采取了官方表述，将媒体融合表述为"传统媒体和新兴媒体融合发展"。

在现有中外学者宝贵探索的基础上，我们将媒体融合定义为人类传播活动诸要素内部界限模糊的一种状态，这些要素包括技术、经济、主体、内容、规范等。融媒体是指充分利用媒介载体，把广播、电视、报纸等既有共同点，又存在互补性的不同媒体，在人力、内容、宣传等方面进行全面整合，实现"资源通融、内容兼融、宣传互融、利益共融"的新型媒体宣传理念。融媒体不是一种实体媒体，而是一种媒体运作方式。

要实现媒体融合，需要以网络信息技术作基础，多种因素相互作用组合，辅以各种方式方法，最快速实现信息传播，因而媒体融合是新时期背景下各种传播方式、传播媒体的相互融合进而传播信息的新型方式。它是在互联网背景下发展的，技术的进步使得大量媒介信息得以压缩，大大地减少了信息存储的空间，成为信息传递的主要方式。利用各种媒体进行信息传播是一种手段，媒体融合理念最早是由尼古拉斯提出的，通过各种传播媒体的结合，最终促进信息传播的全媒体化。

进入融媒时代，在5G网络信息技术逐渐覆盖普及的今天，特别是各种多功能智能手机的全面推广运用，使新闻传播方式呈现爆发式发展，取代了先前人们只能通过广播、电视、报纸等固定的传播媒介才能获得信息的方式。媒体融合的意义主要是使信息的传播和获取变得更加便捷和迅速。在媒体融合发展过程中，信息采集与传播的渠道更为多元。

融媒体凭借自身高效、简单的特点一时间广受社会上各大媒介的喜爱，并被充分应用到社会各个文化传播领域之中。融媒体是现代化信息技术下的高新技术产物，这一技术的出现在国内传媒界掀起一股潮流。尽管该技术的设计原理仅仅是将多种媒体的优势有效地结合起来，进一步实现信息传播效率的有效提升，但融媒体对于传统媒体的影响之大是不可否认的。传统媒体虽然有着自身独特的发展优势，但同融媒体相比，融媒体显然更适合现代化社会。融媒体是多种传统媒体的优势互补，是一种现代化产物，它的出现就是为了弥补传统媒体存在的不足，给新时代媒体产业的发展创建一个全新的发展环境，进而使得新时代媒体产业的各种功能价值能够得到较大限度的发展。

二、媒体融合的基本特征

（一）媒体融合是一个多层面的概念

虽然新传播技术，特别是数字技术和网络技术，的确是促成媒体融合快速发展的关键因素，而且人们提到媒体融合时最容易想到的也是技术介质的融合，但媒体融合所内含的层面远远不止技术这一个。可以说，人类传播活动关涉的所有方面，技术、经济、主体、内容、规范等，都是媒体融合的重要部分。媒体融合应当是包括横跨多种媒体平台的内容流动、多种媒体产业之间的合作，以及那些四处寻求各种娱乐体验的媒体受众的迁移行为。

（二）媒体融合是一个多视角的概念

虽然现有关于媒体融合的探讨，不论是国内还是国外、业界还是学界，大多以传统媒体为出发点，思考如何与新兴媒体相加相融的问题，但媒体融合的本意不光是传统媒体拥抱新兴媒体，反之亦然，甚至也包括传媒之间和新兴媒体之间的融合。同时，媒体融合不仅可以从媒体来看，也可以从人的角度来看，包括生产者、消费者和生产消费者。将媒体融合简单视为"一种设备上汇集了多种媒体功能的过程"的观点是错误且片面的，不应将多种不同技术经过无缝整合，并且逐渐融合成为共享平台的过程简单视作媒体融合。

（三）媒体融合是一种界限模糊的状态

不难发现，我们的定义没有使用聚合、汇聚、合并、融通等时下描述媒体融合的常用词汇，而是沿用了普尔的经典表述"界限模糊"。原因在于，使用类似融合的表述，极易导致对媒体融合概念的误解，认为媒体融合就是原来不同的媒体合成一个。相反，真正的媒体融合更像是一种老媒体适应新环境的"进化"过程，而不是被新媒体所替代的"革命"风暴。在相当长的时间里，各种新旧媒体会并存，只是界限日益模糊，使得媒体真正成为随时随地的存在。

（四）媒体融合是一种不断变化的状态

如詹金斯所言，"媒体融合是一个过程，而不是一个终点"。既然是界限模糊，就有程度的变化。关于这种程度的变化，习近平总书记关于媒体融合的一个比喻极为形象。2016年2月19日，在党的新闻舆论工作座谈会上，习近平总书记指出，要"尽快从相'加'阶段迈向相'融'阶段，从'你是你、我是我'变成'你中有我、我中有你'，进而变成'你就是我、我就是你'。"而且，新旧媒体的相对性也意味着媒体融合是一个永无止境的过程。

三、媒体融合的层面

媒体融合不仅仅限于技术层面，而是包括技术、经济、主体、内容、规范等人类传播活动的诸多层面。下面，我们就对这些基本层面进行介绍，以丰富我们关于媒体融合概念的理解。

（一）技术层面

毫无疑问，媒体融合是一个技术赋能的过程。过去我们对新技术的应用重硬件轻软件。从大数据到云平台，我们能够更好地服务用户。从人工智能到物联网，媒体融合正在进入融媒智造的新时代。技术不仅是媒体融合的核心动力，也是媒体融合的首要体现。作为动力，推动媒体融合的核心技术是数字技术。经过二进制代码的转换，数字技术可以将原来只能通过报纸、广播、电视进行传播的文字、声音和图像内容全部数字化，变成电脑可以识别、处理和呈现的内容，因而打破了传统媒体之间的界限。这些传统媒体的数字化和网络化则进一步加剧了相互之间的界限模糊，形成了詹金斯定义中的"跨越多个媒介平台的内容流动"。

技术层面的媒体融合主要包括网络融合（network convergence）、设备融合（device convergence）和应用融合（application convergence）。网络融合即各种不同传播网络之间界限的模糊。博尔特和格鲁辛提到的电话、电视和电脑的互相再媒介化，就是网络融合的典型代表。在中国，我们所熟知的就是"三网融合"，即电信网、广播电视网和互联网的融合。设备融合包括两层含义，一是原来功能单一的设备变得功能越来越多样，相互之间越来越相似，如手机、电视也开始具备电脑的某些功能；二是不同设备之间的信息共享和互动成为可能，如在云技术的推动下，手机、电脑、平板和电视之间能够更加便捷地共享内容。应用融合是指在网络融合和设备融合的基础上，各种具体应用和服务也能够同时被不同的设备予以提供，如IPTV服务可以同时被电视、电脑和手机提供。

（二）经济层面

经济层面的融合是媒体融合的另一个重要层面。这一层面主要包括企业融合（corporate convergence）和产业融合（industry convergence）两个方面。企业融合，又称组织融合（organizational convergence）或结构融合（structural convergence），是指传媒企业内部的战术融合，通过内部结构和资源的重组，实现融合式的内容生产、推广和经营。同一媒体机构的触角延伸至生产、发行、推广等传播的各个层面，成为全传播链条的传媒企业，这一过程也被称为纵向整合（vertical integration）。产业融合，又称市场融合（market convergence），是指原来泾渭分明的媒体产业，如报纸、广播或电视，现在逐渐模糊了界限。原来属于不同产业的媒体公司，合并组建跨产业的媒体集团，成为打通全产业链条的媒体巨头。这种产业融合的集团化趋势，已经成为当前全球传媒发展的一个鲜明特征。目前全球最有影响力的媒体集团，不论是康卡斯特、迪士尼、美国电话电报公司，还是哥伦比亚广播公司、维亚康姆、21世纪福克斯，都是整合出版、广电、影视、音乐、游戏和网络等传统媒体和新兴媒体的全产业媒体集团，这一过程也被称为横向整合（horizontal integration）。

（三）主体层面

媒体融合，归根结底其实是人的融合。在传播主体层面，媒体融合主要表现为三个方面的融合。

一是生产者内部的融合。技术和经济层面的界限模糊，使得专业媒体人内部的界限也日渐模糊。原来异常精细的、限于不同媒介的分工已经无法满足融合环境的需要，能够同时胜任文字、图片、视频，甚至编程工作的"融合记者""背包记者""全能记者"或"超级记者"应运而生。虽然关于"融合记者"究竟会降低还是提升，新闻质量仍然存在争议，但专业媒体生产者跨越多种媒介平台的趋势已经不可阻挡。

二是消费者内部的融合。随着网络融合、设备融合和应用融合的不断深入，原来不同媒体消费者之间的界限也变得越来越模糊。毫无疑问，传统媒体时代，消费者在日常生活中既会读报纸，也会听广播、看电视，甚至会在同一时间使用这些媒体。不同的是，进入融合时代，"第二屏幕"（second screen）现象，或"辅助式同时使用媒体"（complementary simultaneous media use）现象越来越普遍。所谓"第二屏幕"现象，即看电视的同时使用另外一个电子设备，用户在两个屏幕上关注的议题或内容相同。消费者不仅会在同一时间使用不同设备获取不同内容，即普通的"多任务"（multitasking）现象，而且也会在同一时间使用不同设备获取相同或相关的内容，这种现象揭示了消费者融合的一种新趋势。

三是生产者和消费者之间的融合，这也是主体层面最具革命性的一种融合。远在互联网出现之前，以使用与满足理论为代表的新受众理论就开始强调受众的主动性。詹金斯发现，在电视时代，粉丝社区就开始通过故事和艺术的创作参与到电视内容的生产和制作之中。以互动性为根本特征的互联网的诞生和发展，使原来的受众发生了革命性变化，演变成为"生产消费者"（prosumer）。社交媒体的出现，进一步加剧了生产者和消费者的融合，挑战了传统媒体时代的"只读文化"（the read-only culture），开始催生一种"读写文化"（the read/write culture），或"参与文化"（participatory culture）。生产者和消费者、传者和受者、专业者和业余者的界限被打破，社会关系也由此而被重构。

（四）内容层面

内容融合是人们最易感知的一个层面。内容层面的融合主要包括两个方面。一方面，不同来源的内容日益融合。如前文所述，主体层面的融合，特别是生产者和消费者之间的融合，导致媒体内容的来源空前广泛。除了传统的专业媒体人生产的内容（professional generated content，PGC）、用户生产内容（user generated content，UGC）以其广泛性、多元性、贴近性等优势，已经成为当前媒体内容不可或缺的组成部分。此外，随着人工智能技术的发展和应用，机器生产内容（machine generated content，MGC），如由机器人写作的新闻，也开始成为媒体内容的重要补充。甚至，在"万物皆媒"的时代，由传感器搜集的来自世间万物的信息（sensor generated content，SGC），也将成为内容融合的一个方向。

另一方面，不同形态的内容也相互融合。国内业界和学界常说的"全媒体"，国外业界和学界所谓的"跨媒体"（trans media），就是指的不同媒体形态的内容融合。一般来说，传统媒体内容的媒体形态较为单一，不是文字，就是声音或者图像。融合时代，叙事方式从单一媒体向全媒体或跨媒体转变，一个新闻事件不仅可以通过文字的方式来报道，也可以通过照片、音频、视频、漫画、动画等方式来讲述，而且它们之间还可以产生无穷无尽的组合方式，形成千变万化的创新可能。由于任何一种单一的内容形态都存在先天不足，所以不同媒体形态的内容呈现相互区别却又互相补充的特点，共同形成一个前所未有的复杂精密的叙事整体。

四、媒体融合的影响因素

媒体融合理念最早产生于尼葛洛庞帝提出的"媒体融合"思想。相对比于媒体融合，媒体融合除了信息传播的介质和载体，还需要结合具体的内容系统来进行处理。针对媒体融合现象，各专家学者也进行了分析和研究，这种趋势主要还是互联网的大环境下产生的，具体表现为各种媒介的融合及多功能一体化。综合来看可以归结为三种因素影响。

第一，行业竞争压力的存在。一方面传统媒介不想因为失去竞争优势而逐渐消失，另一方面新的媒介想快速获得发展。这样传统媒介和互联网下的新媒体融合发展，可以较好地实现双赢，由于新闻经营压力的存在，新闻报道也势必会做出创新和变革。

第二，技术变革是媒体融合的主要根源。从传统媒介到新媒介，打破了行业垄断，也不断调整着信息传播组织的经营结构，促进媒介的融合。特别是航拍、应用软件和云技术的推广应用，更推动了新闻报道的变革发展，使其向着真实和便捷的方向演变。

第三是受众方面的因素。新的时代背景下，广大用户和受众的需求也受到影响，对新闻报道和媒体的要求不断提高。同时新媒体的融入给传统媒介带来了一定的挑战，媒介和新闻报道要与时俱进，做出创新和变革，不断满足用户的需求，朝着新的方向发展。

五、当代我国媒体融合的现状

在新时代媒体的发展进程中，媒体融合是主流的发展趋势，媒体融合可以利用现代化的智能终端，如手机、ipad、电脑等，还有利用传统媒介的特点和优势，如电视、收音机、电台等，将传统媒介与现代化智能终端有机地融合起来形成的一个崭新的媒体环境。这种新的媒体环境不仅加速了信息的融合，还让信息传播的渠道更加的多元化，给媒体发展提供了大量的信息资源。

2019年1月25日，中共中央政治局新年的第一次集体学习就将主题定为"全媒体时代和媒体融合发展"，还把"课堂"设在了人民日报社媒体融合发展的第一线，强调"推动媒体融合发展、建设全媒体成为我们面临的一项紧迫课题"，再次凸显媒体融合工作在当前国家战略中的重要地位。在这一背景下，媒体融合以全球瞩目的速度在中国大地上推进。从中央到地方，各新闻单位积极探索传统媒体和新兴媒体在内容、渠道、平台、经营、管理等方面的融合。

2020年，我国进入"深度融合"发展新阶段，中共中央办公厅、国务院办公厅印发了《关于加快推进媒体深度融合发展的指导意见》，在其中多次提及先进技术、信息技术。而先进技术可从流程效率、效能效果、市场效力三个层面驱动"深度融合"。5G驱动的智能传播，使媒体融合纳入了国家发展战略中的"新基建"。CTR评估结果显示，中央广播电视总台、人民日报、新华社稳居融合传播效果榜单前三。截至2020年底，中央广播电视总台、人民日报和新华社在新媒体渠道的累计粉丝量（不去重）均在十亿级以上。8家央媒机构下载量过亿的自有APP累计下载量增长42%，仅上半年增幅已达31%，下半年"央视新闻""人民日报"抖音号粉丝量双双破亿，主流媒体在新媒体渠道的传播力和影响力不断提升，从守住传统渠道的主阵地向抢滩登录互联网主战场持续迈进。

然而，从总体来看媒体融合推进仍然较为缓慢，这是因为一方面互联网和新兴媒体发展很快，传统媒体转型跟不上趟；另一方面传统媒体的思维惯性及其他原因也严重制约着融合发展。媒体融合是一项极其艰巨而复杂的社会系统工程，尽管媒体融合举步维艰，但也是主流社会的现实需求，媒体融合仍然是社会进步和媒体发展的必由之路。

因此，我们需要更大的决心、更多的智慧及更加踏实的工作来推进媒体融合。目前不论融合创新也好融合策略也罢，面临最大的障碍就是传媒业内卷化，不少传统媒体"等、靠、要"的保守思想十分严重，不求有功但求无过的不作为也严重影响媒体融合的创新发展。这样的媒体要么落入"关停并转"的可悲下场，要么成为名存实亡的落伍者。

第二节 深化对媒体融合的认识

媒体融合的路之所以走得艰难，媒体转型之所以交了不少学费，依然难以完成华丽转身的使命。一个主要原因就在于认识方面。传统媒体对互联网的理解，对新媒体的认知，对媒体融合的认识都相当滞后、陈旧和保守。

一、媒体融合背景下的用户和平台

（一）从受众到用户

传统媒体时代只有受众，他们是信息的接收者和内容的消费者。到了互联网时代，用户替代了受众，用户具有双重身份，它具有受众的身份，但同时还是信息的传播者和内容的生产者，用户生产内容（UGC）成就了新兴媒体。长期以来传统媒体还是习惯于服务受众，这与互联网思维格格不入。媒体融合就是要连接互联网，拥抱新媒体。互联网思维三要义：颠覆性创新、开放中博弈、合作中共赢，而一切都是建立在认识用户、服务用户的基础上。海量的内容需要用户提供，融合创新需要用户供给；传统媒体与新兴媒体的融合就是两大用户群之间的博弈；从技术融合到产业融合，传统媒体都离不开与新兴媒体的广泛合作。基于大数据的用户画像和基于推荐算法的用户价值发掘，都放大了用户在传播中的作用。可以说，对用户的认识和研究是决定媒体融合成败的关键所在。彭兰教授在《新媒体用户研究》一书中从节点化、媒介化、赛博格化三个视角对用户展开深入分析，而这三个视角分别对应社交媒体、自媒体和智媒体，这也是媒体融合发展之所在和所向。

（二）媒体对接平台

在媒体融合的推进过程中，对于传统媒体来说，最不能理解的就是媒介平台，许多人也分不清传统媒体与新兴媒体的根本区别在哪里。这里先来科普一下几个基本概念，新媒体（new media）包括新兴媒体和新型媒体，新兴媒体是互联网原生的，其媒介组织形态有两类：媒介平台和自媒体，比如BAT三巨头都属于媒介平台。新型媒体是传统媒体与新兴媒体结合的产物，比如人民日报微博号、中央电视台公众号等就是传统媒体在新兴媒体平台上做的自媒体。当今传统主流媒体纷纷提出打造"平台"的理念，其实他们所谓的"平台"并不是真正的媒介平台。通过某一空间或场所的资源聚合和关系转换为传媒经济提供意义服务，从而实现传媒产业价值的媒介组织形态才被称作媒介平台。媒介平台不是传统意义上的媒体，媒体三大构成：内容、渠道和商业模式，内容是核心，就是说媒体是一定要做内容的。但媒介平台自己不生产内容，其内容由入驻平台的用户提供，而媒介平台只是为这些用户提供内容分发的服务。

打造媒介平台不仅仅是技术问题，它还需要有一个开放式的结构和资本市场的驱动，这些都是传统媒体所不具备的。在媒体融合中，认识这一点很重要，但不等于传统媒体无所作为。媒体融合其实就是传统媒体与媒介平台的对接，这是一个相互依存、合作共赢的融合。

二、媒体融合创新论：模式、策略与产品

媒体融合经过无数次试水试错，逐步走出误区，接下来的问题是如何找到突破口。只有创新才有发展。作为一个发展目标，必然不是只有少数媒体达到这种融合状态，而是需要这种融合状态已经普遍存在于媒体生态之中。对于深度融合，我们需要更多的创新。模式、策略和产品在融合创新的三个重要节点。

（一）模式与思维

媒体融合有7种模式：平台化模式；以芒果超媒为代表的全媒体布局模式；产业融合模式；跨介质整合模式；多元经营模式；本地化服务模式；TMT模式[Technology（科技）、Media（媒体）、Telecom（通信）三大领域融合发展]。

媒体融合需要强化改革的两种思维方式，一是要有实事求是、以终为始的实践思维。改革开放时，检验真理的唯一标准是实践，对于当下的媒体融合事业，标准则是"受众到底买不买账"，媒体要以此为终来倒推自己该干什么，这就是实践思维。二是要有政策资源和市场化机制都为己所用的工具思维。广电作为国家主流媒体，要做好媒体融合，当然要运用好党和政府信任、群众信赖等政策资源。

（二）策略

融合发展策略主要是以内容为主体，以自建平台和对接平台为桥梁进行融合发展，走出一条"内容＋平台"的融合创新之路。一方面做自己的 APP，建立自己可以掌控的数字平台；另一方面接入微信、头条、抖音等各类媒介平台。比如 2021 年中央广播电视总台就耗资两个亿，让腾讯帮助自己做内容分发。

（三）做产品

媒体融合成功有两个重要标志，一是要有强大的传播力，能够守住舆论阵地；二是要有强大的竞争力，自己要有造血功能，能够变现赢利。这就是传统主流媒体的守正创新，也是其打造新型主流媒体所必须具备的。创新包括内容创新、传播创新、模式创新和制度创新。而内容创新不仅体现在生产上，还体现在运营理念上。长期以来传统媒体的内容只管生产不管运营，只问耕耘不问收获。他们把内容看作宣传品和作品，但如今我们要把内容看作产品。传媒产品有三种：内容产品、服务产品和关系产品。如今还出现了新内容革命，就是内容与形式的融合创新。这些形式创新还体现在服务产品和关系产品上。

大家可能对关系产品比较陌生，春晚抢红包就是一个关系产品。关系产品并不能赚钱，它是为赚钱服务的。腾讯、阿里的春晚抢红包是为了让更多的人使用微信支付和支付宝，是为获取互联网金融用户服务的。如今传统主流媒体频频做各种线下活动，其实也是做关系产品。构建一个生活场景，通过关系产品来连接内容产品和服务产品，可以说新媒体经济的本质就是关系经济。

要服务好用户就要了解用户需求，而要洞察用户需求则离不开大数据，要维系用户离不开关系和连接。因此，媒体融合要打造关系链，实现大连接，只有连接用户才能谈得上为他们提供内容产品。

第三节　媒体融合背景下新闻传播概况

一、新闻传播的特点

媒体融合使得新闻传播发生了一些变化，具有自身特点。具体特点从以下几点进行阐述。

（一）即时性特点

在移动网络和智能手机不断普及背景下，新闻信息的传播将融媒体作为重要渠道。在这一过程中，不管是记者采写新闻，还是受众获取信息，都将会变得更加方便、快捷。新闻事件从最初的发生到传播，只需要很少时间，在很多情况下，新闻事件的发生与新闻事件的报道能够同步展开。由此可以看出，新闻传播具备即时性特点。

（二）多元化特点

在传统新闻信息获取与传播中，往往采用的是单一途径。随着新媒体技术的不断进步，新闻编辑可以加强对网络途径的应用，及时获取社会市场中发生的事情，将传统单一的新闻信息获取方式打破。融媒体能够将单一新闻资源实现资源共享，在这一过程中，主要应用的也是新媒体与网络。互联网具备便捷性特点与高效性特点，可以及时将新闻信息传递给受众。除此之外，受众可以使用智能手机、互联网平台等，在网络中发布自己身边发生的新闻事件，这使得新闻编辑相关新闻信息的获取更加方便。融媒体的发展，使得传统报道方式及采访模式发生转变，促使新闻资源逐渐朝着普遍化、大众化方向发展。通过对互联网系统性与传播性的应用，更好完成新闻信息的获取与新闻信息的传播。

（三）"短平快"特点

媒体融合背景下，新闻传播特点不断契合大众"短平快"的阅读习惯。一方面，新闻视频播放时间"短"，短小精悍的新闻内容更容易吸引受众，冗长篇幅的新闻稿令观众阅读兴趣大幅下降。另一方面，新闻内容"平"常事居多，往往是百姓最关心的话题，很多热搜新闻不再是宏大新闻主题，反而是百姓平常所见、所闻、所感。除此之外，普通受众的新闻阅读速度更"快"，根据《2020中国网络视听发展研究报告》调查结果显示，人均单日在线110分钟，平均单日阅读新闻数量超过60篇，用户阅读速度明显提高。

（四）"新奇特"特点

由于新闻爆料速度加快，新闻内容更"新"速度也随之加快。这"新"主要是因为自媒体的出现，令很多新闻事件在发生之后第一时间就被报道出来，故而新闻内容更新速度空前之快。由于海量新闻信息占据了用户大量阅读时间，以至于更加新"奇"的新闻内容关注度居高不下。能够在海量新闻内容中脱颖而出，也必然具备"新奇特"的基本特点。不新鲜的新闻少有人观看，不奇特的新闻也少有人问津。因此，融媒时代下，伴随大众新闻阅读习惯的变化，令新闻传播产生了新奇特的普遍特征。

二、新闻传播的定位

媒体融合环境下新闻传播要想得到良好的发展，必须要明确自身定位，意识到自身的优缺点，然后在此基础上选择针对性的手段和策略，具体要考虑到以下几个方面的内容。

（一）能够组织高质量的新闻稿件

当下我国互联网技术在各行各业都得到了明显的渗透，在这种社会环境下，新闻传播发展也进入了一个全新的时期，逐渐表现出了多样性和速度性两个特征，这也在一定程度上增加了新闻工作者的工作量。对此，基于媒体融合环境下新闻编辑工作者必须意识到自身角色的正确定位，积极学习，不断努力，不断提高自己的专业能力和职业素养，这样才能高效快速地应对更大的工作任务。与此同时，需要注意的是，在这一过程中必须要具备敏锐的眼光和独到的思维，这样才能从鱼龙混杂的社会新闻信息中提取出极具价值的新闻内容。不断创作出更多高质量的新闻稿件，从根本上满足当前大众的阅读需求。

（二）能对新闻消息进行准确评论

最近几年以来，互联网技术在各行各业的发展中都贡献出了巨大的力量，在新闻行业中，人们也开始借助互联网来进行高效快速的传播。但是在这一过程中，由于网络技术的特点，新闻消息在传播过程中会出现各种各样的问题，受到多方面因素的影响，尤其是一些虚假消息的诞生，容易给社会群众带来不良影响，必须要避免这类新闻消息的传播，从根本上降低不良消息对新闻传播发展的影响，这就促使新闻编辑必须要具有较强的新闻读题能力和信息判断能力及分析能力，这样才能对新闻消息展开正确客观的评价，从而利用正确的思想来对群众进行引导，不断强化受众群体的辨别能力和思维意识。

（三）能够正确引导社会新闻舆论

基于融媒时代下的新闻编辑工作者，也要具备可以正确引导社会新闻舆论的能力和素养。在平时的工作中积极做好新闻稿件的检查与审核工作，从根本上确保所传播出去的新闻信息真实而有效，并具有社会价值。新闻编辑工作者也要对自己所发布的新闻消息负起责任，从根本上杜绝出现虚假播报的问题，更要严格遵循我国新闻行业的相关规定和要求，保证新闻信息的编辑质量，充分发挥出新闻的社会舆论引导作用，从而构建良好的社会风气。

三、新闻传播的发展方向

（一）新闻传播真实化

媒体融合背景下新闻传播面临的机遇，主要在新闻信息方面。例如，媒体融合为网民和记者提供了海量的新闻信息，为新闻传播储备了足够使用的新闻资料。但由于网络的复杂性，人们对网上传播的新闻信息真假并不能在短时间内确定。而对记者和网民来说，了解真相是浏览新闻的出发点和落脚点。因此，在使用新闻信息之前，需要利用多种方式对新闻信息进行"打假"，以保证新闻传播的真实性、时效性。

（二）传播平台多元化

一方面，传统的电视新闻传播等方式仍然在不断发展，并结合新媒体、自媒体，使自身不断丰富完善。另一方面，网络信息技术迅速发展，媒体融合也处于迅速变化之中，尤其是对于新兴的新闻传播平台，为抢占市场份额，必须增强自身竞争力，保证在媒体融合时代不会被淘汰。

（三）传播方式创新化

网络调查显示，在网络信息技术快速更新换代的今天，由于信息传播平台的多元化，人们已经不知道该如何精确选择平台，以符合自己的需要。

因而，在现如今人们生活压力大、时间被碎片化的时代，新闻传播必须要改变传播途径，创新传播方式，关注传播内容。新闻传播要做到快、准、狠，抓住重点、要点，在保证信息准确无误、客观真实的基础上，以最简单、最快速的方式将信息进行传播报道，并强化信息互动，让网民参与到新闻中来，成为新闻的参与者。同时，新闻传播平台应结合大数据等技术，强化平台合作，根据网民的喜好进行有针对性的推送，从而保证"不掉粉"，让受众对象保持稳定甚至持续增加。

四、新闻传播的社会价值

社会生产力发展水平的大幅度提升，人民群众生活水平的日益提高，老百姓对新闻信息需求自然而然与日俱增，不断传达与回应他们的合理诉求便成了新闻事业未来发展的强本之基。社会要实现快速进步发展，迫切需要新闻媒体发挥舆论宣传、舆论引导和舆论监督职能作用。新闻媒体通过各种新闻形式传播信息，在社会服务中承担着稳定社会秩序、经济秩序及维护社会"公序良俗"的重要角色。新闻报道过程中坚持为人民服务、为社会主义服务、为全党全国工作大局服务的方针，准确、公正、全面、客观进行报道，传播真实有价值的新闻信息，全面、完整、深刻、精彩地反映客观世界真相，充分反映事物和现象内在联系是所有新闻媒体人的职责所在。与此同时，新闻媒体人要把人民群众当作主角，积极主动发掘和传播人民群众的智慧和创造精神，促进社会的发展和进步，推进物质文明、精神文明、政治文明、生态文明建设，为改革开放大局服务。

（一）建立闭环反馈系统

众所周知，新闻媒体的角色担当是传达党委政府政治主张的汇报员，是反映社情民意的传声筒，是加强党委政府与人民群众之间联系的桥梁和纽带，新闻传播具有一定导向作用。因此，新闻传播对于保持人民群众的正常生产生活秩序，维护社会的和谐、稳定将起到至关重要的作用。每当有重大突发性事件发生并将其作为最新最有价值的新闻报道播发后，民众可以在第一时间知道了解整个事件发生的时间、地点、人物、原因和结果等基本情况。对整个新闻事件的产生原因、发展过程、最终结果知晓和理解后，民众会慢慢摒弃和淡化事件所造成的诸多影响，按照社会本身所固有的社会秩序、经济秩序及社会"公序良俗"去进行正常生产生活。当对同一个新闻事件再次进行跟踪报道时，民众又会对其产生清晰的认识和理解，并再次做出更加准确的判断及合理的决定，使其沿着积极向好的方向发展及正确的轨道运行，由此开始循环往复。

由此可见，对于同一个重大的新闻事件，我们按照党委政府的相关要求，围绕同一新闻主题从不同角度、不同侧面做多次、连续的报道，每次民众都能对新闻报道内容积极响应，新闻媒体把这些积极的响应内容进行及时的新闻报道并反馈给党委政府，党委政府根据实际情况再次做出更加科学完善的决定，并由新闻媒体进行新闻报道，带动引导民众科学有序、健康合理的生产生活，党委政府、新闻媒体与民众开始产生良性的互动，这样党委政府、新闻媒体与民众之间就形成了一个积极健康的信息闭环反馈系统。这个闭环反馈系统就是当社会有突发的重大事件发生时，由新闻媒体第一时间开展连续的跟踪报道，带动党委政府、社会民众积极行动、有所作为，稳步推动促进整个社会的和谐稳定、健康发展。

（二）正负两方面进行新闻报道

众所周知，任何一件事物都有其好的一面和坏的一面。对于同一新闻事件，我们对其优点长处进行报道时，新闻受众掌握信息后将会根据这些优点长处不断加强和改善，最终达到预期目标，这即是完成这个闭环系统的正反馈加强。相反，当我们对其缺点不足进行报道时，新闻受众掌握信息后将会根据这些缺点和不足不断弥补和改善，最终达到预期目标，这样即完成一次闭环系统的负反馈加强。

由此可见，新闻事件的正负两方面报道都能催促闭环系统各要素不断完善加强，最终达到预期目标。但在实际工作中，新闻报道还是应坚持以正面宣传报道为主，积极营造团结、稳定、鼓劲、向上的和谐氛围。新闻媒体要在确保新闻内容的权威性和公信力的基础上，依托媒体融合提高新闻传播的速度，扩大新闻影响力和竞争力。新闻媒体作为国家方针政策的"发声器"，能够帮助群众熟知国家最新的方针政策，培养政治思维。当下，新闻舆论的正能量性和方向性越来越受重视，新闻在传播弘扬社会主旋律、引导受众形成正确价值观方面发挥着重要作用。

（三）新闻传播的经验总结与未来展望

新闻媒体在新闻信息传播过程中一定要快速准确，如果出现了延迟，同时新闻信息内容出现了缺失，民众始终不能在第一时间知晓整个事件的来龙去脉，一定会感到迷惑和不解，对整个事件的发展出现误判，做出错误的决定。如果时间久了有可能导致人民群众会对国家和社会不理解、不接受，产生消极思想和抵触情绪，这对国家经济健康发展和社会的繁荣稳定是极其不利的，甚至有可能出现危及民众生命财产安全和引发社会动荡的严重后果，因此我们必须始终保持新闻信息传播通道的通畅。这将更加要求新闻媒体记者牢固树立马克思主义新闻观，坚持正确的舆论导向。导向问题说到底就是新闻工作的方向问题，不仅时政新闻要讲导向，娱乐类、社会类新闻也要讲导向。党报党刊以人民为中心，这样的导向永远不能偏。坚持新闻真实性原则，始终保持冷静清醒的头脑，居安思危、防微杜渐，随时随地为党委政府发声，为人民群众排忧解难，社会主义新闻事业才会长盛不衰。

习近平总书记发表于 2016 年的"2·19"讲话，系统而深刻地回答了党的新闻事业发展的一系列重大问题，强调在新的时代条件下："高举旗帜、引领导向，围绕中心、服务大局，团结人民、鼓舞士气，成风化人、凝心聚力，澄清谬误、明辨是非，连接中外、沟通世界"成为著名的中国特色社会主义新闻事业"48 字方针"。习近平总书记对 21 世纪新闻传播工作提出了更高的要求，激励和鼓舞着新闻工作者。只有准确把握当前社会发展脉搏与时代同频共振，自觉冲锋战斗在社会时代发展最前沿，积极投身于伟大的新闻实践中，发扬艰苦奋斗精神，提高工作业务本领，经受严格的思想淬炼、政治历练、实践锻炼，在复杂严峻的新时代背景下经风雨、见世面、壮筋骨，真正锻造成为烈火真金，新闻工作者新闻传播的脚步才会铿锵有力、渐行渐远，新闻传播的周期才会越来越短，新闻传播距离才会越来越远，新闻传播范围才会越来越广，新闻传播推动社会进步与发展的传播力、引导力、影响力、公信力也将会越来越强。

中国特色社会主义进入新时代，当今世界也正处于百年来未有之大变局，新闻舆论环境更加复杂，新闻工作者的个人能力和素质也要与时俱进。因此，我们更应该不断加强新闻工作者素质教育，牢记全心全意为人民服务的根本宗旨，维护广大人民根本利益，与人民群众同呼吸共命运，一起携手迈进全面建成小康社会。在内容选择上要首选人民群众喜欢、爱听爱看的焦点内容作为切口，以人民群众劳动实践作为新闻报道主体，进一步满足人民群众的新闻需求。另外，从人民群众之间新闻需求的差异性可以向特定受众群体提供差异化的信息与服务，同时要注意把握好时机和力度，这将进一步增强传播效果。要坚持"以人为本""内容为王""服务至上"原则，通过不断满足人民群众日益增长的新闻需求，进一步实现社会和谐、天下大同。习近平总书记关于党性和人民性关系的论述，阐明了正确认识两者关系的基本理论内涵和精神。不仅特别强调党的媒体必须姓"党"，而且也更加注重媒体要坚持"以人民为中心"，创新和发展了"党性和人民性相统一"的理论。这样的思想对于更加丰富和发展马克思主义新闻观意义极为重大，对于更好实现和完成党的新闻宣传使命，指出了非常明确的方向。

中国特色社会主义进入新时代，以习近平同志为核心的党中央新一代领导集体综合分析国际形势和国内发展实际，对推进社会主义现代化建设做出新的顶层设计，提出从 2020 年到 2050 年，在全面建成小康社会的基础上，分两步走全面建成社会主义现代化强国。思想常新、道不远人。社会主义新闻事业也是党的事业一部分，新闻人是新闻事业的践行者，社会的文明进步与发展离不开新闻工作者的辛勤付出与默默坚守，新闻工作者只有在历史发展、时代进步的滚滚洪流中不忘初心、牢记使命、夙兴夜寐、无私奉献、开拓创新、扎实工作，切实履行好党和人民赋予的职责使命，为实现"两个一百年"奋斗目标，真正做一名不愧伟大国家、不愧伟大时代的新闻工作者。

第二章　媒体融合对新闻传播的影响

媒体融合不是新生事物，这种理念和模式也并非一蹴而就，而是多年来媒体行业伴随着信息技术的发展不断发展的产物。可以说，媒体融合让新闻传播发生了巨大变革，不管是传播模式还是管理理念都发生了很大的转变，同时导致行业之间的竞争逐渐越来越激烈，也让新闻信息的理解更加深入，这也让新闻传播的主要模式被不断地深化和更新，一直跟随着新时代和新技术的脚步前进。媒体融合深入发展，给新闻媒体传播带来了很大的影响，在发展过程中不仅迎来了全新的机遇，同时也面临着巨大的挑战。

第一节　媒体融合给新闻传播带来的机遇与挑战

一、媒体融合给新闻传播带来的变革与机遇

（一）新闻媒体的传播变革

1. 传播者与接受者之间的壁垒消失

传统媒体过去是"一对多"单向传播的主导者，拥有大众传播的话语权。媒体融合为受众的个人传播、人际传播提供了交流环境，传播方式由单向传播向多向传播、交互式传播、海量传播的全新格局延展。从传统媒体掌控的"舆论主场"到人人都有麦克风的"舆论广场"，融媒体打破了传统媒介相对封闭的信息系统，形成了高互动性的"去中心化"传播格局，让每个人都拥有表达观点的便捷途径。话语权的获得使信息接收者也可以成为信息传播者，甚至成为舆论热点的主导者。社交媒体方便迅速、互动开放的优势，成功实现了所有人对所有人的传播变革，将受众的传播主体地位凸显出来。

2. 移动互联网成为信息传输和获取的主渠道

移动终端的普及推新、用户消费行为的延展升级已经渗透到政治、经济、社

会的方方面面。当更多的用户通过移动终端接收和传播信息，"终端随人走，信息围人转"的传播特点便凸显出来。以移动化、社交化、视听化为特征的移动传播，对信息的生产、传播和消费模式产生巨大影响，也在不断重塑着传媒生态。不论是早期的"两微一端"（微信、微博、客户端），还是现在的"三微一端"（微信、微博、微视频、客户端），信息传播已经转移到以手机为代表的移动互联网平台，主流媒体逐渐在新阵地上发力，媒体融合进入以移动互联为核心的新阶段。

3. 信息的生产加工和发布渠道更加多元

媒体融合时代，信息传播的发展向可视化、数据化、智能化等方向迈进，信息生产方式、传播方式精彩纷呈。在信息生产方式上，大数据、云计算、人工智能改变着新闻生产发布业态，"策采编发"流程不断重构，"报网端微屏"端口持续打通，一个新闻主题，可以演变多种形态呈现，专业生产内容（PGC）和用户生产内容（UGC）在同一平台竞争，且用户生产的内容占比不断扩大。在信息传播方式上，融媒体平台、移动APP、短视频、网络直播等成为最具活力的领域，H5、VR等技术手段和无人机等高科技设备的运用，使信息的体验性、互动性、趣味性增强，表现力和吸引力持续强化，不断在跨屏跨界中实现不同信息产品的有效连接，形成了竞争中发展、发展中融合的良好趋势。

（二）新闻传播的机遇

融媒时代也给传统媒体带来了新的机遇，传统媒体与新媒体若能有效融合，可发挥传统媒体与新媒体双方的优势，达到"1+1＞2"的效果，能否抓住新的机遇，实现有效的转型发展是传统新闻媒体必须深入思考的重要问题。

1. 新闻信息可以实现即时共享

传统媒体如报纸、电视等，设置了专门的部门、安排了专门的人员进行新闻信息的采集和编写。以电视新闻为例，文字记者进行新闻信息的采集和后期新闻字幕的撰写工作，摄影记者进行摄影工作，剪辑师进行视频、照片等剪辑工作，不同的部门对接不同的工作，不同部门的人负责不同的细化工作。而在媒体融合的背景下，相关传播平台具有多样化、更新换代快等特点，新闻信息的传播发展有着更多的发展机遇，新闻信息资源已经处于即时共享的时代。网民能够在短时间内接触了解新闻的图片、视频、文字，以及不同网民对该新闻事件的评论，并且能够通过多渠道获取和了解。并且新闻信息的获取非常便捷，朋友圈似乎人人是记者，人人在现场，无需等待记者的采访和加工。因而，新闻记者、新闻部门要抓住机遇，及时让新闻信息实现共享，守住新闻生存阵地。

2. 经营模式综合运作

媒体融合可以让多个媒体同时的运作，而且在信息采集、发布上可以联合行动，这样的方式将新闻生产成本有效地降低，主要是在设备、人力、物力和财物上，而且这样的方式还能够实现市场有效覆盖。其跟传统的电视、纸媒等相比有明显的区别，主要表现在经营模式的综合化，这也让传统的媒体拥有了更大的发展空间。在媒体融合背景下人们可以不再受时间和地点的限制，随时进行博客、微博的撰写和发布。将传统的单向传播方式转变得更加的多元化，在聊天的过程中可以采用一对一、一对多和多对多的方式，让人们能够更加广泛地互动和参与。另外，媒体融合也让信息采集、发布和传播的方式更加的丰富，信息传播不仅可以听和说，还能够看和录，并可以根据需求采用多种组合的方式，这让信息传播更加的具有人性化，使用起来更加的便捷。

3. 改变了新闻传播内容

眼下融媒体技术的应用变得越加广泛，有效改变了新闻的传播渠道和传播内容。要想保证新闻内容的质量，就必须要确保内容信息的真实性和全面性及服务性，而且过程中要灵活地渗透大数据技术，这样才能有效拉近新闻内容和人们生活实际之间的距离，从而更好地服务于人们的实际需求。

与纸媒时代的新闻信息的整合和传播相对比，媒体融合时代不自觉加快了不同新闻信息的传播速度。并且随着科技和网络技术的发展，新闻信息的传播速度处于加速度状态，传播范围处于递增式拓展。新闻信息的爆炸式发展反过来促进信息传播媒介和手段的更新换代和媒体融合。新闻信息也不像纸媒时代那样逐字逐句经过层层审核把关，人人都能通过手机、电脑等方式传播新闻，人人成为新闻发布者，客观和主观上都使新闻信息的质与量得到了极大提升。

4. 接收终端更加统一

现代日常所使用的各类新闻信息接收端已经由单一转向高度统一化发展，这种统一化发展能够满足人们的多样化需求，更加适应现阶段的受众群体。传统的主模式和单一化接收终端已经不能够满足现阶段用户的需求，人们需求更加多样化的功能。通过统一化的接收终端接收信息，将硬件设备高度融合和统一，将新闻信息与媒体有机地结合，让信息方式和类型不再只是存在于硬件设备和信息发布平台，将其转变为一个设备并统一化的新闻信息传播平台的方式。

5. 组织方式趋向一体化

在媒体融合的背景下，通过有效地整合全部的媒体，统一地进行规划，颠覆以往的媒体的传播方式，进而构建了一体化的组织形式。一体化的组织方式打破了以往传统行业的区域管理方式，通过借助各种媒体的制造流程设计和控制，让机构重组和资源共享，进而实现各类媒体的集体运作。通过集中和融合的组织方式，将各类媒体的介质特征利用起来，在新闻信息的传播过程中，让各类不同的产品与资源共享，将竞争关系转变为合作关系，一起共同做好区域市场，充分发挥出聚能效应，保障好媒体市场。

例如，美国的媒介综合集团在 21 世纪建立了一栋传媒大楼，被称为"坦帕新闻中心"，它将集团旗下所有的编辑部门、电视台和集团网站平台等集体运营，并组建了新闻总编部，对三种媒体生产的新闻报道进行全面的管理，并在新闻信息的编辑、采集上倡导三种类题一起操作和完成。我国在这种类似问题上较为落后，在组织形式上没有实现完全的一体化，只是启动了整体新闻生产的流程实验。如某地方的日报通过与一些通信媒体合作，推出了地方手机报，这是国内第一家数字报纸，并通过和科技公司合作，研发出了数字报刊与跨媒体的出版系统，进而将传统报纸、出版和数据库等产品一体化地生产和多元化地出版。将网络和报刊结合在一起实现互动性，转变了传统的传播区域限制，构建了一个统一平台，将媒体融合的影响力充分地发挥。但是现阶段我国的媒体融合发展还有待加强，要想实现组织形式一体化，还需要时间和技术的支持。

6. 产权机构多样化发展

将手机、电视、报纸和互联网之间相互的融合就是媒体产权融合。信息技术的应用打破了媒介之间的壁垒，多介质、多渠道的信息开始传播，这在一定的程度上展示了产权的多样化。产权融合将以往传统形式的企业重组，将新时代媒体运行方式展现出来。在产权融合的过程中要转换方式，使用组织重建、整体策划和内容共创的方式让媒体高效地运行，这样的方式有利于新闻传播的发展，有效地发挥自身的优势，扬长避短地相互促进和合作，进而降低企业的运行成本和获得最大利润。但是现阶段我国的媒体企业产权还是属于政府，并没有真正划分到市场当中。

二、媒体融合给新闻传播带来的风险与挑战

（一）新闻传播存在的问题

1. 过度追求点击量，忽视新闻内容

部分新闻媒体及其从业者带有功利性，一味追求点击量和访问量，忽视新闻内容，弱化了新闻媒体的权威性，导致新闻内容层次差异明显、质量参差不齐。

融媒体的发展为微博、微信等媒介提供了发展机遇，但这些新媒体推送的新闻内容往往呈现表面化和肤浅化的特征，弱化了新闻的公信力，不利于引导社会舆论，不利于优质新闻品牌的打造。

2. 争做"标题党"，吸引受众注意力

融媒时代，网络空间的开放性和共享性造成网络信息资源繁多冗杂。对一些媒体而言，在纷繁复杂的网络空间中挖掘有价值的信息资讯存在着一定的难度与压力，于是"标题党"现象开始出现。为了吸引受众博取关注度，这些媒体并没有从内容的权威性等着手，而是依托富有争议性的、带有倾向性的标题入手，借助新奇夸张的标题诱使受众阅读，进而获取点击量、提高访问量。然而，标题背后的内容却无任何有用信息，更有甚者，歪曲、虚构新闻事实，误导社会舆论的方向性，不利于营造风清气正的社会风气，违背了新闻工作者的初心和使命。

3. 娱乐化、低俗化明显，污化新闻空间

网络信息资源鱼龙混杂，不利于正确价值观的弘扬。国内外各种思想文化相互激荡，价值观念日益多元多样，部分不法分子利用网络散布谣言和虚假言论，别有用心者对我国进行文化渗透，否定中华优秀传统文化。这样的有害网络信息容易使受众对自身主流价值产生怀疑。受猎奇心理的驱使，公众对娱乐化信息资讯的关注度较高。部分媒体抓住受众的这一心理特征，热衷于报道名人明星的花边新闻，导致新闻资讯带有浓厚的娱乐化和低俗化色彩，弱化了新闻媒体的政治性。

（二）新闻传播的风险与挑战

在传统媒体的时代，由于媒体的生态空间比较狭窄，信息传播的渠道也比较单一，传统媒体占据的位置是非常重要的，传统媒体是受众获取信息的重要渠道，但随着互联网的发展，传统媒体的地位已然下降。融媒时代的到来，特别是近些年移动客户端的发展，使得各种网络媒体和网络应用逐渐兴起，改变了信息传播的渠道和方式，传统媒体不再是唯一的信源，大量自媒体、公众号、短视频都在传播新闻和信息，挤压了传统媒体的生存空间，给传统媒体带来了严峻的挑战，单一的传统媒体模式以不能适应新的时代发展，与网络进行深度融合是传统媒体转型的必由之路。

以往的传统媒体的传播途径主要是报纸、电视、广播、电台等，这种信息传播的方式具有一定的滞后性，媒体融合的应用让传统媒体的劣势凸显出来。传统媒体的主要劣势有三个方面：第一，实效性和互动性的不足。拿纸媒来说，对于当天发生的事件和新闻，通常要到第二天才能播报出来。而且这种传播功能具有单向性，受众获取了信息后，无法表达自己的观点和看法，而媒体融合可以让人们在阅读了新闻信息后及时地表达自己的意见，进而实现信息的反馈。第二，传统媒体的信息传播具有单一性，难以满足人们的各类需求。第三，传统媒体的信息容量小、成本较高，在生产的过程中需要很多工序，且受版面所限，这也影响了报道内容。

（1）眼下互联网技术发展迅速，逐渐渗透到了人们生活实际的方方面面，而且微博、微信、QQ等几种不同社交软件的广泛应用，让新闻信息的传播逐渐变得社会化和生活化，而且传播速度也在明显加快，这种现象的存在对传统新闻的传播与发展造成了一定的阻碍，不利于传统新闻事业的建设与发展。

（2）当前的媒体融合环境，也改变了新闻从业工作人员的工作方式，他们不仅要掌握专业的知识技能，更要熟练操作融媒体技术，可以通过信息技术的灵活应用来做好数据信息的搜集和处理，因此这也对融媒时代的新闻从业人员提出了更高的要求，带来了更大的压力。

对目前传统媒体来讲，这是"最坏的时代"，其实也是破茧重生"最好的时代"，素材丰富，可使用的技术手段越来越多，联系的成本越来越低。传统媒体要在以往的基础上去开发和利用互联网的技术优势，就能充分发挥"内容为王"的优势。用户在哪里，新闻人就在哪里。

第二节　媒体融合对新闻生产的影响

融媒体的发展致使媒体生态环境重构，新兴媒体如雨后春笋般迅猛发展，媒介环境变得复杂化，融媒体的发展影响新闻生产的全流程，集中体现在新闻的生产方式、传播方式及传播效果三个方面。

一、生产方式多样化

融媒体对媒体新闻生产流程和生产方式提出了新要求，新的新闻生产方式与生产理念层出不穷。具体来说，融媒时代，新闻生产方式表现出以下特点。

（一）新闻媒介多样化

传统媒体时代，各类新闻媒体之间的类型划分清晰，各媒体平台特点鲜明，各司其职。然而，融媒时代，不同媒体类型之间的壁垒被打破，呈现出融合的趋势。传统媒体如广播、电视、报纸之间实现融合，不再受平台性质的限制，广播不再受声音的限制，可以通过互联网平台进行传播，借助语音文字转换的技术进行内容生产，甚至出现了大量音频类 APP，延展了广播媒体的生产平台。电视媒体和传统纸媒更是获得了极大的自由，通过新型媒体如微信、微博、抖音等社交媒体平台进行新闻生产，实现了多媒体平台生产。

（二）内容来源多样化

媒介技术的更新换代，推动了媒体融合的进程，新闻生产环境发生极大变化，受众可以通过众多的传播渠道获取信息。新兴媒体不断发展，移动终端大范围普及，广播、电视、报纸等媒体不再是新闻内容的唯一来源，移动端、社交媒体及各种新闻类聚合网站成为专业媒体平台的补充，甚至超越专业媒体，成为人民群众接收信息的首选渠道。社交媒体的发展势头方兴未艾，伴随着的是受众话语权的提升，每一个互联网用户都可以成为信息生产者，为他人提供新闻内容，用户生产内容成为日常新闻内容的重要组成部分。

网络媒体平台越来越完善，受众参与内容生产已经成为常态化，用户生产内容的数量和质量也在不断提高，UGC、PGC、PUGC 等内容遍布网络。融媒时代，受众既是新闻内容的生产者，也是新闻内容的传播者，内容来源变得多样化。内容来源的多样化也给受众带来了全方位的信息。

二、传播渠道多元化

施拉姆（Schramm Wilbur）的大众传播模式是传统信息传播模式的典型代表，一方是作为信息传播者的专业媒介组织单方面地向受众传递信息，另一方是作为信息接收者的受众被动地接收信息。互联网时代，这种点对面的单向传播模式早已被颠覆，作为信息接收的受众在媒介技术的支持下，前所未有地提升了话语权，不再是被动地接收信息，媒体更加重视受众的反馈，打破了传统媒体对话语权垄断的局面。

与此同时，融媒时代，信息传播还呈现出"微传播"的特征。大量新闻报道不再需要多重编辑和层层把关，微博、微信等社交媒体平台可以实时发布新闻内容，时政新闻的严肃性与新媒体时代碎片化的传播特征形成矛盾。"微传播"给予受众等同于专业媒体人的话语权，用户生产内容成为一种趋势，其传播内容不受时间、空间的限制，很多时候成为新闻报道的第一现场，用户传播内容成为融媒时代信息传播的一大特征。人们借助微博、微信等互联网平台快速、准确地发布现场信息，而每一个目击者都可以成为信息的传播者，大大提高了新闻信息的传播效率，扩大了新闻内容的影响力。

受众全面化满足了用户在碎片时间获取信息的需求，加快了信息传播速度，形成了一种互联网时代特有的信息传播方式。在融媒时代，新闻媒体需要从内容到形式上进行创新，需要精准把握受众需求，尽可能地满足受众不断更新的新需求。

三、传播效果复杂化

融媒时代，多种传播形式交叉应用，丰富了新闻内容的呈现形式。受众的需求不断更新，媒介技术的发展融合了传统媒体和新兴媒体的边界，生产方式多样化和传播渠道的多元化带来的是传播效果的复杂化。

融媒时代，新闻媒体革新了新闻表达方式，实现了良好的传播效果。AI、AR、VR、大数据、物联网等技术的发展，人们迎来了"我的日报"时代。个性化推荐、碎片化传播、可视化传播等受众喜闻乐见的传播方式，丰富了传播形式，融合了报道界线，使新闻内容准确抵达受众端。

同时，新媒体时代，受众身份的转换，在接收信息的同时也在积极主动地传播着新闻内容，为信息到达更远更广的地方贡献一己之力。伴随着媒介技术一同发展的是受众对内容多样化的需求一直在提高，尤其是在面临与受众切身利益息息相关的重点新闻时，单纯地满足受众的知情权远远不够，人们更渴望的是更深层次的信息，渴望及时地、全方位地了解新闻事件。

因此，融媒时代，新闻报道想要取得良好的传播效果，就必须满足受众三个方面的需求：首先对新闻时效性提出要求，要尽可能快地将信息传递给受众；其次是报道内容要全面，多角度进行新闻报道，挖掘深层次的内容；最后要延伸新闻内容，即为受众提供新闻背后的新闻，把内容做深。

第三节　媒体融合对新闻媒体考核评价的影响

一、媒体融合给新闻媒体考核评价带来的问题

（一）不同平台、产品的考核评价体系不均衡

在融媒转型进程中，媒体产品的传播渠道逐步多样化，由传统的纸媒、广播、

电视拓展至门户网站、两微一端，媒体在不同平台生产的内容是完全不同的，对这些产品进行评价时只能分门别类地进行。而且，随着技术的不断进步，媒体所刊登的内容形式也逐步多样化，而对不同形式的内容无法统一进行评价，只能分别进行评价。

所以，在评价实践中很可能会出现平台间、产品间评价不均衡的问题。而且，如果同一记者采编的稿件被不同平台采用，则需要不同平台的评价人员相互之间及时沟通交流，做出较为客观的评判，但此举又过于消耗时间和人力。

（二）不同职位的考核评价不均衡

在媒体融合的进程中涌现出了一批新职位，一人身兼多种工作角色已成为媒体工作的新常态。由于个体所负责的工作有所区别，所以只能对不同职位分别进行考核。这对于工作者来说是相对公正的，但具体到如何考核的问题则较难控制。由此可见，要实现对不同职位的公平评价是多么困难。

（三）不同部门的考核评价不均衡

对媒体的评价而言，一般采取的是"传统渠道＋新媒体渠道"综合评价的考核办法，综合考量两种渠道所产出的传播效益，这种评价办法是较为公正的，能够真实体现媒体在融媒时代的综合实力。但具体到媒体部门，则难以实现均衡评价。比如：在融媒转型过程中，很难实现人员的全部转型，总有些部门不能直接参与到融媒产品的制作中，如何对这些部门进行考核也是难点问题。

此外，随着新媒体影响力的逐步增强，许多媒体在考核内容生产部门时只重流量、不重质量，导致媒体内容频频出现问题，这也证明了现行的考核体系是存在问题的。

（四）考核评价标准不统一

传统媒体与新媒体渠道的生产机制、传播机制有着很大不同，无法进行统一的量化衡量，只有分门别类地进行评价。再者，如何对融媒产品进行考核评价，每个人心中都有一个标准，对内容产品评价的侧重点各有不同，自然无法形成统一的意见。由此可见，考核评价体系的统一还需媒体人继续交流、互动，在不断地交流互动中得出统一的结论。

（五）考核评价体系受限

从目前情况来看，虽说在融媒进程中考核评价系统是不可或缺的，但还非常受限，无法对产品进行全面的评价。例如，衡量一款客户端优劣的标准只能看下载量；衡量一则短视频只能看打开率、完成率；衡量一篇推文只能看点击率、转发数，而对产品其他方面的评价却没有涉及。这是由于目前主流媒体新媒体平台的数据库还非常滞后，没有大量的数据来支撑全面的考核和评价。

（六）考核评价体系无法全面覆盖

由于传统渠道和新媒体渠道的技术手段完全不同，无法运用同一个考核体系进行评价，只能针对各渠道特点进行分别评价，而后再将评价结果综合起来进行分析。目前的评价系统是无法覆盖媒体的全部工作流程的，在系统无法触及的方面则需要依靠人工的力量。

（七）考核评价系统不完善

在媒体日常工作中，由于从业规范、内容生产等方面是有具体评价指标的，所以，系统可对媒体的这些"硬标准"进行客观评价。而对媒体在传播中所展现出的权威性、引导力、公信力则没有统一的衡量标准，系统无法对这些方面进行有效的评价。由此可见，目前的评价体系还不够完善，对一些无"硬标准"的方面无法进行客观评价，媒体无法通过评价结果来总结自身的不足，自然也就无法有针对性地进行改进。

二、改进新闻媒体考核评价体系的策略

（一）与时俱进的原则

新闻媒体考核评价体系的具体内容要根据形势和任务的变化，适时对媒体考核评价具体内容进行调整。考核评价内容在一定范围和一定时间内固然要保持相对稳定，发挥长期效果，杜绝短期行为，但也要根据形势发展的需要，调整、补充新的内容和要求。考核评价内容必须要坚持政治家办报办台的理念不动摇，增强政治意识、责任意识、大局意识，始终强化社会责任感和使命意识，创造一种积极、和谐的社会舆论，以积极的、健康的、建设性的舆论形态为构建和谐社会服务，但同时要根据社会的发展、新闻事业的进步和指导理念的变化及时调整评价体系的具体内容，以紧跟时代前进的步伐。政治导向是媒体的生命线，考核评价体系也要谨守政治导向，提升"四力"在考核评价中的比重，提升意识形态在评价体系中的重要性，不断提升媒体工作者的政治素养，为受众提供更加优质的新闻产品。

（二）重视数据的作用

科学的考核评价体系离不开数据的支撑，访问数、打开率、阅读数、下载量等都是重要参考数据。要依据阅读量、转发数、互动数、关注度等数据进行量化评价，对每一个平台、每一个产品进行考核评价，利用得出的结果总结工作中的不足，有针对性地改良。

此外，在媒体践行主题报道期间，要对重大主题报道数据进行实时监控，依据数据的变化及时调整报道策略。

（三）以人为本原则

考核评价的意义不在于"评判"，而在于通过评判发现工作中存在的问题，从而有针对性地改进，使媒体能够更好地发展。而且，维护媒体良好运营的根本不在于"考核"而在于"管理"，所以在媒体的管理中要进一步完善薪资制度，秉承多劳多得、同工同酬的原则，使人员与制度进一步融合，充分激发员工的积极性。而后在此基础上建立起评价反馈制度，使评价体系能够更好地为媒体、为人员服务。

（四）科学合理的原则

这一原则要求我们在评价新闻媒体时，要充分考虑不同报刊、广播电台和电视台在不同层次、不同类别和不同性质的媒体间的差异性，即在统一的考核评价标准下，对评价考核的不同媒介赋予不同的权重结构和侧重点，以区别对待不同地区、不同种类、不同经济发展水平和不同客观条件下新闻媒体的社会责任履行情况的评估内容。

在媒体融合进程中，移动优先是至关重要的一环，考核评价体系要重新考量移动端的比重，促使媒体人的工作重心向移动端迁移。同时，由于媒体人在向移动端迁移的过程中可能出现身兼多职的情况，对此，评价体系要综合考量媒体人不同工作的比重，将融媒产品和专业考核纳入评价体系中，对媒体人的工作进行科学合理的评价。

（五）按岗区分

在媒体融合中衍生出了许多新岗位，这些岗位所担负的责任不尽相同。在考核评价时要根据岗位的不同有针对性地进行评判。例如，可将岗位的职责、责任及工作量、复杂性以指标的形式具象化，而后根据各岗位间的差别进行评判。此外，在考核评价中还要注意，在对工作量巨大的岗位或中枢岗位进行评价时应有所侧重，以保证这部分人员的权益。针对岗位工作超量的问题，可采用"岗位 + 超量"的模式进行评价，对超出既定工作量的部分进行特别评价，以此保证评判结果的公正。融媒时代，媒体之间竞争愈加激烈，在现行考核评价机制下，除了对既定任务的评价，还要将"额外成果"纳入考核评价体系内，才能激起人员的工作积极性。

（六）以效果为重

以往融媒产品的考核评价多是以点击量为重要考量因素，这容易导致部分媒体人为了追求点击量而生产出一些低俗、庸俗、媚俗的内容，从而导致媒体失范现象的出现。所以，还应将传播效果、社会影响力纳入考核评价体系，让记者的注意力从浅表化产品转移至重大主题中，这既可以促使媒体人生产出更多优质的产品，也可以使媒体产品更加多样化。

（七）从简原则

繁复的考核评价体系虽说可能会关照到各个方面，但无论何种体系最终都是由人来实施操作的，过于繁复的体系在实际操作中可能会出现各种各样的问题，从而导致评价失真。所以，考核评价体系的构建尽可能遵循"从简"原则。虽说简单的体系也可能存在各种问题，但操作便捷，稳定性更高。按照于法周全、于事简便的要求，新闻媒体考核评价体系的内容要规范明确，便于分解和统计，具体标准要清晰、明确，避免过于笼统抽象或过细过繁，方法要全面、系统，便于操作，能较好地运用到媒体社会责任评价考核的实际工作中去。

（八）重视奖惩制度

一个能够成功运行的考核评价体系只有奖励制度是远远不够的，只有奖惩并举才能使媒体更加良性地运行。除了保留现有的奖励制度，还要建立起适合融媒时代的奖励制度。比如：可根据内容的质量、内容的影响力、内容的创新性设置不同的奖项，每到年底对内部优秀的队伍进行统一奖励。对内容生产中出现问题的人员及团队可实行"扣分"制度，对分数靠后的人员或队伍提出改进策略，而对于长期分数落后的可实行淘汰制。只有奖惩并举才能在激励员工积极性的基础上，保证内容的质量。

(九)注重综合性考量

融媒时代考核评价体系的构建自然要具有融媒的特征。在构建考核评价体系时，除了依照传统媒体的工作流程进行评价，也要依照融媒产品的衡量准则进行。比如，对新媒体平台的考核评价可从大数据的应用、云计算能力、数据库的数据量等方面进行；对传播渠道的考核评价可从终端种类、矩阵数量、用户数量等方面进行；对内容产品的考核评价可从品牌形象、内容影响力、媒体转载数等方面进行；对技术应用效果的考核评价可从运维人员数量、处理问题能力、维护运营能力等方面进行。只有综合性的考量才能全面地显示出媒体融合转型的效果。

第四节 媒体融合对新闻报道的影响

一、媒体融合背景下新闻报道的特点

（一）媒体融合背景下新闻报道的基础特点

移动设备终端是媒体融合时代人们接收信息的主要媒介，由于其相较于互联网设备更具独立性，当前数字信息的传播模式更难以保持独立。同时，信息媒介等应用程序的扩张，使信息的传播效率大大提高，其中信息实时性与交互性的提升是实现媒体融合发展的重要一步。新闻报道为了在公信度与引导力方面与其他信息进行区分，应在不改变传统新闻报道内容撰写初衷的同时，打造更具深度的报道内容，并通过信息媒介的画面动态优势，减少媒体融合发展对新闻报道的影响。同时，媒体融合时代，想要提高新闻报道的质量，不应忽略人们碎片化的阅读状态。

因此，新闻报道作为公信力较强的信息传播媒体，首先应在内容传播方面提升不同媒介的支持性，其次需要在信息交互中考虑人们碎片化的阅读状态，最终利用新闻报道的内容深度增强新闻报道的相关影响力。

（二）媒体融合时代新闻报道具有内容融合的特点

新闻报道要想在媒体融合时代实现内容深度与阅读质量的提升，需要利用媒体融合发展带来的资源优势，打造不同种类的新闻报道主题。在新闻报道媒介制

作与阅读传播效果方面加以迭代，是新闻报道质量提升不可忽视的影响条件。分析媒体融合的发展趋势可知，只有提升信息媒介的交互性，并利用信息资源的融合对新闻报道的内容制作形式进行优化，才能使新闻报道的内容质量得到提高，从而应对形式丰富的媒介平台。利用这种观念进行新闻报道的融合制作，可有效增强新闻报道的流量效应，使多种媒介的融合互动特性得以精准运用。在内容制作与媒介传播体系中进行新闻报道形式的改变，可使新闻报道的流程完全基于媒体融合信息传播的属性，在增强新闻报道内容融合的可读性的同时，也能使新闻报道的内容在媒体融合的应用中实现二次，甚至多次传播。按照媒体融合的特性，打造出相应的融合新闻报道形式，对质量的提高显得尤为重要。

二、媒体融合背景下新闻报道的创新要求

新的时代背景，信息技术在发展变革，信息报道需要适应时代要求和技术发展，做出一定的改变和创新，为大众提供更为高效的报道，这也是时代发展潮流和新闻报道发展历程中必须要经历的改变。新闻报道要做出具体的计划适应媒体融合，关键是进行创新。

首先是思想上的改变，大环境下必须具备互联网思维，并能用互联网思维来看待新闻报道，在报道方式、报道主题与题材选择及传播效果和传播对象上做出改变，把握用户的体验感，为用户提供满意的新闻报道和体验。

其次在内容上进行创新，原先的新闻报道存在太多的条条框框和限制条件，以至于重复赘余的内容过多，受众无法获取报道中的有效信息，甚至有很多内容不能进行报道。媒体融合下的新闻报道需要做出改变，突破原先的条件限制，拓宽报道内容和范围，精简新闻报道的核心要点，便于用户快速准确掌握新闻的核心要点，提高信息的质量和新闻报道的亮点。

再次是进行新闻报道的人员，技术条件和新媒体的变革也对新闻报道人员提出了更高的要求，他们需要掌握更多的技能、担任更多的报道内容，团队的每个人分工不同、责任也不同，新闻记者不仅要搜集信息，掌握信息的来源，更需要对采集的信息进行整理和进一步分析，简明信息的核心要义，进行输出和报道。新闻报道需要结合媒体融合手段进行改变，不断增强其影响力和创新力，为新闻报道注入新的活力，让新闻报道"活"起来。

三、媒体融合背景下新闻报道质量提升策略

无论是具备媒体融合时代特性的报道形式，还是传统的新闻报道形式，信息内容的阅读价值都是决定质量的关键。媒体融合时代，虽然信息的传播效率更高、互动性更强，但在新闻报道内容的定位上不应做出过多的改变。只有在最初的价值理念标准下，整合媒体融合的技术优势，研究传统新闻报道内容的质量特点，才能体现出新闻报道的公信力，使整个新闻播报在系列形式上，更易满足受众的阅读需求。

（一）提高新闻工作者的专业能力

新闻工作者的报道能力是连接播报内容的核心，只有在新闻工作者的认知层面，利用媒体融合的技术理念进行技术承接渗透，才能使新闻工作者有意识地利用媒体融合的传播优势，打通传统新闻报道的传播链，使整个新闻报道的内容制作、信息传输、实时交互的媒体形式得到优化。除此之外，还可以使其通过传统新闻报道的经验积累，进行播报质量及文化传播的建设发展。可以发现，时代的发展虽然带来了技术的更新，但新闻报道的核心内容价值是不变的，新闻工作者只有在维持传统内容建设的同时，对新闻报道的文化性加以打磨，并利用自身的专业能力，才能实现新闻报道质量的提升。因此，新闻报道质量的提升离不开新闻工作者知识能力与职业素养的提高，只有在新闻报道的过程中，加强新闻工作者的能力培养与意识转变，才能在新闻报道的基础层面搭建更专业的培养平台。具体而言，在意识与价值观的转变方面，由于认知水平影响新闻报道内容的建设，只有在思想层面进行党的理论、路线方针政策学习，才能使新闻报道的形式更符合当前中国发展的理念，且在内容的深度与价值观的传输等方面取得进步。新闻报道的内容结构逻辑并不简单，其中蕴含了不同时代的特点，新闻工作者只有不断学习，才能提升价值观念与技术能力，最终提升新闻报道质量。媒体融合时代，新闻报道质量的提高，离不开新闻工作者技术水平与价值理念的助力。

（二）拓展新闻报道的内容深度

新闻报道的内容深度是媒体融合时代信息传播质量的主要影响因素，只有利用媒体融合时代信息传播速度快、内容新、阅读时间碎片化的特点，才能使人们在阅读的过程中获得更好的阅读体验。新闻播报内容质量的提高，需要利用新闻在媒体发展过程中积累得相当广泛的读者基础，使更具媒体融合时代传播特点的新闻报道形式在内容深度上有所提升，提高新闻报道的信息质量。与媒体融合信

息传播特点相关的还有人们的阅读特点，在移动型终端普及率极高的时代，人们更加青睐碎片化阅读。随着媒体融合的发展，只有围绕社会的热点话题，在内容深度上对相关价值观念进行探讨，才能在提高新闻报道内容深度的同时，提高人们的阅读维度，并在新闻报道内容的层面，整合相关内容，在阅读状态呈碎片化的读者层面，提高新闻报道的质量，使内容更加新颖、更符合公众的价值观念，实现内容质量与传播质量的提升。

由此可见，媒体融合改变了公众的阅读习惯，只有整合社会热点问题，并对新闻报道的内容形式进行客观与系统的探索，才能拓展新闻报道的深度，使受众接收新闻报道信息后，能依据延伸链接等形式获取体量更为精简、内容更具深度、价值观念更符合大众认知的新闻报道内容。

（三）新闻单位加强新技术的应用

时代的发展通常带来技术的迭代，为了避免新闻报道在内容质量与传播效果方面陷入困境，导致新闻报道的发展受到限制，应在新技术的运用层面，进行相关内容的学习。媒体融合下的新闻报道最关键的是在新时代掌握先进技术手段，为媒体融合和进行新闻报道提供强大的技术支持，同时，完善报道体系，开辟新技术和新应用，为相关的新闻受众带来更优质的阅读体验，更重要的是，新技术与新闻报道的融合应用可集结当前时代的技术优势，彻底改变新闻报道的传播形态。新的技术应用形态是新闻报道发展的驱动力，新闻工作者是新闻内容深度的打造者，新时代的发展革新有助于推动新闻报道在形式上更加符合媒体融合的要求。只有相关新闻单位加强新技术的融合运用，才能推动新闻报道内容质量的提高，并构建出新闻报道的核心发展路径，使整个新闻报道的工作模式在信息传播路径与信息内容质量方面得到优化，进而在传统的新闻报道形式中总结出更具发展性的媒体融合新闻报道制作流程，使新闻单位在信息互动与舆情调查中，形成健康稳定的新闻播报闭环。

因此，为了在阅读端进行新闻报道的质量提升，需要利用媒体融合带来的信息交互优势，将人民的建议纳入质量提升策略的布局中，促使新闻播报的内容领域实现信息建议的垂直互动。媒体融合时代，新闻单位在注重播报领域性的同时，应关注人民对质量提升的建议，并及时解决播报质量问题，以提升新闻播报的质量。

四、媒体融合背景下新闻报道的新变化——融合新闻

媒体融合作为互联网新背景下的发展理念，它是一种手段，更是在不断发展演变的，它不会终止。各种媒体在内容、网络及传播手段上相互融合，实现多媒体一体化，从而便于新闻工作者进行新闻传播活动。因此，这种大背景下进行的新闻传播也可以称为融合新闻和多样化新闻。

（一）融合新闻的具体表现

1. 信息源的融合

新媒体和新技术的出现，给每个人都创造了网络话语权和发声的机会，作为普通民众，他们可以利用电脑、手机等各种终端设备来进行信息传播及在网络上发表自己的观点，这类信息生产者虽然没有专业的基础知识和设备甚至是没有经验，但是也同样可以报道一些信息，不仅更加及时迅速和真实，同时更拓宽了信息获取的途径。

2. 报道流程的有序整合

媒体的融合有效将报纸、电视和网络等媒介联合起来，同一条信息可以利用各种不同的媒介进行传递，弥补了不同传播载体的缺点，有效地实现优势互补和资源整合，同时不同介质上存在的差异相互结合，大大提升了新闻报道的竞争力，也扩大了市场，提升新闻报道的影响力。

3. 各类移动终端的结合

互联网技术兴起，移动设备不断普及，电脑、手机、平板、相机不断涌入人们的生活中，各种媒介的边界变得模糊，数字技术与传统媒体相融合，便利了人们接收信息的途径和方式。

4. 报道方式的变化

媒体融合将各类传播媒体结合起来，将文字、图像、视频和声音与数字化技术结合起来，采集多方面的信息集于一体，传达的信息更加形象生动和丰富多彩，也降低了人们接收新闻信息的难度。

（二）融合新闻的传播效应

1. 长尾效应

随着社会的发展，新闻传播工具、方法技术都在发生改变。在此背景下，新闻信息呈现出多元化特征。这一变化要求媒体在实际传播融合新闻期间，要始终围绕媒体融合趋势更新新闻传播观念并优化传播模式，进而产生"长尾效应"。

要对融合新闻传播的长尾效应进行分析，最重要的就是要对目前的新闻传播模式进行分析，细致研究其对大众观看新闻产生的具体影响。

报纸、广播电视等传统形式的新闻传播模式的弊端逐渐暴露，在新型网络媒体传播模式的应用趋势下，传统的新闻传播模式已经不能满足人们的各项需求。虽然网络传媒模式产生的时间较晚，但其具有高效、便捷的优势。现阶段，传统形式的新闻传播受众范围不断缩小，新型网络媒体的受众范围逐步扩大，二者形成了鲜明对比，这为后续新闻行业创新发展提供了契机，无形中加大了"长尾效应"出现的概率。例如，微博和微信公众号等新型网络媒体新闻传播方式的出现和应用，不仅能为人们阅读新闻信息提供便利，也能使新闻传播者获得固定的粉丝群。

2. 窗口效应

在媒体融合背景下，最关键的一项工作就是要明确新时代新闻传播方式创新变革的目标。在实际传播融合新闻期间，要将充分应用网络平台和新型多媒体方式放在首要位置，在解决传统新闻传播模式不足的同时，全面提升网络平台和互联网技术的使用效率。应用具有创新性和先进性的新闻传播模式，将持续提升新闻媒体市场新型传播途径应用效率，并且在新型技术发挥使用价值的同时，全面增强新媒体新闻传播有效性和及时性。在此期间，不仅能够有效提升新闻传播效益，也能进一步提升新闻传播价值。将互联网平台作为快速、精准、大范围传播新闻信息的载体，可以积累更多的受众人群，在让群众实时掌握新闻事件具体现状的同时，也能保证新闻传播具有实时性。

3. 叠加效应

叠加效应是在媒体融合发展的过程中应运而生的，目前社会整体可续技术水平全面提升，不仅使多种不同形式的新闻媒介传递方式被应用，也使多种不同形式的媒介技术相继产生，对其进行正确选择和应用，能够有效实现提升媒体融合效果的发展目标。例如，南方很多城市的降雨量较高，如在遇到暴雨袭击之后，为了实现快速及时地传播相关信息，就可以充分应用网络。将此种方式与传统形式下的电视新闻传播模式进行比较，其高效性和便捷性更加显著。人们可以利用闲余时间，避免空间因素的影响，通过观看新闻时间视频的方式，掌握第一手新闻信息。官方微博和公众号也会第一时间对该新闻事件进行跟踪报道，以图文结合的形式为主，能够将新闻时间更加立体地呈现出来。这些对于呼吁社会爱心人士积极参与救援活动具有重要帮助。在明确各项信息的同时，做出正确决策，进一步展现出融合新闻自身的优势。

4. 波纹效应

在社会整体进入媒体融合时代之后，不得不说"媒体融合"已经成了一种常见的名词。在先进技术的支持下，对新闻传播方式进行创新和完善，进而形成"融合新闻"。将融合新闻传播方式与传统新闻传播方式进行对比，不可否认前者的新闻传播效率更高，是现阶段传播新闻信息的关键渠道，并且在多种不同类型媒介的作用下，会形成"波纹效应"。在此种效应的作用下，能够引起社会各界的关注，通过网络渠道将新闻事件前因后果呈现在受众群体的面前，能够进一步凸显出新闻信息传播的快捷性和有效性。

（三）融合新闻的有效传播对策

1. 增强反馈的时效性

在数字技术和信息技术水平全面提升的趋势下，各种类型媒介之间的界线不断被强化，这对于推动数字化传播形式的发展也有重要帮助。目前，各种类型的数字移动终端正在逐步普及和优化，无形中也使人们实际获取新闻信息的观念和方式发生了改变，iPad、电子报、电子杂志等获取新闻信息的方式备受关注。在此种状况下，对融合新闻来说最为重要的就是要在传播阶段正确应用层级式制作开发方式，增强反馈的时效性。在实际进行应用的过程中，可以将多种不同类型的媒体形式进行全面融合，在深入挖掘融合新闻内在信息应用价值的同时，全方位展示新闻信息的具体价值。这要求将增强新闻传播时效性放在首要位置，要在提升新闻信息可信度的基础上有效激发受众群体的新闻阅读和观看兴趣。在了解和跟踪新闻事件进展期间，可以将电话作为主要方式，与演播室内部的工作人员及时沟通，通过转播或插播的方式为观众提供更多具有价值的新闻信息。

此外，还要鼓励和引导观众参与到新闻传播中，改变传统形式下单向新闻传播的方式，增强融合新闻传播的互动性与双向性，在创新反馈机制的同时全面提升新闻传播效果。关注新闻内容的丰富性和多样性与增强新闻反馈时效性同样重要，可以通过对计算机等多种先进技术的应用，快速搜集新闻信息，以此避免因为同质化问题对新闻影响力造成影响。

2. 全面结合对外联动与对内融合

要将对内融合和对外联动进行全面结合，将融合新闻传播运用成本控制工作作为基础，在构建与其他电视台新闻资源交叉共享模式的基础上，为高效传播新闻信息提供重要保障。例如，新闻频道在播报新闻信息期间，要构建由内部相关人员组成的专业新闻报道团队，通过多种不同方式的应用搜集和整理信息，保证新闻报道的及时性和有效性；还可以与其他地区的新闻频道、新闻体进行"联合报道"，在网络平台的辅助下，向社会大众大范围地传播新闻信息；也可以通过设置话题进行互动，这不仅能征集人民群众的看法和意见，也能提升人们对新闻事件的关注度；还要积极与内部相关部门进行沟通合作，进而实现新闻资源共享的目标。

除此之外，还要重视并开展与航空电视、铁路电视、门户网站之间的合作，通过不断强化联动性的方式逐步拓展媒体融合范围，将与新闻报道相关的各个系统聚焦在飞机场、火车站、汽车站等人群比较密集的区域。此外，还可以与新浪网、人民网等多个网站进行合作，在保证新闻从业人员有效搜集信息素材的基础上紧密联系主题征集广告；或通过腾讯网或网易等网站，整合和推介新闻节目相关视频，在丰富新闻报道素材的同时，有效提升新闻节目自身的影响力。

3. 对媒介进行精准定位

在媒体融合背景下，为了提升融合新闻传播效率，最重要的就是要对媒介进行精准定位，结合不同对象的具体需求严格按照要求进行新闻制作。发生突发性新闻事件时，在对其进行报道期间，要综合利用现场录音、新闻图片、文字报道等方式，在有效采集新闻素材的同时充分尊重社会公众新闻观点表达和新闻信息发布的权利。新闻从业人员要全面结合社会现实，针对新闻生产的观点做好媒介调整工作，进而展现融合新闻报道在表现形式和内容方面的独特性。例如，在对"个人私自占用共享单车"新闻事件进行报道期间，要充分利用视频和图片等多种类型的新闻报道形式，在保证新闻信息能以多元化形式呈现出来的同时，借助新闻频道使网络媒体充分发挥作用，在影音视频的作用下与社会群众形成良好的互动，与社会大众共同解决"私自占用共享单车"的问题。在新闻报道期间，还要对大众发表的意见进行总结和整理，在进行深入报道的同时最大限度地满足个体的个性化需要，在保证媒介定位精准性的同时，创新融合新闻传播渠道。

五、媒体融合背景下新闻报道的发展

新技术的带领下，新闻报道结合技术、资本、人才及资源等多个领域展开，不断提升自身的影响力和传播力度。作为新闻报道核心任务的信息资源，其有效开发和利用可以提高媒体的核心竞争力，促进媒体的融合，不断拓展新闻业务的开发，促进其变革和创新。

新闻报道在媒体融合下更加表现出新的趋势和创新。互联网的使用让世界各地的信息更加透明化,打破了边界限制,媒体的融合发展让传统媒介和新媒介相互渗透发展,实现互补和共赢,如新闻报道和各类综艺节目的完美结合,提高了节目的收视率和效果;以前的新闻报道是中规中矩的,按照既定的格式进行编排,而媒体融合下,各取所长,各有侧重点,打造独特的新闻报道风格,创新报道方式,在国家领导人的会议报道上采用了漫画形象进行宣传,使得内容更加生活化,也更容易为大众所接受;新闻报道主体向普通大众转移,媒体的融合让新闻报道工作不再局限于专业的新闻工作者,大众也同样可以利用移动终端和手机软件进行创作和传播信息,打破了岗位壁垒;传统新闻节目报道以栏目和杂志期刊为依托,作为收视平台,互联网技术下,新闻报道不再局限于平台和栏目,可以利用各种社交工具进行传递,更加方便快捷,传播范围也更加广泛,突破了实体限制,让新闻信息在看不见摸不着的情况下快速传播。

比如在 2008 年南方发生雪灾时,中国的 CCTV 新闻频道在报道抗击雪灾时就利用了融合新闻的优势。在当时,中央电视台组织了强大的记者报道团队,直击冰雪现场,对暴风雪的消息、对交通和人们生产生活产生的影响进行第一时间的报告;与此同时,中央电视台还报道各部门采取的救灾措施和应急机制,把镜头对准灾区。此外,中央电视台还与其他媒体合作互动,采取手机征集"E 线迎战暴风雪"的方式或采用访谈直播的方式,利用图文互补的形式报道前线的灾情,丰富了自身传统新闻频道对新闻内容报道的数量,扩大了其影响力。

媒体融合是互联网新技术下出现的产物,是符合时代发展趋势的结果,新闻报道在新环境下的变革是必然发展方向,要搜集有价值的信息和故事进行创作并报道,不断满足用户的新闻需求,促进新闻报道的发展和创造力。媒体融合和新闻报道是相互促进、相互融合的,新闻报道工作的进步也会促进媒体的融合,提升不同媒体的竞争力,为其发展创造发展空间和机遇。而反过来媒体融合也极大地促进了新闻报道工作的变革和进步,提升了新闻报道的活力,让新闻报道真正地"活"起来。

第三章 融媒时代新闻传播渠道的变革发展

本章详细地阐述了融媒时代新闻传播渠道的变革发展，主要介绍了以下几方面：融媒时代纸质媒介的发展、融媒时代广播电视的发展、融媒时代手机新闻和网络媒体新闻的发展及短视频和直播。

第一节 融媒时代纸质媒介的发展

随着科学技术的不断发展，媒体行业也得到长足发展，其积极应用当前各种先进技术，使得当前社会已步入融媒时代。融媒时代具备信息传播速度快、受众广、数据量大等诸多特点，对传统纸媒造成巨大的冲击。在此时代背景下，传统纸媒记者若想得以发展，就必须进行积极的转型。

纸媒面临着未来发展的选择。以前，传统纸媒在我国社会上占据着垄断地位，其发布形式也比较简单，即通过文字和图片传播新闻内容。但是到了融媒时代，新闻内容可以将音频、视频、文字、图片、动画等一系列要素有机结合在一起，给观众带来别开生面的视觉盛宴。在这样全新的新闻生产模式下，传统纸媒面临着未来发展的选择。面对融媒体的强大攻势，是打破传统生产机制实现创新，还是继续保持传统的发展模式，借助传统媒体打造个性化、智能化、定制化、精致化的产品？又或是将前面两种形式有机结合在一起，实施"两条腿"走路的形式，既对新闻生产流程进行创新，又生产自己的定制化产品，吸引更多的受众？这一系列选择都摆在传统纸媒的面前，需要传统纸媒慎重考虑，才能获得长远发展。

一、纸媒发展现状

在当前，社会正处于人人都是自媒体的融媒时代，随着网络及智能移动设备的普及，由于智能手机具备易携带、功能多等特点，使其成为当代人们生活中极为关键的日常用品。通过智能手机，人们可以对身边发生的新闻进行随时拍摄，只要经过一定的处理就可以将其发布在网上。换而言之，任何人都是新闻的录制者与传播者。随着科学技术的不断进步，新兴媒体也在对自身进行不断的优化，其逐渐实现多元化传播介质融合、具有超强互动性及个性化定制等多种功能。因此，在近些年，以抖音、今日头条、快手、微博为代表的新兴网络媒体发展十分迅猛，其逐渐加深与人们之间的联系。据相关部门统计得出，截至2020年年底，我国手机网民人数已高达9.21亿。

在此时代背景下，传统纸媒遭受巨大的冲击，其面临大量流失受众群体、广告收益不断降低等诸多困境，其生存与发展面临巨大挑战。为了使自身得以生存与发展，传统纸媒在近些年也在不断摸索自身未来发展方向，部分传统纸媒得以成功转型，但绝大部分传统媒体依然游走于悬崖边缘。在当前，大部分纸媒记者选择转行或跳槽。

因此，在当下，传统纸媒需要对新兴技术进行积极的融合吸纳，主动参与到融媒体发展潮流之中，要积极寻找自身发展方向，从而实现纸媒的完美转型。

二、纸媒创新发展的出路

纸媒处在这样的时代背景下，也要实事求是，改变传统的生产模式与方法，这样才能找到新的出路。具体可以从以下几点入手。

（一）综合利用全媒体新闻平台

过去，传统纸媒由于受到客观条件的影响，一旦遇到重要新闻，都要派发多个记者去同一现场搜集资料，这样才能获得更多的素材来制作新闻。但是在融媒时代，各种信息设备层出不穷，一名记者或者一个团队往往去一次现场，就可以搜集到尽可能多的素材，然后再将这些新闻素材进行整合与编辑，制作出对应的新闻作品，从而大大降低了媒体创作新闻的成本。基于这样的条件，传统纸媒要综合利用全媒体新闻平台，运用各种信息设备搜集新闻素材。

与此同时，传统纸媒也要意识到全媒体新闻平台并不仅仅局限在生产新闻方面，它们也可以发挥大数据技术的力量。大数据又被称为海量数据的集合和处理，具体是指对海量的数据进行相应的捕捉、提取、存储和管理，并对这些数据进行有效的存放，通过相关的专业分析程序对这些海量数据进行处理，找到自己所需要的数据资料，或者从海量数据中发现数据之间存在的内在联系，进而为制定决策提供条件。传统纸媒要通过大数据技术来分析读者对新闻内容的需求，阅读新闻内容的习惯和心理等，掌握他们的喜好，提炼出有针对性、有价值的信息，从而生产更符合受众需求的新闻内容。

（二）打造优质的新闻内容

不管哪一个新闻媒体，都是党和国家的"喉舌"，都要为宣传党和国家的政策、路线与方针所服务，保证社会大众的知情权。传统纸媒在融媒时代背景下更要注重打造优质的新闻内容，注重"内容为王"。我们不能忽视，虽然新媒体的发展非常快速，但是新媒体平台上充斥着很多虚假新闻、花边新闻，还有一些不法分子利用新媒体恶意散播不良信息，造成社会恐慌，这不利于社会的长治久安。基于这样的情况，传统纸媒在融媒时代必须注重内容为王，打造优质的新闻内容，保证社会大众能够获取先进的、具有正能量的信息，让社会大众从纸媒新闻中获得更多的启发。

传统纸媒在生产新闻之前，必须做好充分地调研与挖掘。正所谓"没有调查就没有发言权"，要讲事实，讲真相，提供优质内容，必须进行深入挖掘，这样才能让新闻内容获得社会大众的信任。

总而言之，传统纸媒在融媒时代要生产高质量、真实的新闻，不胡编乱造新闻素材，做到实事求是。

（三）提升新闻记者的素质

传统纸媒生产新闻的流程通常是新闻记者找到了重要的新闻线索，然后赶往新闻现场搜集素材，在此过程中对关键人物进行采访，拍摄照片，然后回到部门后整理资料、撰写新闻稿件，再交由编辑部门进行选择。这样的过程耗费的时间比较多，也需要记者具备很高的综合素质。到了融媒时代，记者可以不用单独完成所有的新闻生产任务，不管是搜集新闻内容，整理图片资料，还是撰写新闻稿件，这些新闻生产方式随着融媒时代的来临发生很大的变化。如今，终端用户和便携式技术相继出现，为新闻记者获取更多的信息提供了很大的便利条件。传统纸媒机构也配置了先进的硬件设施，如为记者发放了先进的录音笔、摄影机、照相机等设备，可以使新闻记者在搜集资料时获得更多的内容。

与此同时，新闻记者要想高效利用这些设备，必须具备很高的综合素质，不仅要具备深厚的文化底蕴，还要有熟练使用新媒体技术的能力，能够将视频、音频、图片、动画等一系列要素融合在新闻内容中，提供高质量的新闻内容。为了使新闻记者具备这样的素质，传统纸媒部门必须注重对记者的教育培训，为他们提供先进的培训内容，使用高效的培训方法，提升记者的"含金量"，同时还要对记者接受培训的情况进行严格考核，考察他们从培训中获得的发展，考察他们能否胜任传统纸媒新闻生产工作。

传统纸媒要想在新时期背景下获得长远发展，要抓住时代赋予的契机，实现融合新闻形态，讲好故事，凸显新闻内容的个性化，这样才能给观众留下深刻的印象。总之，在融媒时代背景下，纸媒与其他媒体所采集的新闻信息基本是一致的。在新闻内容同源情况下，要想胜出，就必须在新闻信息的加工、开发中展现媒体独特的个性。

三、融媒时代纸媒记者转型面临的问题

（一）受众面扩大

在当下，随着互联网信息技术的高速发展及网络媒介数量的不断增多，使得新闻信息的受众不断增多。所以，这就要求记者在对新闻信息进行发布前，要对受众群体的特点进行充分考虑，然后选取适当的新闻信息呈现方式。例如，贴吧、微博、论坛等受众群体多为年轻人，针对此群体的特点，记者在对新闻信息进行发布时要找准侧重点，从而使新闻信息的关注度得到有效提高。因此，在融媒时代背景下，记者不仅要对新闻信息具有灵敏的感知度，还要考虑受众群体的特点及如何使新闻信息得到最大程度的关注。

（二）数据量激增

随着社会的不断发展，互联网信息技术普及力度的不断提升，移动终端产品在生活中的应用越发普遍，智能手机更成为人们日常生活中必不可少的生活用品，人们可以通过移动产品随时随地对新鲜事情进行录制，并将其发布到网络平台之中，如抖音、火山小视频、快手等新兴视频平台，从而使得当前社会每个人都可以成为新闻的发布者与传播者，发现及发布新闻不再成为记者的专属。随着社会的不断发展，自媒体的数量在不断增加，从而使得新闻的数据量飞速增长，造成一个新闻事件可能会存在多个版本的报道，使得新闻的真实性及可信度出现明显的下降，一定程度上导致新闻乱象的发生。在此种环境下，专业记者如何使自身的新闻信息在质量差异极大的信息中崭露头角，已成为传统纸媒记者转型必须要充分思考的问题。

（三）信息传播速度快

与以往传统纸媒不同，在融媒时代背景下，信息传播媒介越发多样，社会大众都可以对信息进行记录及发布，并且由于各种新兴自媒体的不断发展，互联网信息技术的不断进步，人们发布的信息往往会以极快的速度进行传播。通常一个热点新闻或事件的发布，会在短短的几个小时内获取数千万人的关注。因此，在信息飞速传播的今天，如何在真假难辨、质量良莠不齐的信息中及时发布可靠信息，并得到人们关注，是传统纸媒记者在转型期间面临的重要挑战。

四、融媒时代纸媒记者的发展机遇

（一）专业素质高

优秀新闻原创作品的诞生一方面需要依靠记者的专业能力及综合素养，其中就包含文字表达能力、自身的知识储备、对新闻热点的敏感程度及新闻视角的选择等；另一方面需要对现场进行充分感受。传统纸媒采编记者大部分具备一定的资质，无论是对新闻内容的撰写及抓取能力，或个人的综合素质与专业能力，都是绝大部分自媒体从业人员与商业类网站从业人员无法比拟的。

（二）现场感不变

在2017年初，南方都市报写稿机器人"小南"以春运为题材完成首篇报道作品，共计300余字，而报道完成时间不足一秒，从而使得记者将会被人工智能所取代的观点备受社会关注。不可否认，人工智能技术对于大数据的筛选具有极为关键的作用，与专业新闻记者相比，其产生的新闻报道在高效性和精确性方面具备十分突出的优势。但对企业进行充分分析可以发现，人工智能通常会被用于套路化、高度模板化的新闻内容撰写之中。长久以来，新闻写作都是极具创造性、专业性的智力活动，记者通过对现场的切身感受，通过自身的知识积累、专业能力及综合素质对感受进行描写，因此智能机器人永远无法对其进行取代。

五、融媒时代纸媒记者提升的对策

在融媒时代背景下，纸媒记者要对自身思想认识进行适当的转变与更新，积极学习先进的知识，提高自身的综合素质，加强知识运用能力，从而为受众群体提供质量更高的服务。

（一）对创新力与融合力进行增强

在融媒时代背景下，信息的传播速度不断提高，新事物与新鲜的新闻事件不断涌现，所以需要纸媒记者具备优秀的专业素质，从而满足当代媒体工作的实际需要。纸媒记者若想实现良好转型，首先要对创新力和融合力进行不断强化，要对当前各类数字信息资源进行充分整合，对不同种类的信息资源进行深入挖掘，对信息融合实施的效果进行不断加强，要对图片、视频传播的重点予以明确，从而对采编工作的质量及效率进行充分保障。

其次，纸媒记者要对主流媒体信息的整合工作保持足够的重视，要始终保持与主流媒体间的紧密联系，坚持统一战线，积极有效开展各项工作，从而使得新闻资讯信息相关工作的效率得以提升，从而有效地推进采编与传播工作向多元化方向不断发展，有效提升整体工作质量。在此工作要求下，纸媒记者需要对信息产生和传播的方式进行积极创新，对信息进行充分整合，从而最大程度避免失误等现象的发生。

最后，纸媒记者要加强对自身创新精神及能力的培养，在开展相关工作时，要对纸媒信息传播的主要视角进行统计，要对不同类型视角的传播力度和作用进行充分了解。纸媒记者在工作中，应充分发挥自身的工作经验与专业能力，充分挖掘新的新闻视角，从而使采编和报道工作的新颖性得到有效提升。与此同时，纸媒记者在开展新闻报道工作时，要对新闻加工方法进行有效运用，从而逐渐形成完整健全的新闻报道综合链，对新闻报道质量进行充分保障。在融媒时代背景下，纸媒记者要将传统的报道内容结构、采编方式及报道形式与融媒时代的信息传播方式进行充分结合，切实推进融媒时代信息纵向化发展。

（二）提高自身的综合素质

纸媒记者要对自身融媒体的综合工作能力进行不断提升。纸媒记者要对当前融媒时代及信息传播特点进行深入的研究，要对融媒时代的媒体运行规律、存在的机遇及困境进行充分把握，要对受众的实际需求进行深入的挖掘及分析，从而科学合理地制定纸媒媒介传播方案。在充分掌握当前受众所关注的热点及焦点的基础上，纸媒记者要做好相关的挖掘工作，要从民生实事着手，采取广大群众喜闻乐见的形式对媒体信息进行传播，要对纸媒媒体传播的切入点进行积极探索。

除此之外，纸媒记者要对新闻采编和撰写的方式进行积极创新，对各项重点内容进行科学合理的把握，要多角度、全方位地对新闻事件进行报道。为了使融媒体的传播力得到有效增强，纸媒记者要在日常的生活和工作中对新媒体传播形式的内容进行充分搜集，积极对相关知识及技能进行学习，对融媒体传播方式进行有效使用，从而使自身综合素质得到有效提升。

（三）转变工作理念

在融媒时代背景下，纸媒记者在开展各项工作时，要对自身传统的工作理念进行转变，要对传统媒体与融媒体间的差异进行充分了解，并要对融媒体的重要影响具备足够认识，要使自身意识到转型的必要性，从而彻底实现思想上的转变。纸媒记者要对其工作理念进行合理的转变和更新，要在日常工作过程中对融媒体的方法和意识予以采用，从而使得新闻传播方法、采访方法等方面实现良好的改变，不仅与当前融媒时代相适应，更满足当前融媒时代的发展需求。纸媒记者在开展采编工作时，要对当前的信息技术手段进行熟练运用，从而提高新闻信息的采集工作效率及质量。随后要采取适当方式对新闻信息进行传播，要不断提高新闻信息的有效性和真实性，进而使新闻信息的工作效率和价值得到有效提高。

纸媒记者还应该对人民群众当家做主的观念保持足够的重视，对相关法律法规及政策予以严格遵守，要对自身的职业操守予以保持，并且要对自身的行为进行充分约束，从而对采编工作的质量进行有效保障。面对融媒时代的各项新挑战及新要求，纸媒记者要对自身的心态进行积极调整，要将自身的价值及优势充分地发挥出来，结合融媒时代对于记者的要求，纸媒记者要认清自身的劣势及不足，要对其进行充分改变，将其逐渐转变为优势，从而使纸媒记者得以顺利转型。

（四）提升融媒体利用和传播能力

在当前融媒时代背景下，新技术层出不穷，纸媒体记者面对如此状况，需要对互联网思维进行合理使用，从而使融媒体的传播能力得以增强。在实际的工作过程中，纸媒记者在对问题进行思考与解决时，要对互助、平等、开放及合作的精神予以使用，要在工作过程中对用户思维、全球思维、个性思维、跨界思维的优势进行显现。在当下，受众对绘声绘色的新闻结构形式更为重视，为此，纸媒记者要对受众的实际需求进行全面、细致、充分的把握，要严格遵循市场导向，对图文编辑的能力进行学习与研究，在采编工作中要将实地跟踪采访、采编对象对话及后续各种反馈等内容融入。其中，对VR技术与无人机航拍技术等进行积极学习，从而使纸媒记者可以适应当前融媒时代。在当下，部分纸媒都具有直播平台，并且对出镜记者进行专门培训，从而加强受众间的交流，对受众的吸引力大大提升。而纸媒记者在对重要新闻事件进行报道时，依然可以对媒体报道形式予以使用，与此同时，还要对当前新兴的微博、微信、H5及直播等多种形式予以使用，从而实现线下线上共同发力的局面，使纸媒的传播力和影响力得到极大提升。

（五）对多媒体传播的策划能力进行强化

以往传统纸媒记者在工作中常常会强调"术业有专攻"，而在当前的融媒时代背景下，传统纸媒记者要对以往的工作习惯予以突破，要对自身的认知障碍积极进行克服，加深对融媒时代的深刻认知，并且要对自身的角色进行重新定位。与此同时，传统纸媒记者还要不断培养自身的理性判断能力，要对融媒时代各种新闻传播媒介进行熟练运用，积极提升自身的新闻传播能力。因此，传统纸媒记者要对自身的综合素质及专业能力进行充分利用，对自我进行不断的革新，从而使自身的策划传播能力及新闻整合能力得到有效提高。

第二节　融媒时代广播电视的发展

随着信息技术的发展，多样形式的媒体融合趋势如燎原之火般蔓延。这些多种多样的新媒体分流了原本属于传统媒体的受众群体，给传统媒体带来了巨大的冲击力。融媒体畅行的时代下，媒体格局也发生了重大改变。广播电视媒体如何在这种形势下，顽强生长，发挥出自身的优势？答案是，积极迎接信息化时代，借助信息技术这股东风，不断提升广播电视新闻的传播力，进而提高广播电视新闻的价值，为广大受众群体带来高质高效的新闻服务。

19世纪末，广播和电视这两种十分重要的媒体出现在了人们的视野里，改变了人们传统的生活习惯。麦克卢汉（Marshall McLuhan）因此提出了"地球村"理念，认为在两种媒体出现后，延伸了人类的视觉和听觉，甚至打破了时空的界限，连通地球，使地球成为一个整体。在电子媒介时代，内容的生产实现了实时化与视频化甚至直播化，大大地保证了新闻的新鲜性。此外，电子媒介时代生产新闻不再只是文字或者图片，而且可以通过视频形式对新闻进行现场记录、转播，实现了新闻传播的视频化，受众也因此更为广泛，受众不必识字就能获取信息。虽然电子媒介的出现实现了内容生产的视频化和实时化，但是，因为其"单向""霸权"等特征的存在，使得内容传播只能单向进行，受众接收信息的方式与阅读报纸时无异，观看电视时也只能被动、单方面地接受，而难以将自己的需求和想法回馈给传播者。

一、融媒时代广播电视的现状

（一）广播电视媒体面临的变革和调整

首先，其面临的市场风险挑战复杂严峻。一是生存压力进一步加大。去年传统媒体广告继续大幅下滑，广播电视媒体全行业包括几个头部卫视的广告，都出现断崖式下降，电台亏损严重。二是市场竞争进一步加剧。直播媒体、短视频时代已经全面到来，抖音、快手等网络直播方兴未艾，用户数、点击量、影响力等不断扩大。三是关停并转进一步加速。在新一轮广电改革中，"精简精办频率频道"成为重点，北京、上海、天津、山东等台都在整合或停播难以自养的频率频道。

其次，受体制影响还存在一些突出问题和短板。一是思想守旧观念落后。很多工作人员身子已迈进了全媒体时代，脑子还停留在传统媒体时代。二是体制机制僵化无活力。现行机制体制，有些已经不适应融合发展要求，人员老化，历史包袱沉重，如多年的进入机制僵化，薪酬绩效大锅饭，新旧交替无通道，用人成本高，历史欠账多，等等。三是融合发展声大力小。媒体融合多数一直停留在初级阶段，物理合并浅尝辄止，在新媒体上圈粉少、流量低、变现难，移动传播能力亟待加强。四是节目内容同质化严重。除几个头部卫视外，上星频道在全国有广泛影响的节目很少，广播及地面电视频道节目局限于省会城市及重点城市，节目碎片化程度低，还有不少节目已经不适应当前传播趋势。

（二）广播电视媒体的发展机遇

虽然面临这样那样的困难和问题，但我们清楚，广电媒体依然是"第一媒体"，挑战与机遇并存，困难与希望同在，广电的优势资源、用户、客户、传播力、影响力、公信力依然还在。

首先，强大的内容生产能力。广电媒体具备更深厚的采编能力，更专注受众的消费需求，善于挖掘大众"想要知道的多样化内容、乐于见到的丰富呈现形式"，制造着更精致的内容产品。多年历史的积淀，广播电视台在节目品牌的塑造、原创的研发、精品的打造及深度的挖掘上具备强大的生产力，各个电台均有一大批现象级节目引领受众精神消费，如湖南的《快乐大本营》《声临其境》、浙江的《跑男》《王牌对王牌》、上海的《欢乐喜剧人》《生活改造家》、河北的《中华好诗词》《邻家诗话》等。同时随着数字化采编审、4K高清播控新技术的加持，尤其是精准的用户画像，能够准确定向推送对受众价值产生影响的爆款内容产品，在区域内拥有绝对强大的节目内容生产力。

其次，强化的技术赋能。各级广电媒体注重传播技术赋能，以5G、云计算、大数据、物联网为依托，实现网络化、数据化、智能化，构建新型融媒传播平台，以全程化、全员化、全息化、全效化实施移动优先和精准投送，为海量用户提供多元精准画像和个性需求传播。

最后，强劲的人才储备。媒体竞争的核心是人才的储备实力，多年来随着事业的发展，各级广播电视媒体积淀下了拥有绝对优势的优秀编辑记者主持人队伍，尤其是近年来各级台都在探索建立稳定的事业体制与灵活的市场机制相结合的人才智库，努力破除用人身份体制机制限制，打通多路成长通道，试点股权、期权、分红等激励措施，探索项目制、制片人制、工作室制和首席制等工作模式，初步建立了市场化收入分配保障机制，有效盘活了事业单位机构编制资源，形成了庞大的人才储备。

二、融媒时代广播电视传播的特点

融媒体是在互联网普及背景下，传统媒体与新兴媒体进行优势互补之后形成的，主要是为了满足当前人们快节奏的生活，以需要快速获取信息的需求为基础而创造的一种新型媒体。融媒体的传播不拘于传统的传播模式，而是充分利用现有自媒体平台进行传播，开发官方微博、微信公众号、抖音号、快手号等，大面积地提高受众关注度，体现了现代媒体传播的高效性、互动性与多元化的特点。

首先，广播电视新闻传播在融媒时代下会因为广阔的传播渠道而增强其传播的效率，提升广播电视新闻的社会影响力。

其次，广播电视新闻传播在融媒体时代下具有互动性。由于在公众号、微博、自媒体平台上受众可以充分针对新闻事件表达自己的观点，以及提出自己的见解，可以实时与新闻媒体进行互动，不仅改变了传统新闻单向传播模式，更增强了民众的新闻参与度，提高受众获得感。

最后，拓宽了新闻信息传播渠道。在网络媒体飞速发展的背景下，传统纸张、电视媒体与网络媒体进行融合，不仅拓宽了受众获取新闻信息的来源渠道，更能拓宽新闻媒体的受众范围，让更多年轻人都能通过网络平台了解新闻、关注新闻，引导其形成正确的价值观。

三、融媒时代广播的发展

（一）融媒时代广播的发展变化

融媒时代的到来，对社会各行各业都产生了巨大的影响，广播行业也不例外，在融媒体背景下，广播行业发生的变化具体体现在以下几个方面。

1. 提升了受众的参与度

在传统背景下，受众只是被动接受广播新闻的传输，但是到了融媒时代，各种媒体竞争越来越激烈。媒体之间也进行了融合，使得广播行业的受众不仅仅只是被动地接受广播的单向性输入，人们也成了广播新闻信息的制造者和传播者，他们的话语权得到了体现。受众也可以根据自己的兴趣爱好选择自己感兴趣的广播新闻内容。为了获得发展，广播新闻行业也对自身做出了一些调整，比如通过有奖竞猜的方式接收受众的来电，与观众有意识地进行互动交流。

2. 更加追求广播新闻的深度

在传统媒体时代，一些广播新闻为了吸引听众的注意力，播放一些没有得到证实的新闻内容，这样难以实现新闻的价值。而且由于信息传播速度比较慢，广播新闻媒体得到的信息已经比较滞后，难以保证新闻的时效性，也没有深度挖掘新闻内容的价值，这样无法对听众形成启发作用。但是到了融媒时代，信息传播渠道不再单一化，人们可以通过多个渠道获得信息，如果广播新闻依旧播放没有得到证实的新闻，必然会引起听众的怀疑，影响其自身的公信力，在这种情况下，广播新闻开始有意识地挖掘专业性新闻。

3. 新闻分类越来越细致

在之前，由于科学技术不是很发达，人们观看新闻的方式主要还是通过传统媒体，当时的新闻内容也没有进行细致的划分，比较笼统。在融媒时代，科学技术日新月异，人们可以通过多种渠道观看新闻。而且随着大数据技术的不断深入，智能设备可以按照受众的喜好来推送相关新闻内容。这就对广播新闻的发展提出了一定的挑战，要注意新闻分类，这样才能吸引更多的观众。可以说，融媒时代的到来给广播新闻行业的发展带来了良好的机遇，也提出了非常严峻的挑战，广播新闻编辑在这样的时代背景下，也要正视存在的问题，采取措施促进自身的发展。

（二）融媒时代广播新闻发展存在的问题

1. 广播新闻传播者创新意识不强

首先，广播新闻发展的人才不足。融媒时代背景下，广播行业的竞争日益加剧，其中人才的竞争对广播新闻的创新具有重要的意义。然而，广播新闻发展的人才不足，导致广播新闻的表现手法与编排方式的创新存在明显的弊端，不利于实现广播新闻节目的创新。当前，广播新闻台没有建立专门的广播新闻研发中心，缺少专业化的人才，无法保证广播新闻的常新常换。

其次，广播新闻的领导人员观念落后。当前，我国广播新闻的发展，在新闻内容、新闻编排方式等方面具有一定的限制性。如何在规范的范围内实现广播新闻的创新，需要领导人员具有先进的观念。然而，实际上，广播新闻的领导人员观念落后，无法突破传统因循守旧的局限性。同时，领导人员观念落后，无法给予广播新闻创新充足的物质和人员支持，也无法从根本上提高广播新闻工作者的积极性。

2. 广播新闻创新面临较高的成本和风险

当前，我国广播新闻在节目定位、节目风格等方面同质性问题突出，必须对广播新闻进行创新，才能吸引更多的听众。但其创新面临较高的成本和风险，如在新的广播新闻节目的制作、宣传中，资金、时间及人员的投入巨大。而广播新闻的创新，其价值回收也不是一朝一夕就可以实现的，利益无法有效地计算。同时，广播新闻创新后，其是否能满足听众的需求，吸引更多听众的注意力无法预知。可见，广播新闻的创新存在巨大的经济成本和风险，在一定程度上制约了广播新闻的创新发展。

3. 广播新闻创新缺少系统的法律保障

广播新闻创新后，其他相关广播新闻台会纷纷进行模仿，导致同种类型的广播新闻节目遍地都是。这种行为严重损害了广播新闻创新主体的利益，不利于进一步推动广播新闻的创新。然而，在如何制止广播新闻抄袭上，我国尚未形成系统的法律保障，不利于保护创新主体的权益。虽然法律对抄袭者可以进行一定的简单处罚，但无法制止其在新闻内容等方面的抄袭。

（三）融媒时代广播新闻创新发展的策略

1. 创新广播新闻制作理念

只有实现管理理念的创新，才能形成科学的管理制度。

第一，领导人员要具有融合发展的思想。作为广播新闻的直属领导，必须从理念上强调广播新闻融合发展的意义,优化广播新闻管理机构设置,并给予广播新闻的发展更多的人力、物力的支持。例如,大力推进广播新闻网络平台的建设。

第二,必须要具有新媒体率先发展的思想。在广播新闻科学管理制度的基础上,广播新闻的融合发展必须要有新媒体率先发展的思想,并建立完善的媒体融合的奖励机制,给予个人新媒体推送相关的劳务报酬,从而保证广播新闻在内容的独特性及工作人员的工作积极性。

第三,必须对广播新闻的资源进行系统的整合优化。广播电台的节目数量与质量对广播新闻具有重要的意义,因此,必须重视广播电台的资源,并对其进行系统的优化整合。

2. 创新广播新闻的生产机制

创新广播新闻的生产机制,要对广播新闻进行深刻的改革。随着媒体融合的发展,广播新闻必须进行深刻的变革才能实现长远的发展。其变革可以从以下三个方面展开。

第一是改革时政新闻。时政新闻是广播新闻最重要的组成部分,因此,其改革的难度最高。为了更好地促进时政新闻的发展,领导人员要积极推动时政新闻文风的进步,从中选择听众最感兴趣的新闻,并对其进行深度的挖掘,才能更好地提升广播新闻的价值,不断提高人民群众对广播新闻的关注。具体而言,领导人员应确定广播新闻采编的具体要求,即时政新闻素材的选取必须要满足百姓的需求,注重时政新闻的民生性。

第二是改革民生新闻。其改革的核心内容包括突发事情、民生相关及百姓舆论监督。融媒时代的显著特征是信息传播的碎片化,追求新闻的短平快,但一定程度上忽视了民生新闻报道在融媒时代的重要性。但改革民生新闻并不是对民生进行长篇大论,而是要采取合理的方式,严格控制其时长。例如,广播电台可以采取组合报道的形式,对同一民生新闻进行分篇报道,尽量控制其时长,使其满足听众的时间要求。针对突发事件的报道,广播新闻一定要具有时效性,及时地深入第一现场,并对突发事件进行追踪回访。而对于群众的舆论监督,广播新闻台必须重视群众的反馈,并及时地给予反馈结果,才能保证广播新闻的公信力。

第三是改革新闻行动。广播新闻台要重视新闻热点事件对吸引听众的重要性,对热点新闻进行相关的新闻行动策划,才能有效地提高广播新闻的传播力,增强其在社会范围内的影响力。

3. 创新广播新闻内容和节目风格

首先,广播新闻要创新新闻内容。新闻内容是广播新闻的核心,若想实现广播新闻的创新，必须要创新其内容。一是要增加广播新闻独家报道的数量。广播新闻的内容是否具有独家性在一定程度上代表了广播新闻的影响力，然而当前广播新闻台的新闻报道忽视了独家新闻的重要性，导致广播新闻收听的价值降低，使得听众大量流失。必须增加独家报道的数量，提升广播新闻独家报道的意识观念，给予广播新闻采编人员更大的资金及人员的扶持力度，提高广播新闻的专业性。二是要提高新闻策划的水平。新闻策划水平对于广播新闻的品牌影响力具有关键性的意义。然而，当前我国广播新闻的策划水平参差不齐，不能完全凸显广播新闻的优越性。因此，在具体的广播新闻的策划上，要重点关注民生热点问题，及时地对社会的热点话题进行预判和捕捉。并针对性地对热点问题进行深入的报道，从而提供更多有"人情味"和"有价值"的新闻。

其次，广播新闻要创新节目风格。节目风格在很大程度上代表了广播新闻的整体风貌，良好的节目风格有利于吸引听众。一是创新节目排版的风格。长期使用传统广播新闻排序的方式，在一定程度上会导致广播新闻的内容存在着较高的重复率，倒金字塔的结构顺序，容易让听众产生厌烦心理。因此，广播新闻要根据听众的需求和特点，实行全新的排版方式。例如，广播新闻可以依据新闻素材的变化，交叉使用金字塔结构和波浪式结构，提高广播新闻的吸引力。二是创新广播新闻语言风格。就是要实现广播新闻个性化的语言风格，其中新闻主持人的风格占有绝对的地位。例如，广播新闻主持人可以采取口语化表达的方式，使其形成广播新闻独特的语言品牌。但语言风格必须要以规范性为前提，适时地加入一些段子，提高新闻报道的趣味性。

4. 加强广播新闻人才培养

融媒时代下，要想实现广播新闻与新媒体的融合，必须要加强对广播新闻人才的培养，才能在激烈的市场竞争中占据有利的地位。

首先，广播新闻要加强对融合传播人才的培养。融媒体时代下，对广播新闻采编的要求进一步提高，其必须具备跨媒介传播的意识和新闻素材的整合能力。广播新闻台应从以下几个方面加强对采编人员的培养。一是要提高采编人员广播新闻分析能力。具体表现为其利用互联网搜集新闻素材的能力及进行信息综合归纳的能力。广播新闻台要在工作实践中，提高采编人员辨别真假新闻的能力和寻找信息的能力。二是要提高采编人员广播新闻多媒介的运用能力。广播新闻台要有针对性地对采编人员进行广播新闻的工作流程和机理的培训，不断提高采编人员的信息整合思维水平及对多媒介的有效应用水平。

其次，广播新闻要增加管理人才的引进和培训。专业的广播新闻管理人才对于广播新闻的创新发展具有极大的作用。引进和培训管理人才可以从以下几方面出发：一是管理人才要清楚媒介运营的基本规则。引进和培训管理人员的核心要求就是要具有充足的广播新闻管理知识和多种媒介的使用经验，才能使其更加懂得广播新闻的业务，从而推动广播新闻的创新。二是管理人员要具有运行不同媒介平台的能力。广播新闻涉及的部门较广，作为融媒管理人员必须要具有统筹不同部门协调发展的能力，同时保证台内台外关系的和谐，为广播新闻的创新创造良好的条件。

总而言之，融媒时代下，广播新闻实现创新性发展是必然的趋势。当前我国广播新闻的创新仍然面临一些阻碍，主要包括广播新闻传播者创新意识不强、广播新闻创新面临较高的成本和风险及广播新闻创新缺少系统的法律保障等，为了更好地实现融媒时代下的广播新闻的创新，必须要进一步创新广播新闻制作理念、加强广播新闻人才培养、创新广播新闻内容、节目风格和生产机制，才能为更好地深化广播新闻的改革，提高广播新闻的市场竞争力。

（四）融媒时代广播新闻编辑的问题

1. 存在泛娱乐化问题

有专家指出，21世纪是一个娱乐至死的时代，越来越多的人感觉到现在的生活充满了娱乐性色彩，这也体现在广播新闻行业。我们不难发现，一些广播新闻媒体为了吸引人们的注意力，在传播新闻的过程中，越来越强调娱乐性元素，很多新闻内容也是关乎娱乐圈知名人物的日常生活，与民生相关的社会性新闻内容相对较少。这样难以充分发挥广播新闻媒体自身的社会教育功能。

2. 缺少政治敏锐性

作为党和国家的喉舌，广播新闻编辑要承担起传播党和国家政策、路线与方针的重要职责，弘扬社会正能量，引导社会舆论，促使社会大众在良好的氛围中获得发展。但是从目前来看，一些广播新闻编辑还没有充分发挥这样的职责，一些广播新闻媒体缺少政治敏锐性，传播政策路线时还不够准确，在表达方式方面也不够合理，这就造成了人民群众的误解。这一点必须得到改进。

3. 从业人员缺少应有的综合能力

在融媒时代背景下，广播新闻要想吸引受众的注意力，从业人员必须具备良好的综合素质，能够采集到合适的新闻内容，然后进行编辑，将其推送给广大受众。但是在观察中发现，部分广播新闻编辑还缺少应有的敏感力，他们难以第一时间找到具有价值性的新闻信息，甚至无法甄别新闻线索的真实性。他们也没有走到一线去进行采访，了解受众对新闻信息的关注焦点，这样就造成创作的新闻内容与社会舆论需求难以对接。

（五）融媒时代广播新闻编辑的发展建议

1. 坚持内容为王

不管在什么时候，传统媒体和新媒体都要坚持内容为王这个基本原则，只有为社会大众提供真实的信息内容，才能对社会大众起到启发作用。目前，网络平台上经常充斥着各种虚假新闻，一些不法分子将网络平台当作传播不良思想的平台，造成社会恐慌。

2. 重视新闻的时效性

在融媒时代背景下，广播新闻要想吸引更多的受众，必须提供具有真实性和时效性的新闻内容，这样才能发挥广播新闻的真正价值，但是从目前来看，很多广播新闻存在滞后性。在很长一段时间内，广播新闻制作流程是先安排记者、编辑人员、后期制作人员进入现场进行采访，搜集素材，然后对这些素材进行整理，查看这些材料中有没有违背社会主流意识形态的内容，然后经过整理后再向社会大众推送新闻内容，这样的流程显然会耗费很多精力，而且获得新闻信息后可能已经过时。

在新媒体时代，人们可以通过多种渠道获得新闻内容，如果广播新闻编辑一直采取传统的操作方式，显然难以跟上时代发展的步伐，在这种情况下，广播新闻编辑可以发挥新媒体的作用。新闻记者在获得突发性新闻线索选题时，要第一时间赶赴现场。利用手边的工具，包括智能手机、录音笔等及时进行采访，收获第一手资料，然后在网上直接以文字稿的方式率先发布新闻动态，并标清楚新闻事件的标题，指出后续报道会进行进一步深入，这样会让观众对广播新闻产生期待，了解后续。

3. 新闻媒体人加强职业道德

不管什么行业的从业者，都要遵守基本的职业道德，广播新闻媒体人更是如此，他们是党和国家的喉舌，必须坚持良好的职业道德，坚定社会主义方向，才能更好地完成本职工作。在当前的情况下，越来越多的人通过网络平台获取信息，了解天下大事，包括时事政治，但是这些新闻并不全部都是正确的，其中夹杂着很多落后新闻、虚假新闻，容易混淆是非，造成社会恐慌。如果任由这样的现象发展下去，会影响媒体界的形象，让人们不再相信媒体宣传的新闻。在这种情况下，广播新闻媒体人必须把好内容关，树立良好的职业道德，在工作过程中要做到真实评价、客观报道，这样才能保证社会大众的知情权，使他们信任大众媒体的报道。真实是广播新闻内容的灵魂，广播新闻媒体人在报道过程中必须杜绝虚假性，不要蒙骗观众，不要散播小道消息，不要为了博关注而夸大事实，这样只会影响新闻媒体的公信力，新闻媒体人更不能盲目炒作，道听途说，报道没有经过证实的新闻。目前，我们已经进入了融媒时代，这个时代的来临，对各种媒体的生存与发展都提出了严峻的挑战，广播新闻编辑在这样的时代背景下，必须与时俱进，运用新技术来获得发展，要不断努力，才能找到创新之路，这样才能实现自身的价值，进而在激烈的媒介竞争中获得一席之地。

四、融媒时代电视的发展

融媒时代是高科技盛行的时代，互联网已经走进了千家万户，与人们的生活息息相关。电视的发展受到了数字电视、手机电视及网络电视等新兴媒体的巨大冲击。从本质上来说，电视传播的重要渠道就是电视新闻，因此在目前融媒体环境下，电视新闻必须要顺应时代发展的要求，利用眼前的新平台做好传播工作，从而充分发挥自身的优势。对此，针对这一方面，必须要予以高度重视，并结合实际情况展开深入的研究，例如，融媒环境下的具体特点，来不断探寻促进我国电视新闻媒体创新发展的有效策略和途径。

（一）融媒时代电视新闻的特征

基于当前媒体融合环境，我国的电视新闻媒体也发生了较大的变化，主要特征如下。

1. 快速性

随着互联网技术的广泛应用，在当前这种社会环境下，电视新闻媒体要想得到更好的进步，必须要适应时代发展节奏，保证信息传播速度符合时代所需。对此，相关企业和单位纷纷予以了高度重视，随着融媒体技术在电视新闻中的广泛应用，使得电视新闻传播迅速这一特点表现更加明显。相较于传统新闻媒体产生了较大的距离和差异，其不仅可以提前搜集网络信息，也能进行信息的实时推送和发布，从根本上保证了新闻消息的传播效率。

2. 互动性

当前这种社会环境下，融媒体技术对人们的生活、工作和学习产生了巨大的影响，带来了一定便利的同时，也改变了人们的生活方式及工作习惯。在过去的一段时间里，传统新闻媒体都是进行单向的信息传播，融媒时代的到来很大程度上改变了这一现状,让电视新闻媒体不仅可以实时发布信息,还能通过网络促进新闻发布者和受众群体的交流与互动,观众不仅可以发布自己的观点和建议,同时也能有效提高新闻企业的工作效率。

3. 多样化

随着融媒体技术的广泛应用,让我国很多新闻媒体的核心竞争力得到了显著提升。在这种环境下,新时期的电视媒体要想占据一席之地,就必须要保证信息传播的多样化和丰富性。而互联网恰恰可以有效实现这一目的,因此将极具互联网特性的新媒体技术应用到电视新闻媒体发展中,能够让新时期的新闻信息具备多样化的特征。观众只需要在网络平台上输入一个新闻关键词,便可以自动弹出很多与此有关的新闻消息,在很大程度上满足了不同受众群体的不同需求,为人们的新闻阅读和消息的传播创造了有利条件。

(二)融媒时代电视新闻传播的特征

1. 碎片式传播

根据现代媒体用户浏览信息的特征可知,快节奏的生活与工作使得用户没有一个完整且较长的时间段用来浏览信息,因此,用户经常会在多个比较短的时间段中进行浏览,将整体信息划分为多个板块,分段式地进行浏览,这种浏览方式有明显的碎片化特征,被称为碎片式浏览。而与碎片式浏览相对应的就是碎片式传播,即融媒时代下电视新闻传播应当满足媒体用户碎片式浏览需求,将篇幅较长、信息繁多、枝叶丛生的新闻信息简化、碎片化,由此进行传播,这样用户就能在特定时间段内碎片式地浏览全局,使得用户需求被满足。当用户需求被满足,用户就会对电视新闻媒体保持较高的关注度,有利于电视新闻媒体在融媒时代中持续发展。

2. 传播方式多元化

融媒时代下,不同用户的信息取向出现了许多分类,因此,用户需求具有个性化特征。如果电视新闻媒体只采用一种信息传播方式,就无法满足大部分用户的信息取向,因此,在融媒时代电视新闻传播要采用多种形式,构成一种由多种传播方式组成的多元化架构,电视新闻媒体要对此保持重视。另外,传播方式多元化并不单纯是让电视新闻媒体在多个媒体平台上发布内容,更重要的是电视新闻媒体要针对不同媒体平台受众群体需求来编排内容,至少要保障发布在媒体上的内容被受众群体中绝大部分用户接受，这样才能算作是有效的传播，多元化才真正成立。

3. 传播互动性

受新媒体影响，现代大部分媒体用户都希望自身在浏览信息时能够与媒体从业者等进行互动，甚至有部分用户以此为乐，这样就产生了传播互动性需求。用户的传播互动需求一般有两种：一是用户喜欢通过留言的方式与媒体运营者或记者等进行交流互动，他们希望自己的留言可以得到相关人员的回复，整个过程比较轻松，这种互动方式也是最多用户喜欢的；二是小部分用户喜欢与内容进行互动，如某用户喜欢点击式浏览，经常从一个新闻跳转到另一个新闻，如果新闻中没有此类跳转连接，则该用户就会表现得兴致缺缺，不会对相关媒体保持关注。因此，在融媒时代下，电视新闻传播方式应当具备互动性特征，至少要满足以上任意一种用户传播互动需求。

（三）融媒时代电视新闻媒体存在的问题

1. 观念比较落后

融媒时代的到来确实引起了电视新闻媒体的关注，但这并未让从业者的观念转变，他们只是开始追求与其他不同形式媒体的合作，而不是想方法改变自身传播方式，因此，电视新闻媒体与其他媒体的融合比较表面。而造成这一系列现象的原因就是从业者依旧保持着传统落后的观念，他们对融媒概念的理解不够深刻，不知道此举真正的作用，有着比较严重的"本位思想"特征。因此，即使在融媒时代下，很多电视新闻传播依旧采用着大篇幅、特定时段的传播方式，这并不满足现代用户碎片式浏览需求，要实现电视新闻传播创新，必须先扭转这种传统观念。此外，值得注意的是，传统观念造成的影响很大，可以说其他问题也与传统观念有密切关联，因此，要实现创新目的，扭转观念是重中之重。

2. 传播方式单一

当前电视新闻媒体的传播方式非常单一，一般都是通过电视台播报——电视频道来进行传播，这种方式比较传统，在融媒时代形成之前起到了良好的传播效果，因为当时人们只能通过电视、报纸、广播等传统媒体来获取信息，而电视又是传统媒体中的佼佼者，所以电视在当时有着行业垄断地位。但在融媒时代出现之后，大量新媒体的出现使得电视媒体不再具有垄断地位，越来越多的人喜欢在新媒体中观看信息，因此，当电视新闻依旧采用传统电视形式进行传播，其首先很难被广大用户看到，其次也不能引起用户关注。而现实情况中，不少电视新闻媒体从业者还在继续采用这种传播方式，导致相关问题频发，电视新闻行业的发展也开始倒退，因此，必须对传播方式进行创新。

3. 复杂的外部环境增加了舆论侵扰

随着媒体的融合，在这种复杂的环境下，各种多元思想涌入进来，这也对电视新闻传播舆论带来了较大的侵扰，电视新闻传播的困境更明显地凸显出来。基于开放式的传播环境，电视新闻传播存在路径单一和传播滞后等问题，这也导致电视新闻传播舆论影响力下降。再加之多元文化背景下，民众对电视新闻传播的认识上存在偏差，这也导致传播过程中安全隐患增加。这种情况下迫切需要推进传播环境的优化。

4. 社会认同感下降

在当前融媒体环境下，新媒体的传播方式能够更好地满足人们碎片化阅读需求，人们每天都面对各种海量信息，这也使民众对电视新闻传播的认同感下降。新媒体有效地丰富了新闻的传播，但在新媒体平台上各种思想观念大面积传播，也对电视新闻传播带来了较大的影响。而且在信息传播过程中一些不良思想盛行，这也使电视新闻传播无法深入民众生活，电视媒体与民众之间的距离越来越远。

5. 传播权威性削弱

作为传统媒体，电视新闻媒体更具权威性和专业性，但在新媒体快速发展的新形势下，电视新闻传播权威性被削弱，媒体责任意识欠缺。一些电视媒体在转型发展过程中，自身权威性和专业性丧失，为了获得市场和受众，媒体责任意识下降，新闻信息质量下降，这对传播效能带来了较大的影响。

（四）融媒时代电视新闻发展面临的挑战

1. 传统媒体优势弱化，发展空间局促

过去，传统电视新闻报道只能依靠电视传播，传播渠道单一，传播方式固定，受众只能通过电视媒体观看新闻节目，没有可选择的范围，这导致电视新闻节目长久以来保持较为固定的节目形式，使得受众对传统电视新闻节目产生审美疲劳感，关注度持续下降，导致传统电视新闻节目的传播效果大打折扣。在融媒背景下，新媒体平台快速崛起，传统媒体的短板日益凸显，大量用户被新媒体平台分流，使得传统电视新闻传播力受到限制。

如今，传播方式的快速便捷改变了人们的阅读习惯，也改变了媒体格局和舆论生态。移动端短视频的迅速发展，使得传统电视新闻节目传播效果严重受限。短视频的碎片化、时长短、信息量大、传播速率快，使得传统电视媒体发展空间更加局促，传统电视新闻节目关注度持续走低，垄断优势弱化，发展步伐明显滞后于媒体融合的步伐。融媒背景下，传统电视新闻时效性远远不及新媒体，节目形态单一，传播渠道固定，发展速度远远落后于各类新媒体，导致传统电视时政新闻社会影响力、节目影响力都受到严重打击。所以，电视新闻节目应该与新媒体融合发展，通过新媒体技术尽快实现转型升级。

2. 传播时效滞后，受众分流严重

传统电视新闻节目从前期采编、审核、制作到播出，整个流程需要耗费大量时间，无法保证新闻的时效性。现在，全国各类电视台开始将各个时间档的新闻节目与互联网资源进行整合，实现移动端和网络端的同步直播，使得节目收视率升高，保证新闻时效性，社会影响力扩大，受众的覆盖面延伸，社会反响巨大。

此外，传统电视新闻媒体一直是以自身为中心，作为信息生产和传播的把关人，决定新闻的内容，所以在传播过程中往往只注意新闻内容的制作，而缺乏与受众的互动性，受众在新闻传播过程中只能被动接受新闻媒体的输出，没有主动权和参与权。后来虽然设置了互动渠道，如市民热线、电子邮箱、短信平台等，但是收效甚微，并不能实现有效地交流互动和信息反馈。而在媒体融合背景下，人们对信息的掌握越来越自由化，每个人都可能成为新闻事件的发布者，人们通过手机就可以将新闻事件即时上传至网络，并且得到快速传播和广泛讨论。这种传播方式给传统电视新闻节目的传播带来巨大冲击，电视不再是人们获取时政新闻的主要渠道，使得传统电视新闻节目的权威性受到挑战，人们只需要打开各类手机客户端，就可以轻松获取信息，经常出现官方还未发布消息，事件信息已经在网络上广泛传播的现象，导致传统媒体发布的新闻信息失去原有的价值，使得传统电视媒体的传播效率下降，影响力走低。由此可见，传统电视媒体新闻节目亟须转型升级，创新节目模式，掌握舆论引导权。

3. 传播内容和形态同质化，吸引力减弱

在当前电视新闻报道过程中，新闻内容同质化现象十分严重，很多新闻内容相似，甚至是完全相同，信息重复度较高。在目前电视新闻报道过程中，媒体在选题策划过程中大多关注热点事件，以获取高点击量为目的，只关注对热点的挖掘，忽略新闻内容生产的创新，导致许多电视新闻报道内容类似，形式、语言、画面都完全相同，新闻报道雷同现象十分常见。长此以往，会导致受众流失，降低受众的关注度，最终使得新闻品牌影响力受损。新闻本应该是对于新闻事件的深度挖掘，新闻从业人员应该培养创新思维和能力，不能单纯关注点击量，应本着审慎的态度，在新闻报道过程中抓住新颖的视角，以独特的切入点提升新闻报道的新鲜度，促进新闻行业良性发展。

当前各类电视新闻节目形态较为相似，受众在长期固化的传播形态下，被动接收各种新闻信息，大大降低了受众观看新闻的热情，新媒体的出现，扩展了受众信息获取渠道，导致大量传统电视时政新闻受众转身投向新媒体平台，尤其是年轻受众群体流失严重。目前国内主要有消息类、评论类、专题类三种电视新闻节目形态。消息类被广泛应用于电视新闻报道，是电视新闻节目的主要节目形态，如央视的《新闻联播》《朝闻天下》和《午间新闻》等，这些传统消息类电视新闻节目内容框架、节目编排都较为相似。专题类节目大多是针对重大新闻议题进行深度跟踪报道，如央视网《聚焦十九届五中全会》《"全面依法治国"主题报道》《绿水青山就是金山银山》等，这类节目的报道形式较为类似。评论类节目如央视的《焦点访谈》《新闻调查》等节目也存在同样的问题，节目内容存在雷同情况，报道内容和形式较为固定，创新力较弱，导致部分受众流失，节目影响力下降。

（五）融媒时代电视新闻迎来的机遇

融媒背景下，媒体的类型变得丰富多样，单一的传播渠道产生的传播效果非常有限，在这样的背景下，传统媒体在传播影响力和传播效果上都遭受冲击，尤其作为传递国家声音和主流价值观的电视新闻更是面临巨大挑战。但是，在面临挑战的同时，融媒环境也为电视新闻报道增添了许多新机遇。在融媒背景下，各大媒体纷纷开展融合新闻策划，尝试通过融合新闻这一媒介形式吸引受众注意力，运用多渠道传播电视时政新闻，更好地适应新环境，提升受众对电视新闻报道的关注度，实现电视新闻报道的有效传播。

1. 新闻传播形式越来越丰富

随着互联网技术的发展和移动设备的普及，电视新闻不断创新突破，新闻传播形式也越来越丰富。在内容生产上，弱化形式、注重内容质量，提升新闻信息量；在语言表达上，转变原有话语模式，语言更加生动、接地气；在思想观念上，树立互联网思维，顺应新媒体传播特征。发挥不同新闻发布平台的优势，找准自身定位，整合资源，用声音和画面结合的方式将电视新闻事件中的视频、文字、图片等内容串联起来，给受众带来视觉冲击，提升受众对于新闻的体验感。

移动互联网技术的快速发展给短视频的迅速流行创造了有利条件。现在，越来越多的人通过手机获取消息，移动端的迅速普及使得碎片化的传播成为新趋势，而其中短视频更是凭借其碎片化、快节奏、轻体量的特点成为当下传播效率最高的新闻报道方式。短视频的时长大多在一分钟以内，不会超过五分钟，呈现出碎片化传播特征。由于时长短，短视频一般都主题明确，内容精炼，通过非常短的时间将新闻事件的内容和经过梳理出来，满足了当下受众想要快速获取信息的心理和需求。短视频包含的信息量大，内容紧凑且丰富，制作成本也较低，并且传播速度极快，传播效果也很好。尤其是抖音、快手等短视频平台的兴起，使得碎片化、视频化、移动化成为新闻传播的新趋势。短视频成为传统主流电视媒体创新发展的方向，成为传统电视新闻媒体提升自身传播力的重要手段。现在短视频已经成为受众获取信息的主要渠道，抓住短视频市场，也就抓住了大部分受众。所以，传统主流电视媒体必须快速融入当下的融媒时代，适应碎片化传播、视频化传播的特点，充分发挥自身优势，结合融媒体平台，在日益激烈的竞争中突破原有框架，迸发新活力。

2. 新闻传播平台日趋多样化

在融媒体背景下，新闻传播途径越来越丰富。传统电视媒体在时政新闻内容生产和传播过程中依然占有主体地位，是受众获取时政新闻的重要途径，并且，传统电视媒体也顺应时代发展潮流开始运用新媒体社交平台传播电视时政新闻。当前，央视和各地电视台正在积极探索传统媒体融合转型，打造多媒体融合发展平台。通过传统媒体和新媒体平台一起发力，大小屏同步发展，实现电视时政新闻的多平台传播，通过用户之间的互动转发，使得新闻信息能够更广泛地传播，提升新闻的传播力和影响力。

此外，短视频等融合新闻产品的迅速流行，为电视时政新闻传播提供了新途径，由于其制作简单，内容丰富，传播方式灵活，符合年轻人阅读习惯，吸引大批年轻人关注，成为时下最受年轻群体欢迎的新闻传播方式。

3. 受众获取新闻更自由

在以往的新闻传播环境中，受众只能通过报纸、电视、广播等传统方式获取新闻消息，受渠道影响，受众获取信息的方式较为固定，并且由于其报道形式单一、缺乏灵活性，导致其无法充分发挥出时政新闻在舆论引导方面的价值。

随着互联网技术的普及，人们的生活、工作越来越离不开移动设备，人们可以通过网络端和移动端获取消息，新闻客户端、微博、微信和抖音等平台成为受众获取新闻的新途径，受众也更加倾向于通过新闻短视频获取新闻，通过移动设备受众可以随时随地快速地了解新闻内容，掌握新闻事件，比起以往必须坐在电视机前观看新闻，获取信息方式更加便捷，报道形式更加多样。

新媒体的出现，淡化了原始的传授关系，受众不再是被动的信息接收者，他们也可以自主选择观看内容。由于新媒体平台信息量大、更新速度快，新闻生产者众多，信息来源广泛，受众能够通过新媒体平台获取大量信息，轻松了解事件全貌，并且参与讨论。每个人都可以成为信息的传播者，可以在互联网和移动端进行实时互动，参与新闻内容的生产，对事件进行反馈和评论，受众互动的参与性和有效性得到提升，激发了广大受众的表达意愿，加强了政府与受众的信息交换，通过社交媒体使得新闻信息传播更加快速、便捷，依托社交平台的强大社交属性，迅速形成覆盖范围更广的传播网。

（六）融媒时代下的电视新闻采编业务

在传统媒介背景下，电视新闻表现出单一化特征，实施单一化媒体采编，对新闻内容进行单向传播。在媒体融合后，新闻传播渠道更为丰富，单一化媒体采编与受众信息获取脱节，新闻传播效果有限，需结合媒体融合的影响，改进传统电视新闻采编业务。具体而言，媒体融合对电视新闻采编业务的影响体现在以下方面。

1. 媒体竞争更为激烈

在媒体融合背景下，新媒体成为受众获取信息的主要渠道，电视、广播等传统媒体的受众被分流，加剧了媒体市场竞争。对于电视新闻而言，其市场竞争者更多，不仅包括广播、报纸等传统媒体，还涉及新闻网站、微博新闻与手机新闻等新媒体新闻。与电视新闻相比，新媒体新闻具有更加平民化的新闻视角、实效性更强的新闻内容、更为便捷的新闻传播方式，使电视新闻的市场份额减少，打破了电视新闻的垄断局面。随着互联网与智能手机的普及，人人都可成为新闻报道者，对电视新闻采编与传播产生了较大影响。

2. 调整新闻采编流程

在媒体融合背景下，信息传递速度加快，采编工作者获取新闻资源的渠道增多，调整了新闻采编流程，新闻采编人员不仅要通过现场采访获取新闻素材，还需利用互联网优势，全面整合所辖地区的新闻资源，构建全新的新闻结构。基于媒体融合带来的激烈竞争，电视新闻要想保障自身市场地位，站稳脚跟，需充分利用媒体融合特征，整合各类新闻资源，从多角度全面了解新闻事件，提高电视新闻采编的全面性与准确性，使电视新闻报道更贴合实际，进而提高电视新闻节目质量。

3. 改变新闻报道方式

在传统媒体背景下，电视、报纸是新闻传播的主要方式，媒体融合的出现改变了新闻报道方式，拓展了新闻载体，受众可通过新闻网站、新闻App、社交

App 等渠道获取新闻信息，并与其他用户互动，传播新闻内容。就宏观角度而言，新闻传播方式从以电视、报纸为核心的单向传播，转变为以网络媒介为核心的用户互动分享传播，对电视新闻报道提出了更高的要求。采编人员应将电视新闻传播载体拓展至互联网，分别根据电视新闻与网络新闻特点，创新编辑新闻报道内容，拓展新闻报道方式，为受众提供立体化新闻报道。

4. 新闻工作者角色转型

在媒体融合背景下，电视新闻采编流程、报道方式均出现了变化，采编人员的角色定位和素养要求也出现变化，对采编人员提出了角色转型要求。具体而言，对于媒体融合中的电视新闻采编业务，新闻编辑的角色更为多样，应从单纯的采访者与编辑者拓展为新闻与信息服务提供者、新闻解析者及公共论坛主持人，工作内容不再集中于新闻资源配置与内容编辑两部分，要求采编人员兼备信息技术应用能力、信息处理能力、深度报道能力等职业素养，满足媒体融合下电视新闻采编业务需求，确保电视新闻能够应对媒体融合带来的激烈竞争，推动电视新闻可持续发展。

（七）融媒时代电视新闻传播的优化路径

1. 扭转传统观念，听取用户声音

针对传统观念，必须让电视新闻媒体从业者意识到自身现有观念比较传统，在融媒时代下应当得到扭转，建议相关组织对从业者进行培训，要重点强调融媒时代电视新闻媒体应当具备的特征，同时，说明传统观念在融媒时代下会产生什么问题，促使从业者意识觉醒，愿意积极求变，想要真正进入融媒环境，这是实现传播创新的基础。待从业者观念得到扭转，从业者就要听取用户的声音，了解用户需求、习惯等，随后对电视新闻媒体传播方式进行创新改革，这里建议从业者可以在深受大众喜爱的新媒体或其他媒体平台上开设个人账号，借助媒体让自身与用户能在网络环境中进行交流，这样能帮助从业者知道融媒时代下用户碎片式阅读习惯，随后着手构建碎片式传播方式。

碎片式传播方式的构建应当从两个方面着手：①摸清新闻事件脉络，将其划分为多个板块，如事前、事中、事后三个板块，在各板块中传播不同内容，如果用户有兴趣，且有时间可以多板块进行浏览，反之无兴趣或时间暂时不够，则可以停止浏览或只浏览某板块内容，待有时间后再浏览其他板块；②要合理控制每个板块的内容篇幅，无论是图文形式还是电视传播形式，稿件内容都不要太长，要确保用户能在一个碎片时间段内基本阅读完，这样既可满足用户需求，也能实现电视新闻传播创新目的。

2. 传播方式多元化，注重媒体用户特征

单一传播方式并不是说传统电视新闻传播方式不可取，只是要在该基础上构建新的传播渠道，并采用合适的传播方式来进行新闻传播，这样才能正确实现传播方式多元化，满足更多融媒时代用户需求。针对这一点，首先建议电视新闻媒体从业者根据现实情况选择其他传播渠道，如当前比较流行的抖音、快手、梨花视频、哔哩哔哩等，从业者可以在这些渠道平台上开设专门的新闻传播账号，用于传播电视新闻信息。其次从业者必须了解所有传播渠道的用户特征，以抖音为例，该渠道用户普遍喜欢短、快，且有剧情的内容，因此，在传播方式上要符合这些要求，可以以情景剧短片的形式进行新闻传播，这能得到该渠道平台用户的高度关注。

3. 注意新闻传播互动性，提高从业者媒体运营素养

面对用户的互动性需求，单向传播就不再是电视新闻传播的唯一选择，从业者可以选择一些具有互动性的新闻传播方式，增强新闻传播时的互动性。同时，从业者的互动行为属于媒体运营工作范畴，因此，要保障互动有效，让从业者有意识地进行互动，就必须提高从业者媒体运营素养。从业者可以使用三种具有互动性的新闻传播方式。

（1）在线直播式，该传播方式适合用于新闻采访，同步传播采访过程与新闻信息，直播时用户能够进入直播间发送问题，从业者筛选后代为提出，这样能够同时满足用户互动性、追求新鲜事物、个人新闻求知欲三个方面的需求。

（2）文字交流式，该传播方式主要利用现代媒体自带的留言功能实现，从业者在媒体平台上发布了相关内容后，要关注下方用户留言，筛选后进行回复。

（3）技术互动式，该传播方式适用于图文形式的媒体中，需要从业者将多篇相关内容整合，在新内容中添加以往内容的跳转连接，这样用户能够凭借自身兴趣做出选择。

根据以上三种互动性传播方式，从业者媒体运营素养的提高方向就非常明确，如在线直播式中，从业者就要具备一个良好主持人的素养，一方面要进行采访，另一方面也要与用户进行互动，要让用户有参与采访的感觉。

4. 优化媒体传播环境，提升电视新闻媒体的影响力

在当前新闻传播平台多元化发展的新形势下，各种新媒体成为媒体市场中的新生力量，不仅发展速度较快，同时也成为电视媒体的有益补充。因此，在电视新闻媒体发展过程中，需要积极优化媒体传播环境，重视借助新媒体的优势，强

化自身的传播导向力。具体宜加快自身与新媒体的融合,为传播工作的有效开展夯实基础。同时还要强化媒体人员的责任意识,确保电视新闻媒体的传播效能。另外,还要做好隐蔽性传播影响因素的防控工作,有效地抵御各种不良思想文化的影响,保证电视新闻传播的安全,为媒体融合环境下电视新闻传播的转型发展提供重要的保障。

5. 提高传统媒体竞争力

相较于新媒体来说,传统媒体新闻的内容要更加具有系统性、职业性、权威性及强大的公信力,对此,传统媒体在发展的过程中也要继续维护这种优势并将其充分发挥出来。众所周知,电视直播对于新闻媒体来说是重要的宣传途径,相较于新媒体而言,其反应速度、现场直播和报道水平要明显好得更多,由此可见,对于新媒体而言电视直播是一个有力的竞争对手。虽然新媒体也可以进行直播,但是相比较传统的电视新闻来说内容要比较贫乏,对于这种现象,传统电视新闻媒体必须要抓住这种优势,并充分挖掘这种优势,不断提高自身的市场竞争力。

在如今媒体融合环境下,传统的电视新闻在面临机遇的同时也迎接着巨大的考验。对此,基于这种社会环境,相关单位和企业必须要予以高度重视,采取多样化手段做好电视新闻的创新与发展工作。当今电视新闻稳定收视率的最有利因素就是权威性、高端性、资深性等特征,新媒体的诞生在本质上与电视新闻达到了很好的互补效果,二者的结合将双方优势发挥到了最大。眼下,这种电视新闻和新媒体的融合已经成了必然趋势,因此,电视新闻必须抓准时机主动出击,从多角度、多层面来探寻全新的发展模式和发展机制,把握好新媒体时代下的契机,充分发挥自身的优势,弥补自身的缺点,这样才能不断提高我国电视新闻媒体的市场竞争力。

6. 加快融合步伐,激发传播活力

电视新闻媒体的转型发展需要以融合作为切入口,有效地弥补自身的短板,进一步增强电视新闻媒体的专业性和权威性。电视新闻媒体可以构建多元化的媒体传播路径,搭建媒体传播新平台,以此作为电视新闻媒体增强自身影响力的载体,积极拓展新闻传播面,打造个性化的新闻传播方式,更好地满足不同受众群体的需求。同时还要对媒体传播内容进行细分,激发新闻传播活力。特别是在当前泛娱乐化的时代背景下,需要积极发挥电视新闻媒体的专业性特点,针对新闻传播内容进行优化和创新,使新闻内容更贴近百姓,激发新闻传播的活力和影响力。另外,还要构建新闻传播互动平台,积极与群众进行互动,进一步增强新闻节目的新闻舆论传播力。

7. 打造品牌，提升媒体的影响力

在当前媒体融合的新形势下，电视新闻媒体需要为自身发展注入新的活力，即要重视打造具备品牌效力的新闻节目。在具体操作过程中，通过搭建品牌栏目，积极转变思维方式。电视媒体需要充分利用自身专业性和权威性的优势进行深度报道，全面提高电视媒体的传播效力，加快推动电视媒体与新媒体的融合发展。并通过打造品牌栏目，增强自身新闻传播舆论影响力，使新闻节目能够获得观众认可，并成为更具专业性和权威性的舆论风向标。

8. 保证新闻内容质量

从当前的实际情况来看，我国电视新闻节目多数都枯燥无趣，内容单调，电视新闻的报道总是以一些会议报道、领导讲话或者专题节目为主。而且在新闻语言的组织方面也显得生硬刻板，不太合适，大多数情况下都是为人民群众展现社会闪光点，很少揭露社会的阴暗面，导致新闻内容缺乏真实性和客观性，因此大多数观众都是报以嗤之以鼻的态度。针对这一问题的存在，相关部门必须要予以高度重视，考虑改进电视新闻内容质量，适当变换选题角度，明确新闻主题，尽可能地贴近社会发展的实际情况及人民群众的现实生活，这样才可以有效保证新闻消息的质量，吸引更多的受众群体，从而充分发挥出新闻消息的舆论引导功能和社会价值。

所以说，电视新闻的内容质量是十分重要的。因此，在媒体融合背景下，电视新闻编辑必须始终坚守以内容为核心。但是无论是运用哪一种新闻节目传播方式，都要从根本上保证节目的质量，这是促进电视新闻发展的重要基础。在过程中，相关工作人员必须要注意做到以下几点：第一，新闻编辑工作者必须要保证每一篇新闻稿件的基本质量，并确保其所具备的正确导向性作用，合理地明确新闻主题，保证其立意深远，内容生动丰富。第二，新闻编辑工作者也要勇于走向台前，在策划新闻内容的过程中积极提出自己的意见和建议，并大胆征求他人的观点，做好稿件信息的统筹和规划工作。第三，也要善于站在平民观众的角度来思考社会热点和突发事件等内容，有意识地关注群众百姓所关注的话题。从而为我国电视新闻媒体的良好发展奠定基础。

9. 积极拥抱新媒体

近年来，我国科学技术快速发展，新媒体作为计算机网络的一种代表形式在很多领域都得到了广泛应用，在这种环境下，传统媒体的发展面临着巨大的危机和挑战。电视新闻媒体就是传统媒体的其中一种，对此，新闻单位和企业必须要灵活借助计算机网络技术，大胆拥抱新媒体。对网络上的新闻消息和相关视频内容进行科学合理的设置，保证其下载率和观看率。

（1）在媒体融合背景下，电视新闻必须要改变以往的传播方式，将广播电视、电信网及互联网融合在一起，适当促进自身角色的转变，采取有效手段来拉近三网融合，并充分发挥出其积极作用。

（2）在以后的发展道路上，电视媒体必定要以三网融合为基础进一步实现报刊新闻、电视新闻与计算机网络的良好配合，使之共同作用，从而推动自身发展。

（3）目前数字化技术飞速发展，使得眼下已经形成了资源共享的发展新态势，各种媒体之间的技术鸿沟也在逐渐减小。手机电视和网络电视是两种不同的信息传播方式，但二者的传播内容大体相同。新媒体的持续发展有赖于传统媒体丰富的经验、资源的优势和广泛的社会影响力，而传统媒体要想在新的时代占据一席之地也必须借助新媒体新进的技术和新颖的传播方式。由此可见，将新媒体和电视新闻良好地结合到一起，以此来改变信息的传播方式，这是很有意义的。

五、新媒体技术在广播电视新闻采编中的应用

随着新媒体的迅猛发展，传统媒体受到了各方面的冲击，为了能够寻找到突破口，广播电视新闻需要与互联网技术有效结合。广播电视新闻等较为传统的媒介可以利用互联网技术获取有价值、引发大众思考的新闻，开展调查报道。

（一）产生的影响

1. 新的发展道路与新思路的迸发

对传媒的发展前景来说，要运用新媒体技术，提升信息产品服务水平，取缔原来的媒介形式，寻求更多的机会。新闻采编往往会以新媒体技术为依托，并且已逐渐以"人工智能+"作为主体。在人工智能技术的应用下，大数据及云计算构成一个非常完善的技术平台，为传媒发展提供主要支持，所以新闻行业更应当把握住现在的机会，利用人工智能技术带来的便利推动自身的发展。

2. 新媒体技术给广电新闻采编工作带来更大的收益

新闻工作者应重视创新，并且迎合时代发展趋势。基于新媒体技术的创新，新闻采编工作已经发生了历史性转变，先是由原本以图文为主的展现形式转变为通过短视频等进行传播，进一步地实现双向互动传播，从单向的信息传播终端转向移动设备，信息传播对象不再只是国内受众，有全球化发展的趋势。在世界经济全球化背景下，基于互联网共享特点，在网络时代的影响下，我国网络新闻得

到了迅猛发展，广电新闻采编工作也因此受到较大影响，这使得我国广播电视新闻采编工作改革迫在眉睫。新闻行业应广泛动员各方力量，承担起弘扬社会主义核心价值观的责任，促进中国文化软实力的进一步提升，为采编工作提供更为深厚的文化基础。

（二）广播电视新闻采编工作中应用新媒体技术的必要性

1. 新媒体技术为新闻采编提供新的素材

互联网技术带来的全新传播模式被称为新媒体。随着信息网络技术的飞速发展，互联网为全球提供了快速便捷的信息传输渠道，新媒体技术的发展蒸蒸日上。相较而言，传统媒体地位一落千丈，陷入发展困局。信息传输渠道和平台日渐显现层次，传统媒体与新媒体之间在技术市场及业务方面的较量，逐渐分出高低。为了能够改善现状，要融合构建传统媒体与新媒体的产业市场格局。互联网的高速发展颠覆了原有的信息传播途径，让传统媒体行业受到了巨大的冲击，不仅报纸的发行量极速锐减，电视节目的权威地位也受到了威胁，受众大量流失。

2. 新媒体技术为广播电视新闻转型助力

社会转型时期，我国的广播电视媒体面临革新。由于我国社会具有多元化且构成复杂的特点，所以在新闻媒体采编改革过程中，也面临着诸多阻碍。电视新闻本身具有大众电视新闻共有的特点，新闻采编的审核流程非常复杂而严格，管理部门应根据新媒体时代受众的实际需求，进行运行体制的改革和内部人员的培训，以提升新闻采编的综合效率。

六、推动广播电视媒体新闻融合的传播

（一）打破传统观念，提高新闻关注度

在融媒时代背景下，广播电视媒体新闻短视频融合传播必须要改变传统思想观念，要将新闻媒体发展与信息时代发展需求相结合，逐渐提高新闻媒体在民众间的传播率、影响力、公信力。

首先，广播电视媒体新闻工作者要有创新思维能力，要积极探索广播电视专业新闻短视频发展道路，要依托短视频在信息传播间的优势，不断扩大新闻短视频的市场核心竞争力。

其次，为了更好地适应融媒时代新闻媒体的发展，要构建专业、完善的技术队伍，不仅需要创立自己的特色品牌栏目，也要开发信息技术为新闻编辑信息获

取渠道，从而实现新闻短视频融合发展。

最后，要加快创新融媒体新闻发展思想观念。当前，碎片化信息获取方式仍然是信息传播的主流，新闻媒体传播要牢牢抓住这一契机，要善于融合短视频优势、新闻媒体优势，借助多个互联网平台，主动向观众靠拢，并依据媒体传播介质的不同、受众需求的不同，在保持新闻内容真实、健康、有效的基础上，不断依据新闻媒体发展与民众需求进行二次创作，让节目内容能辐射更多层次、年龄段的受众，从而提高新闻短视频的关注度。在这一方面，中央广播电视台的《主播说联播》无疑是所有新闻媒体进行短视频创作的"典范"，其不仅借助了《新闻联播》在民众间的影响力，更充分运用好现代短视频创作的特点，完美地贴合民众生活与喜好，让越来越多的年轻人也开始关注《新闻联播》，更在很多省级、地级电视台的转发和扩散下，将之更加深入基层受众，使越来越多的人开始关注新闻联播的发展，也为众多新闻媒体短视频融合做出了榜样。据当前"抖音"App统计，《主播说联播》的点击量高达数亿次，关注人数超过千万，这些数据实实在在记录了广播电视媒体新闻短视频融合的可行性、必行性，也充分说明了广播电视新闻的发展必须与时俱进，全面改变传统思想观念，以受众喜爱的方式诠释新闻的引领性，提高受众关注程度。

（二）有效整合资源，创新节目形式

随着网络技术的发展，5G+人工智能技术正在不断丰富人们的业余生活，极大满足了人们追求碎片化信息的效率与质量。在这样背景下，充分发挥传统新闻媒体优势，融合其他多种媒体平台，有效整合广播电视新闻媒体数据资源，完善新闻传播渠道，切实提高新闻信息传播的真实性与实效性，是当前网络技术发展带给广播电视新闻传播融合的重要突破点。

在视频社交飞速发展的背景下，媒体记者在进行实地采访之后，可以将其重点内容剪辑下来，以短视频的形式快速上传到官方网站上，让受众第一时间获取新闻事件信息，如上所述，中央广播电视总台就充分结合短视频"短、平、快"的优势，创新推出新闻短视频栏目《主播说联播》，满足了当前人们在快节奏的生活中碎片化信息获取的需求。《主播说联播》不仅改变了传统新闻播报在电视机前必坐几十分钟收看的形式，也在内容上进行了浓缩，更是运用了当下人们熟悉的词汇语言，对受众关心的民生民事、热点新闻等进行播报。这个栏目的推出，一改新闻播报在受众心中严肃、拘谨的印象，吸引了大量年轻人开始关心时政新闻；同时各大自媒体平台的转发，也扩大了栏目的外延，让更多的人随时随地可

以观看，符合当前人们的阅读习惯。

（三）拓宽传播渠道，传播优质内容

传统的广播电视媒体，新闻传播方式一般依赖广播、电视、报纸等形式，传播渠道较窄。观众获取信息的时候也被固定在某一阶段，虽然也有重播，但一旦错过了就难以获知到最新的新闻内容，这在一定程度上减弱了新闻传播的及时性与有效性。在融媒时代背景下，人们开始选择用网络来获取资讯信息，年轻人大多通过网站、公众号、自媒体平台获取信息，随时随地，方便快捷。因此，传统媒体要打破固有的新闻传播模式，拓宽传播渠道，提供更加符合受众需求的新闻样式，才能更好地进行传播。当前，许多传统媒体在网络开设多个自媒体平台，也全面建立了微博、微信公众号、网页推送等活动平台与传统传播方式并行，相互补充，取得较好的效果。比如，南京广播电视集团《直播南京》视频号，就充分利用主持人资源，配合南京市委、人民市政府相关政策要求，选择贴近市民生活的新闻热点，拍摄短视频进行舆论导向传播。如2020年全市推行垃圾分类，主持人分别在垃圾分类的不同点，例如社区、居民家中、垃圾分类点、垃圾处理厂等拍摄短视频，向社会宣传垃圾分类的规定及方法，在生动的场景中让市民熟悉了解配合，效果显著。还例如，因疫情影响，市民到各旅游景点场馆参观游玩受限，南京广电牛咔视频的《Live南京》板块，就拍摄了大量短视频，从不同角度呈现南京城四季美景、城市建设面貌变化、市民居家生活动态、新春时尚年味等，让市民足不出户也能感受美好生活，了解周围变化。

当然在流量至上的时代，我们也应该关注到有些媒体没有坚守住新闻特有的严谨性、科学性，盲目模仿网络播报形式，出现了许多同质化视频、低质量视频，这样的新闻短视频传播模式不仅没有发挥出媒体舆论导向作用，更降低了新闻媒体公信力，不利于新闻媒体的发展。因此，广播电视新闻在融媒时代拓宽传播渠道的同时，一定要保持网络环境的安全、洁净，要充分运用传统新闻媒体的科学性、引领性，给社会带来正能量。

广播电视新闻要对其播报的新闻事件进行筛选，不仅要贴合人民生活，更要暴露出现代社会问题，以中国特色社会主义核心价值观为主流意识形态，传播优质新闻内容，积极引领社会舆论向好的方向发展，帮助受众形成正确的价值观，使其感受到安全洁净的网络环境带来的信息正能量。

第三节　融媒时代手机新闻和网络媒体新闻的发展

互联网技术于 1969 年诞生于美国，标志着人们正式进入互联网时代，它的出现和使用改变了传统的内容生产与传播的方式，极大地降低了传播所需成本。任何需要传播的内容，都可以在互联网这个平台上生产与传播。随着互联网技术的发展，新媒体逐渐取代了传统媒体在传播中的地位。麦克卢汉认为任何新媒体早在诞生之时就已经容纳了已有媒体所含的内容。所以，互联网技术诞生后，其本身已经完成了对传统媒体所含内容的统合。

互联网发展至今经历了 Web1.0、Web2.0、Web3.0 三个阶段。Web1.0 阶段主要实现的是网络与人的链接，比如个人网站单向性地进行内容传播，为互联网技术的普遍应用奠定了基础。Web2.0 时代实现的是人与人的沟通，博客等交互性网站的出现为人与人之间创造了沟通和交流的平台。Web3.0 时代，是完成由人到网络再到人的一个阶段，在这个阶段，人与技术的距离进一步缩短，互联网技术带领用户走入"万物皆媒"的时代。

互联网技术的出现和发展给传统的新闻传播带来了很大的影响，其新闻生产具有不受时空的限制、传播及时迅速、容纳海量信息的优点，不断冲击着传统媒体。2001 年 11 月 15 日，《财经时报》记者就利用了互联网的即时性，先由记者口述，再将稿件发布在互联网，向读者实时预报中美 WTO 谈判现场情况的滚动新闻，此次新闻事件报道使得《财经时报》一举成名，成为第一家报道中美 WTO 新闻事件的媒体。

进入 21 世纪，随着互联网技术的普及，信息内容更加全面，涉及的内容也更加丰富。内容传播也变得更加便捷和迅速，其无处不在，可以跨越时空的限制。在互联网这个大环境下，传者和受者的地位也越来越平等，理论上每个人在互联网面前都是一个可以自由发表言论，表达观点的人。

在新媒体快速发展的大背景下，个体之间随时随地均能维持一种相互关联、相互沟通的状态，尤其是智能手机的开发与应用，人们可以打破时间、空间等客观条件的约束，随时随地互换信息。手机媒体凭借自身高度灵活性的特征，在新媒体环境中占据重要位置，是当代群体了解新闻事件信息的主要方式。融媒时代中手机新闻传播是一种崭新的传播形式，为新闻产生与传播带来新的方式，站在传媒的角度分析，这毫无疑问是新闻传播领域中的一场大型变革，为大众媒体改变及社会转型提供更新颖、可靠的信息支持。

一、融媒时代手机新闻的发展

（一）融媒时代手机新闻的发展现状

媒体融合可以被理解成不同媒体之间相互作用、影响并结合为一体，其对媒体市场发展状态形成的影响是深远的。融合采编工作与播出平台是媒体融合的主要优势之一，和其他类媒介共同分享信息源、协同制造并生成形式不同的信息产品，并将其传送到各平台上推送到外界，通过这种方式确保广大受众能从不同平台获取新闻信息。媒体融合不单纯指技术层面上的融合，也包括了媒介产品与市场的融合，后者是极为重要的，基于媒体融合能够帮助融媒体于差异化领域中实现互通有无、互为促进、共同发展，进而增强自身对复杂多变市场的适应能力。

在媒体融合阶段，手机新闻逐渐发展并日益壮大。手机移动媒体持有的便携性提升了自身的灵活性，用户在接收信息过程中产生了良好的主观体验，这让他们更热衷于分享各种数据资源，以上这种行为解除了传媒形成的束缚，为用户群体创造出崭新的体验形式。新市场环境及传播方式的形成，使手机媒体得到越来越多用户的支持与拥戴，手机电视、手机广播、新闻等，多种传播形态引领着传统新闻传播形式改变过程，传媒业利用媒体融合环境及手机传播形式持续发展与改进，试图探寻到和新媒体衔接的契合点。

当下，手机是人们日常生活、工作中接收新闻资讯与发送社会新闻事件信息的主要移动终端设备，其扭转了既往传媒基于报纸、广播、电视三大平台独立向外发布新闻信息的格局，有机融合了传媒内多种媒介资源，甚至将传媒内的某一部分取代，过往以互联网为中心的新媒体格局已不再完整。当下的手机媒体用户规模不断发展壮大，开辟了崭新的媒体时代。

（二）融媒时代手机新闻传播发展的优越性

一是和电视、电脑等终端设备相比较，人们可以随身携带智能手机，可见手机应用更具便捷性。现代城市生活、工作节奏越来越快，很多人每天会耗用一部分时间乘坐地铁、公交等交通工具，一些人还会时常出差，路途中正是利用手机阅览、实时关注社会焦点新闻的适宜时机。

二是在传媒传播、报道新闻事件的时代中，新闻信息的传播形式被大众固化，好似只有央视《新闻联播》播报的内容及权威报刊刊载的讯息才可以被叫作"新闻"。但在融媒时代中，新闻内涵与构成成分均出现很大改变，越来越多的社会生活内容涌入大众视野，比如规模不同的体育比赛、娱乐头条等，广义上以上内容均可以统称为新闻。在智能手机盛行的情景下，可以借助微博、微信、直播平台等载体将以上内容充分呈现出来，更好地满足大众群体个性化的需求。比如英雄联盟全球总决赛开展过程中，一些网友反对官方解说及直播视频兴致低迷，而多聚集在斗鱼等直播平台，那里有人气主播同步传声解说，该种新闻信息传播模式已经成为当代年轻人追捧的形式之一。整体分析，手机新闻传播形态有更宽广的商业空间去开发、拓展。

（三）融媒时代手机新闻的创新发展

1. 传播即时化

手机新闻媒体自身带有的特质使新闻的产出过程更加快速、便捷，在这样的情景下，"自媒体作者"逐渐涌现出来，受众群体不仅只是扮演着信息接收者的角色，媒介也不是与个体相互分离、主宰思维发展方向的状态，演变成"人的延展"。自媒体作者可以拍摄、编辑周边生活中发生的新闻事件，利用自己的多功能智能手机将其即时上传至新闻平台上，明显提升了新闻的时效性，以上便是手机新闻生产与传播即时化的表现方式。

和电视现场直播相比较，手机现场播报不需要配置高昂、重量达到数十斤的摄像装备，自媒体制作者只需在一部智能手机的协助下，利用手机自带的摄像、录音功能便能记录新闻，以卫星连接网络为载体实现即刻发布，信息采集过程非常简单。手机作为一种新媒介，自身持有的便捷、多功能特征已经成为新闻记者的强大武器，其生产自由度与即时性明显超越了自带手提电脑甚至是无线广播等，对新时期下新闻实践事业发展起到强大的推动作用。

2. 报道形式的多样化

最早期，手机仅是一个十分受社会群体欢迎的信息接收平台，与传统报纸、电视新闻相比较，手机新闻并没有在信息元素上进行变革。但是伴随手机媒介功能的日益充实与强化，手机新闻已聚集了多样化的媒介符号、形式等，逐渐形成了自身的特有形态。通过合理运用文字、图表、动画等传媒符号，在短时间内完整地呈现出特定新闻实际状况，在最适宜报道符号的协助下，使新闻信息传播的速度与深度均得到保障。

报道模式创新发展吸引了广大受众的注意力。也证实因手机报道形式的创新发展，使2008年金融危机以后门庭日渐冷落的纸媒业没有被淘汰出局，在媒体融合环境中占据一席之地。新媒体不断涌入人们现实生活的形势下，纸媒面对更沉重的挑战已经是事实，当下其与手机媒体融合过程中将侧重点放在多途径、立体式的内容服务层面上，用多种形式开发新闻素材、印刷纸质产品，并把文字、图片等制成适应手机新闻播报模式的样态。

融媒体环境下，手机新闻的报道模式不仅吸纳了纸媒的传统特征，也巧用网络语言形成了现代既往交汇的最佳呈现形式，利用照片形成较强的视觉冲击性，针对一个报道能剪辑出数个声音、数个不同形式的关注点，可以被看成是始源于传统而超越传统、具有多元化特征的播报模式。

3. 传播环境与服务更具人性化

既往传媒仅是为受众单纯地播报新闻信息，受众被动式接收，很难形成参与感。而手机媒体将传统报纸、电视等媒介传播形式融合，构建出新型的新闻资讯传播环境，明显提高了媒体的服务品质，基于手机新闻传播平台和受众构建了良好互动关系，促进了与受众之间的有效沟通过程，使新闻传播者之间能够相互评论、监督，此时受众能够获取更丰富的新闻资讯，对新闻信息的传播过程起到促进作用。

手机新闻传播的个性化在多个方面均有体现，操作过程的人性化是显而易见的，轻按一个小小的按键，便能够自动滚动新闻、存储既往阅览记录等。人性化操作使手机新闻传播形式得到更多人的肯定与青睐，其能使很多过程实现简洁化。比如，回翻、章节跳转操作等，能够一键协助用户迅速查找到所需的内容，并且还能够在本地阅读选项内设置背景、字体大小与颜色等，更好地满足他们个体化的阅读需求，帮助他们产生最为舒适的阅读体验。

手机新闻传播过程实现了传播情境的移动化，手机自带的便携性使受众对新闻资讯的消费行为不仅只是局限在办公室或者家庭等空间场所内，身处任何地点、任何时间均能接收新闻信息，表现出"在路上"阅读新闻的特征，此时新闻传播更好地满足了现代群体流动性加强的需求。拥有了一部智能手机以后，受众不必像过往那样在固定时间才能阅览到媒体上发布的新闻资讯，利用手机报推送或上网实时就能接收到新闻。

手机能帮助受众有效地利用零散时间，在候车等餐时享受手机媒体带来的优质服务。手机媒体的出现使空间与时间概念模糊化，人们可以结合主观意愿随时随地接收、发送信息，提升个体之间互动性的同时，也使其在主观上对智能手机产生依赖性。

除广播以外，手机新闻传播的情境移动性还表现在相对网络新闻而言的发展与升级方面。众所周知，传统网络新闻阅读需有一定基本物质条件做支撑，受众要有个人电脑、可以连接的网络，而后方能阅读新闻并形成相应体验，以上这种形式将受众的新闻阅读行为限制在某个特定空间场景内。而智能手机的研发，其和互联网的融合形成了超大能量，使手机持有强大竞争力，也提升了用户群体的新闻阅读体验层次，移动化、便捷式的特征使手机超出网络演变成现代群体阅览新闻资讯的"新宠"。

二、融媒时代网络媒体新闻的发展

（一）网络媒体的界定

网络媒体包含"网络"和"媒体"两个部分的含意指向。首先，就信息载体与传播技术而言，网络媒体是网络（互联网）发展的产物。互联网是按照一定协议建立，能够相互交流沟通的巨型信息网络。这是网络媒体发展的基石，也是网络媒体与报纸、杂志、广播、电视最基本的区别。因此，有研究者认为网络媒体广义上指互联网，狭义上指互联网平台上传播新闻信息的网站，或者说，"网络新闻媒体是提供新闻的网络系统；但是在一般情况下，人们主要把能提供新闻的网站成为网络新闻媒体。"其次，在功能属性上网络媒体与互联网不能简单地画等号，它只是互联网的媒体功能部分。互联网是具有多种功能的技术平台，在这个平台中可以从事商贸、教育、金融等各项活动，尤其是随着"互联网+"的到来，互联网可以渗透到社会各行各业。互联网的这些部分虽然蓬勃发展，深度影响着人类社会，但是它们所承担的并非媒体角色，所以此时的互联网不能算作网络媒体。"只有当国际互联网被作为传递各种信息，特别是新闻信息的技术手段……它才具有传播学、新闻学上的意义，才能成为真正的网络媒体。"换言之，只有当互联网扮演信息传播角色的时候才是网络媒体。简单而言，网络媒体是在互联网的基础上，通过多种形式进行信息处理和传播的媒体。

与报纸、广播、电视等传统媒体相对稳定的形态相比，网络媒体形态随着互联网技术更新而不断变化。从互联网 Web1.0、Web2.0 到 Web3.0，网络媒体出现了门户网站、博客、播客、微博、微信、移动 APP 等多种形态。

（二）网络媒体新闻编辑与传统新闻编辑的比较

结合现代发展对传统新闻进行优化和调整，融合各方面的因素之后生成网络新闻，网络使人有效增加了人参与新闻的频率，强化了新闻的传播效果，拓展了新闻的传播范围。网络新闻传播无论是在文字、文本，还是版面编辑上，都和传统新闻有着较大的差异。

1. 在含义上存在的不同

网络编辑在广义上强调了主体的广泛性和个性化，网络编辑的主题得到了进一步的拓展，使得网络新闻和传统新闻之间存在着明显的差异。网络具有一定的开放性，这一点也赋予了网络编辑更难的控制力度，现代网络编辑和传统的新闻媒体不同，新闻编辑从信息的搜集到最后的发布都是由媒体完成的，除此之外，也会和一些媒体进行共同编辑。在整个期间不会有外界过多的干预和掺杂。网络新闻的稿件获取渠道呈现出多样化，站在网络编辑的狭义来理解，网络媒体更强调编辑的专业性和技术性，针对专业性的理解，网络媒体和传统媒体是相同的，所指的都是有关于新闻编辑的核心知识。

2. 传播细节存在差异

站在传播的细节上对于两者之间进行分析，网络新闻编辑在开展版面设计的过程当中，相较于传统新闻而言，会更加注重网络新闻版面的设计，站在主页的整体性进行考虑，不仅仅会对版面进行优化，更重要的是需要对网络的特性进行呈现。网络媒体面对着受众更为挑剔的眼光，因此需要经常地改版，从而满足受众不断变化的需求。现在网络在编辑时讲究易读性，文章的内容应该尽量地保持平实，主要是为了提供更多的信息，注重信息的功能性。

网络新闻的篇幅不宜过长，会尽量选择较短的语句，为受众提供重点新闻。有些网络新闻为了吸引更多的受众，会在新闻内容当中设置图片，这些图片一般都会被做标记，主要是为了告诉读者，如果想要阅读本条新闻会消耗比较长的时间。必要时也会采用超文本的形式，简单来说就是通过超链接的方法，将处于不同空间的文字有机地结合在一起。

3. 编辑方式存在差异

站在编辑方式角度对传统新闻和网络新闻进行分析，网络新闻的出现，在一定程度上使得编辑的方式，由最初的线性编辑转向了非线性的编辑。线性编辑之间的关系比较固定，在具体应用的过程当中不灵活，每一次的内容改变都会影响到整个版面，使得内容进行重组。而非线性编辑方式的出现，通过应用超文本语言，改变了传统线性编辑所存在的不足。

（三）网络媒体新闻传播理念的突破

1. 摆脱了发布时间的限制

针对信息的传递，传统新闻主要采用的是定期更新的工作模式。网络新闻的新闻发布时间，相较于传统新闻工作模式有了进一步的突破和发展。网络新闻不会受到时间的限制，呈现出非线性编辑，这也是网络新闻的一大优势，可以确保网站的编辑工作在任何时间都可以对文本进行编辑及新闻的发布。

2. 传播方式更加丰富

新闻阅读相关受众具有立体化及多类型的特点，阅读者希望可以在最短的时间内获取大量的信息，而网络恰恰满足了这方面的需求。网络新闻可以通过多种媒体平台进行发布，满足了受众针对传播方式的多样化需求，相较于传统媒体新闻发布而言具有一定的优势。传统新闻在发展的过程当中传播的方式较为单一，仅仅局限于报纸和书籍，而且呈现出来的新闻资料也仅是文字和图片，在电视传播平台中也只是视频。网络新闻的传播突破了传统的工作模式，可以实现声音、文字、图片、视频多种形式的新闻发布。

3. 信息总量有了突破性增长

科学技术快速向前发展，存储技术和数字压缩技术都有了大幅度的提高，这两大技术的发展使得网络媒体的信息量与日俱增，使得新闻传播的质量得到了很大的突破。传统的新媒体在发展的过程中，无论是传播的信息量，还是途径，都会受到信息技术的限制。网络新闻可以实现信息海洋发展，其中汇聚了大量的信息数据，并且每一类信息都具有鲜明的特点，能够为消费者提供更加全面和准确的信息资源。

4. 突破了受众的界限

在传统的新闻传播中，无论是传播者还是受众都具有比较明显的特点，而网络新闻的发展突破了受众的界限。网络新闻不再受到受众和传播途径的限制。新闻的受众也可以成为新闻的传播者，这一点是网络新闻巨大的飞跃，改变了受众的思维方式，突破了传统的消费理念，使得新闻在传播的过程当中受到了越来越多的挑战。

（四）网络新闻的发展

网络新闻在传播的过程中，具有交互性和及时性的特点，网络新闻具有一定的超文本结构，这些超文本的结构都是由一些比较小众的形式所展现出来的。通过对网络新闻的传播特点展开系统性和更加专业性的研究，可以发现传统新闻媒体和网络新闻之间所存在的区别，网络新闻构建了更加现代化的传播理念。

一般情况下，新闻的价值在不同的角度会得到不同的升华，有一些新闻具有非常明显的地域性。当新的内容在网络上公布时，短时间内就会覆盖全球，在更加广泛的范围当中进行传播。网络新闻在传播的过程中具有非常明显的梯度特点，传播的速度比较快，具有比较明显的新闻时效性，能将新闻的内容价值充分地发挥出来。

随着数字压缩技术和存储技术的快速发展，网络媒体拥有的信息空间得到了无限的扩增，所涵盖的信息总量是传统媒体所不能够与之匹敌的。网络媒体可以将全世界的新闻进行汇总，通过建立数据库对历史性的信息进行保存，这些都是传统媒体所不能够匹敌的。网络新闻在编辑的过程中，可以体现出非常明显的海量信息特点，通过对资源进行日常的储备，可以形成更加丰富和科学的数据库资源，建立具有自己新闻传播特色的数据库，为受众提供更加科学和丰富的信息资源。大众传播模式在发展和升级的过程中，使得受众和新闻传播者之间的界限越来越明显，而网络新闻的出现打破了传统新闻的格局，强调个性化的传播，使得受众双方之间的关系发生了变化。

互联网的快速发展为受众带来了新的传播方式，将大众的生活习惯和工作模式融入其中。网络新闻的出现对于受众来说是一种福音，在一定程度上丰富了受众的阅读量，给予了受众更多的参与权利。网络新闻相较于传统媒体而言，是新时代下各种技术融合的结果，对于传统媒体而言也是一次巨大的挑战和机遇。传统媒体若想要保留自己的优势，需要正视自身所存在的不足，学习网络新闻的优势，紧跟时代的发展步伐。网络新闻的出现是一种改革的信号，也是对编辑方式的重新优化和整合，针对传统性而言，其在一定程度上打破了新闻在传授上的等级关系，使得新闻变得更加全民化和平等化，受众和新闻之间能够进行平等的交流及互动，通过借鉴网络媒体的发展优势，传统新闻可以得到进一步的发展。

第四节 短视频和直播

一、短视频

短视频作为一种新的传播形态出现，运用于新闻传播，产生了短视频新闻。短视频新闻转变了新闻传播以主流媒体为中心的传播模式，丰富了新闻传播形态。在即将到来的5G网络时代，短视频新闻的发展将得到更强大的技术支持，出现新的发展路径。

（一）短视频的定义

短视频即短片视频，是一种互联网内容传播方式，一般是在互联网新媒体上传播的时长在几分钟到十几分钟的视频传播内容。随着移动终端普及和网络的提速，短平快的大流量传播内容逐渐获得各大平台、粉丝、资本的青睐。关于什么是"短视频"，其实学界目前尚没有一个公认的定义。通常意义上，短视频区别于长视频，其范围相对宽泛，从几秒钟到几分钟都有。另外，《2016年中国短视频市场现状分析及发展趋势预测》中提到：视频长度不超过20分钟，通过短视频平台拍摄、编辑、播放等，视频形态多样，涵盖纪录短片、视频、剪辑、广告片段等视频短片的统称。其大量发展于移动互联网时代，以智能手机为载体拍摄、编辑、上传、播放，视频长度多在5分钟之内，在移动互联网环境下传播互动。它们具有与社交媒体平台实时分享和无缝对接的特点，视频类型包括新闻资讯、纪录短片、微电影、网红主播、幽默恶搞、情景短剧、生活技能、工作技能、创意剪辑、广告片段等。盈利模式集中于广告植入、电商流量等方面。

短视频具有独特的社交属性，具有两方面的功能。一方面它能培养大规模用户的关注度和忠诚度，赢得流量，进而变现；另一方面它也可以实现视频中产品的品牌推广。由于短视频通常都在社交平台上发布，"几何数级"的转发使其本身有了造血功能，能更好地实现品牌的软植入，实现内容营销的深度融合，进而提高视频生产者的利润收入。

短视频凭借事无巨细的完全记录，直面个人自身的周边生活，由此深嵌于普通人日常生活中。无论是"快手"所谓的"记录生活记录你"，还是"抖音"主张的"记录美好生活"，都旨在于强调短视频能够围绕一个"自我"（Self）构建起一个私人化的影像世界。有学者将这种绵密的日常记录称为"平民起居注"。化用自古代史官书写的皇家起居注，"平民起居注"的概念虽然突出了百姓生活获得了被记录权利的文化意义，但遮蔽了短视频的实践主体恰是"平民"自身，而非基于外视角的"他人"。也就是说，重要的不仅是平民生活得以记录，更在于普通人能够自我控制这种记录活动，并将此当作生活本身的一部分予以持续实践。这十分符合"常人方法学"的含义与思路。因而，我们可以将短视频视为一种融媒时代的"常人起居注"，即普通人在日常生活中为了自我记录、自我呈现、自我展演而采用的、已然化作习惯的实践方法。

短视频的发布者不再仅限于专业的媒体记者，普通群众也能够成为视频的制作者、发布者，并且能够在相当范围内产生影响。现在我国常见应用广泛的视频平台有抖音、快手等，拥有几亿用户，这些用户不仅仅是受众，也是传播者。而短视频新闻的出现，满足了当下受众快节奏的生活，为广大受众提供了更加便捷的、直接的了解新闻、了解外界的渠道。

（二）短视频的类别

从短视频的账号属性来看，可以将短视频分为官方账号和个人账号两大类。官方账号多为政府各类各级单位、企事业单位、各种媒体等。以抖音为例，通常以加"蓝V"为表现形式，表示经过了抖音官方的审核认证。此种用户，通常来讲，能够获得更多的曝光量。个人账号，是抖音当中用户量最大的，也是抖音的核心用户。一些名人，在抖音当中也会呈现出加"黄V"的形式，很显然同样经过了官方的认证。

从小的类别来看，短视频的类型有生活、美妆、美食、穿搭、汽车、游戏、剧情搞笑、宠物、音乐、母婴亲子、才艺技能、影视娱乐、艺术文化、美女、帅哥、舞蹈、旅行、情感、科技数码、运动健身、媒体资讯、好物种草、医疗健康等。

从大的属性来看，我们可以归结为以下几大类。

1. 政企宣传类

此类短视频在我们日常使用APP时，十分常见。粉丝总数多，账号活跃度高是此类短视频账号的共同特点。活跃指数高低主要是基于粉丝总数、点赞总数和视频总数生成。由于我国传媒行业，尤其是官方媒体在国内的特殊地位，所以政企宣传类其实是和媒体传播类有一些重合。根据短鱼儿网站的数据监测显示，以抖音为例，政企宣传类账号粉丝总数排名前100的有（截至2020年12月21日）：中国长安网、浙有正能量、中国军网、四平警事、警界君、国+社区、中国军事网、解放军新闻传播中心融媒体、深圳交警、阿里巴巴、用武之地-讲武学堂、皮皮虾APP、中国火箭军、铁路公安、日照东港发布、支付宝、超皮优酷君、气球叔叔、一刻talks、常熟市王孟杰服装商行、警花说、共青团中央、温州交警、中国消防、山西交警、佛山铁警、山东武警、华丰尚品、酷狗音乐、我们的太空、我们的天空等。可以看到政企宣传类占比蓝V榜单的31%。由此可见，此类短视频在分类中，占比较大。

各地各级政府部门，也都在积极探索"政务+新媒体"的传播力。可以预见，政企新媒体尤其是当下火热的短视频必然是今后发展的大趋势。创新的传播方式必须告别简化通信方式，整合政府平台及加强与主要媒体的合作。新媒体传播引入了具有清晰分工的矩阵传播新模型。矩阵通信要求政府和企业组织连接多个平台，如微博、微信、客户端和短视频，水平连接相关的功能部门，以及垂直连接较低级别的单元。新媒体传播要充分满足公众不断提升的知情权和表达权。

融媒体时代公众网络话语权提升，传播主体要在议程设置上寻找公众的痛点、兴趣点、需求点，实现上情下达、答疑解惑，保持与公众的良性互动。政企新媒体传播面临平台开发、技术提升等带来的新挑战。互联网新技术催生各类新兴平台，不断重塑网络舆论格局，党政机构、中央企业应密切跟踪技术前沿，关注最新业态，前瞻性把握传播技术可能对信息传播带来的影响，做好相关规划布局。

2019年6月12日，人民网举办了"首届政企新媒体发展论坛"，并发布《人民网政企新媒体传播力报告》。在"国务院机构政务新媒体传播力20强"排行榜上，中央政法单位中有两家入选，公安部位居榜单第一，司法部荣列第八，表现抢眼。该报告从宣传力、服务力、认同度、风险控制力、创造力等维度，通过大数据挖掘、专家评估等方式对国务院各机构的政务新媒体进行全面评估。其中，微博账号、微信公众号、客户端在评估指标中的权重占比分别为45%、40%、15%。作为政策发布、信息公开、舆论引导及服务民生的重要阵地，政府各级各部门在以抖音等为代表的短视频平台建设、内容运维、渠道传播等环节牢牢把握正确政治方向、价值取向、舆论导向，积极探索新媒体传播规律，不断加强原创能力，推出了一系列形式新颖、角度独特、可读性强、为受众喜闻乐见的原创新媒体产品，用户播放量、下载转发量、用户黏度等稳步提升。

2.媒体传播类

媒体传播类的官方账号及所发布的视频，在短视频平台也十分常见。通常为传统媒体开辟的新媒体传播渠道。比如，有电视台、报社杂志、栏目组、媒体网站等。从目前看，最具代表性的有人民日报、央视新闻、新闻联播等官方媒体。根据短鱼儿网站的数据监测表明，基于账号活跃指数排名，以抖音为例，媒体传播类红人榜排名前100的有（2020年12月24日）：人民日报、央视新闻、人民网、四川观察、新闻联播、中国日报、新华社、央视网、河南广播电视台民生频道、湖北日报、环球网、光明日报、东方卫视、快乐大本营、央视网快看、中国青年报、红星新闻、中国网直播、浙江卫视、新闻快车等。

该数据可以表明，媒体传播类占比抖音红人榜前100名的20%。透过数据我们可以发现，传统媒体开辟新的传播途径，对于提升其传播力，构建完整的传播链起到了巨大的作用。

在过去的两年中，传统媒体一直在寻求视频的转换，而短视频平台也已成为传统媒体的重要视频布局。当各种媒体进入短视频平台时，他们将其用作扩大影响力、促进积极能量并创建清晰的网络空间的重要位置。众多短片捕捉生活中的真实感受和温暖而激动人心的事件，不仅赢得了互联网用户的认可，而且还提高了媒体本身的信誉，促进了媒体的融合与发展。党的十八大以来，以习近平同志为核心的党中央做出推动传统媒体和新兴媒体融合发展的战略部署。要运用信息革命成果，推动媒体融合向纵深发展，做大做强主流舆论，巩固全党全国人民团结奋斗的共同思想基础，为实现"两个一百年"奋斗目标、实现中华民族伟大复兴的中国梦提供强大精神力量和舆论支持。

3. 社交分享类

通常情况下，社交分享类短视频多由个人账号发布。其包含生活、美妆、美食、穿搭、旅行、情感等多个方面，可谓是五花八门。从用户的角度来看，普通大众其实更加愿意在这一类型的短视频中"驻足观看"。以抖音为例，最近一两年的时间，短视频个人制作者或是团队，从"默默无闻"到"火遍全网"，大概率是通过创作传播此类视频走红的。比如，近期爆红的康巴汉子丁真，四川甘孜州理塘县人。其爆红的起始就是因为他的一组照片被游客上传到网络，迅速走红。单条抖音视频点赞曾超过270万，同年，他就成为当地的旅游大使。"丁真式爆红"无疑反映出了当下社交分享类短视频的巨大威力。除了丁真颜值上的帅气纯朴原生态，其爆红的根本原因在于对当地旅游开发、脱贫攻坚和乡村振兴起到了积极的作用。

目前，在社交网络上分享短视频在新媒体营销中已经发挥了重要作用，并已成为乡村旅游营销和广告的重要渠道，使乡村旅游产品的销售和分销渠道更加顺畅，获得了更准确的信息。在线名人旅行社可以在某种程度上提高新媒体营销的效率，并推动交通向农村复兴。这些在线名人通过直播和短片直观地展示了当地的文化旅游资源，创造了生动的传播效果，刺激了访问量并增加了当地旅游产品的吸引力。当然，在线名人旅行社还必须加强合理的指导方针，将这些名人引导至正确的方向，从而真正在旅游业的发展，尤其是减少贫困中发挥重要作用。

4. 商业广告类

以抖音为例，商业广告类短视频的表现形式基本上分为三种。第一种是直接植入在抖音APP当中，用户每刷几个或十几个短视频就会出现一条短视频广告，我们可以把它称之为"硬性广告"。通常情况下，广告的短视频时长一般在10秒左右。用户在刷到此类短视频时，APP也会明确告知用户这是广告，虽然属于"硬性广告"，但是用户可以完全根据自己的意愿选择是否要观看广告，如不需要也可以即刻"滑走"，看下一条视频。第二种商业广告类短视频是目前十分火爆的直播带货类的"片段视频",或是主播为了预热宣传商品进而拍摄制作的短视频。近期,比较有代表性的有罗永浩、薇娅、李佳琪等头部带货主播。随着直播带货行业兴起,以及国家对于此行业的政策性支持,比如把此行业的主体"互联网营销师"纳入了国家新职业类别当中,越来越多的明星名人也加入了直播带货的大军。第三种商业广告类短视频则是个人用户,通过发布一则看似和商品广告关系不大的短视频,但是可以点击购物小黄车进行购买商品,似有似无地在引导用户粉丝群体关注或是购买商品。我们可以把此类短视频称之为"软性广告"。此类广告效应要远远超过"硬性广告",也会是今后短视频商业广告的一大发展趋势。

它的价值基于这样一个事实,即传播时代的消费者可以将注意力转移到广告上。不过,在这些平台上,用户的注意力通常不足,因此您需要清楚地显示内容,否则用户只会滚动浏览您的视频。当然,如果您的内容确实"足够好"以吸引用户点击,那么它带来的后续转换也将非常重要。在这种情况下,简短视频供稿广告的出现带来了新变化。这证明消费者渴望吸收高质量的内容。用户很容易接受促销视频内容,并轻松地进行后续转化。可以说,短视频广告是专为移动互联网设计的全新广告体验,值得研究。

（三）短视频的发展概况

随着网络技术的不断发展和智能手机的进一步普及,人们对内容的偏爱已经从图形发展到了短视频,各种传统的图形文化传媒也开始向视频传媒转变,这意味着融媒时代已经到来。融媒体作为一种资源互通、兼容的新型媒体形式,它强有力地将人力、内容、宣传等方面的巨大优势进行整合,从而形成一种更有效率的传播模式。在更加多元化和更加灵活的媒体时代,诸如电视新闻之类的模块化媒体已不再是人们搜集信息和享受休闲的主要渠道。大量的自媒体已经开始迅速占领市场份额,并发挥自己的独特优势。自媒体形式更加灵活、娱乐内容更多,同时也更加多元化,尤其是短视频更成为自媒体的一种新形式。

短视频具有社会性高、共享性强、创造性高、技术性内容少、障碍少、制作难度低的特点,所有的创作者都可以使用手机和电脑,随时随地制作。因为短视频的长度很短,一部短视频的制作费非常便宜,所以可以将短视频应用到生活的各个方面,内容非常丰富。在市场竞争越来越激烈的现代,阅览的时间越来越分散。在此背景下,短视频以各种风格多样、简洁有趣的内容受到人们的欢迎,各种短视频平台的内容也即时在网上公开。

2020年,短视频行业迎来成熟期,用户规模不断数字化,用户参与率非常高。

现在，中国的短视频市场规模达到了1000亿元。抖音、快手、火山视频等都得到了较好发展，收入也相当可观，其中抖音是最有名的，收入超过100亿元，并且还在发展中。

（四）短视频的社会价值

短视频极具个人化色彩的生产与传播特点，使之具有了强大渗透力，成为人们即时交流的"口语"，牢牢嵌套在日常媒介实践中，人类社会进入了"以视频为主的广义图像状态"。每一个UGC内容都是具有个人化展演与记录色彩的微观单元，通过类似毛细血管的作用使社会末端彼此相连，由此构筑起短视频信息流的"微循环"。颇有意趣之处在于，当这些海量UGC短视频内容聚合在一起时，"个人""自我"的色彩消退，带来了"公众""集体"逐渐显现。

首先，形形色色具有个人记录色彩的短视频成为政治传播的一部分，以个人为单元拼凑出社会与国家层面的群像。例如，抖音、快手、微博等多个平台出现了诸如"我和我的祖国""我和我的家乡""告白祖国""我和祖国共成长""我和祖国合个影"等全民影像创作话题。短视频激发了个人参与政治活动的热情，完善了重大主题、重要节日期间家国记忆的人民影像书写。

2019年新中国成立70周年之际，人民日报新媒体端在抖音短视频平台发起了"我爱你中国"的话题，邀请用户围绕"一首歌表达对祖国的爱"主题录制短视频参与影像创作，播放量最高达到171.3亿次。大量具有个人色彩的短视频内容拼凑出具有新时代精神的社会群像，共同书写了新中国成立70周年的集体记忆。

其次，基于个人视角创作的短视频影像日志弥补了公共事件中的职业化影像记录的盲区，使"自下而上看历史"成为新的可能。

再次，短视频平台的展演类影像优化了社会文化景观的表达。纵观当前的短视频平台，文化展演类视频已是短视频内容的一大特色。2016年，李子柒引领的乡村美食类短视频爆火，其对田园牧歌式的乡村生活的展演，使得乡村生活成为人人可羡的文化景观。2017年，ID为"悬崖飞人"的彝族小伙在腾讯视频发布了短视频《悬崖村飞人》，记录了其攀爬天梯的出行过程，播放量达2.7亿次；另一彝族青年紧随其后，在快手发布了10秒左右的"悬崖村"景观视频，成为快手平台现象级的热门视频。诸如《困在悬崖上的羊》《80年代的彝族美食》《今天背核桃下山》《北京来的兄弟恐高》等展现彝族悬崖村特色的展演类短视频接连爆火，吸引着来自网络空间的观众的注意力。短视频作为平民展演生活的方式，个人进行的具有民族文化特色、异质文化特点的展演，实际上是一种类似于"野史"性质的影像资料，优化了具有民族色彩、地方色彩的文化景观的呈现。当众多个人展演汇聚在一起时，便形成了关于某些特定文化的想象与记录，从而成为一种为所在社会共同体所能共享的公共性文化资源。

由此观之，在"记录"的层面，短视频成为每一个个体书写个人历史的重要方式，成为自身生活中不可或缺的记忆保存方式。而这种记录实践一旦进入社交网络空间内，就会不可避免地被扩散为一种抹去创作者个人姓名的公共素材。在这个意义上，整个移动社交网络空间内的短视频，就构成了一座当代社会的影像档案馆。这为构建我们当今时代的"公众史"，提供了书写实践的可能性。当单个短视频的"个人"色彩隐匿后，取而代之的是渐显的"公共"属性与"群像"特征。

（五）短视频的发展态势

伴随媒体数字化、移动化转型步伐的进一步加快，从中央到地方各级融媒体中心建设的规模化推进，优质媒体原创内容和互联网聚合平台之间的融合和对接更加紧密，媒体抖音号的规模、影响力和公信力也显著增加。从我国的短视频行业发展现状来看，由于短视频 APP 的应用数量和范围相对较广，在此对短视频发展现状的分析主要以抖音 APP 为主。

1. 抖音 APP 的一路突围

抖音崛起的速度令人惊叹。抖音发布的《2019 年抖音数据报告》显示，抖音日活跃用户截至 2020 年 1 月突破 4 亿。我们来回顾下去年一年时间里的"抖音速度"：去年 1 月，抖音日活跃 2.5 亿，去年 7 月，这个数字是 3.2 亿。短视频领域的另一巨头快手开始与抖音开启一场正面较量。2019 年最后，快手宣布它将成为春节合作伙伴的独家互动合作伙伴，这项可能扭转战局的大型活动也受到了广泛关注。

此前，快手在广告投放上较为克制，而抖音则相反，市场投放的声势一直浩大。面对快手的追击，抖音也不甘示弱，快速做出应对之策，与腾讯音乐达成合作、整合火山小视频与抖音、管理内容生态等。抖音的背后，是被称为 App 工厂的字节跳动，其建立多个程序并使用灵活的组织结构和资源来支持潜在的项目。抖音与竞争对手的区别在于，它不是单个团队奋斗的结果，而是另一个胜利的统称，称为"头条部"。分水岭出现在 2018 年春节，这是抖音扭转战局的一场重要战役。字节跳动不惜重金在价格最贵的春运时段，沿京九铁路线选择性投放抖音广告，移动端电影票选座信息也成为广告位，众多明星加入的红包推广也引来一波热度。战役告捷，拉新效果令人惊叹，春节假期期间，部分头部达人的粉丝涨了4倍，抖音日活跃用户从3000万冲到7000万。上线17个月之后，抖音日活跃用户数量突破1亿。这是让互联网世界惊叹的速度，而这个数值如今还在继续增长。

今日头条的核心优势是其强大的平台算法，抖音将这一优势进行了放大。使用算法执行深入的用户分析，计算用户首选项，并在短时间内执行内容提取和推荐。依靠推荐算法，具有积极评价和评论的视频将自动插入更多流量，并将其定向到更多人的手机上以实现共享。通过这种机制，可以将视频快速分发到抖音，并诞生具有诸如抖音神曲和舞蹈之类的分发点的视频，它们在抖音的快速发展中发挥了重要作用。

2. 商业化的迅速推进

与快手缓慢的商业实现不同，抖音自成立以来就已经商业化。截至目前，抖音已经是主要的MCN机构（例如大禹、洋葱和壳牌公司）的所在地。这些代理创建高质量的视频内容，而抖音为合作的代理提供支持策略，如"流量和资源暴露"。随着抖音用户数量的快速增长，MCN组织提高了内容制作的水平，抖音人内容的生态也在不断改善。比如很多抖音的新用户，或是之前不温不火的，因为某一条爆火的短视频，就能够从很短的时间内获取大量的粉丝，这种粉丝的增长速度十分惊人。很多流行的抖音账户都来自MCN之手。他们的运营和制作能力使他们更容易创建具有营业额的热门视频，还有助于提升和保留该平台的用户。抖音的商业化也随之加快。

2017年9月，抖音全面开启商业化，激进且快速。通过启动在线电子商务功能并计划官方广告订购平台，抖音正在帮助平台组织和名人实现其业务。2018年七月，抖音正式发布了品牌广告智能连接平台"星图"，该平台为客户提供视频广告运营服务，并向人才、明星收取费用。抖音还开设了在线弹出式商店、电子商务小工具、Dou+ 等。商店可以为付费广告和客户获取设置条件，例如里程、商店折扣、用户年龄等。对于企业蓝V消费者，抖音推出了几种商业营销功能来吸引品牌。2019年1月，星图开始着重推行代理商机制，拓展品牌广告客户。依靠一系列的商业化举措，抖音的收入开始急剧增加。从这个角度来看，抖音肩负着为头条拉升活跃度，分担变现压力的任务，也使其在商业化进程上也不得不激进。抖音快速崛起的背后，并不是偶然，而是一套成熟运作机制的产物。

在抖音的整个历史中，不难看出，好的产品并非一朝一夕就诞生的。这需要在初期、中期和后期进行大量的"抛光打磨"，因此总体团队战略非常重要。例如，抖音进行了许多操作，如更改徽标和位置，并最终从20世纪90年代和21世纪后建立的短视频音乐社区转变为拥有更广泛受众的综合短视频社区。

总体而言，抖音正在沿着产品、性能和内容的路径发展，并且目前处于稳定的发展中。现在，它已成为抖音和快手争夺更多消费者并诉诸商业蛋糕的主要基地。随着新的5G技术的出现，在短视频领域中可能会有更多的形式，并且谁可以利用另一个机会拥有不同的业务历史。不可否认的是，短视频是一场持久战，未来如何静待观望。

（六）爆款短视频的特征

短视频以其简短、清晰且个性化的内容吸引了众多年轻人的目光，在极短的时间内实现了全民普及。在融媒时代，媒体的生态不断重构，交流者必须适应融媒时代的短视频开发战略，加快信息扩散速度，促进短视频健康稳定发展。

1.短视频成为信息传播的主要手段

一般来说，将互联网的优势、电子媒体的优势及传播优势进行整合，从而形成的新型媒体被称为融媒体，融媒体的发展充分发挥了新媒体和传统媒体的优势，实现了媒体系统的创新。各种短视频的出现使媒体获得了进一步的发展。在这方面，融媒时代的各大短视频平台不断地结合受众的需求和媒体的发展趋势，通过大数据工具的挖掘，进一步深化用户群体的细分，寻找新的内容资源，继续占领新的传播市场，为新媒体的持续发展提供保障。因此，有必要加强对融媒时代爆款短视频特征的探索，讨论短视频今后的发展趋势，这不仅能够更好地规范行业的发展，还能为短视频的持续稳定发展创造良好的环境。

2.融媒时代爆款短视频的特征

（1）传播受众广，参与性强

短视频的主要特征是受众广泛，参与度高。与传统媒体相比，短视频在传播效果上具有非常显著的优势。一般来说，一个短视频，其内容非常简洁，并且内容与话题直接相关，所以往往不需要人们进行深入的思考，就可以更快地理解作者试图说的话。主要视频内容直接显示给用户，因此可以大大避免用户因不感兴趣而造成的时间损失。为了促进短视频的普及和提高用户信息的获得效率，创作者可以通过短视频来进行信息发布，用户通过其过程来感受作者心情的沉浮，从而引起感情的共鸣。与以往的媒体相比，短视频的普及更快、活动范围广、启蒙程度高。

在这个融媒时代，手机就能实现短视频的拍摄、制作、视听等功能。通过方便的操作，用户从被动接受短视频快速过渡到主动创新短视频的形式与方式。例如，通过 Youtube 可以让生活中的每个人随时随地制作并发布视频，这意味着每个人都有可能成为创作者，也意味着在发送视频的过程中成为共享者，可以提高用户的参与意识。

（2）内容碎片化、泛娱乐化

一方面，简短的视频作品可能只需要持续十几秒钟到一两分钟，但是它们是视频创作者将其精心挑选的内容集成到一起的最好方法，因此，非常适合人们快节奏地浏览。另一方面，在信息迅速发展的时代，人们在工作和学习上很容易疲惫，短视频的存在与用户"碎片化"的内容和信息摄取习惯一致，短视频内容也非常丰富，可以非常容易满足人们的日常娱乐需求。同时，由于时间短，短视频内容对逻辑关系、原因和过程的表达不是很连贯，这是一个缺点，即难以传播以大型主题为中心的视频。短视频擅长传输碎片化的信息，导致整个视频内容过于分散、琐碎。在一定程度上，短视频的传播在内容和时间上都冲淡了传统媒体传播过程中的庄重氛围。因此，这些非传统的特性使短视频的传播非常有趣。心理学家史蒂文森（Robert Louis Stevenson）的"博弈论"指出，当人们使用短视频获取信息时，他们的态度是基于娱乐的，因此他们可以很好地满足自我娱乐的需求。短视频应用程序的内容源（例如抖音和快手）与用户创建的内容生产模型密切相关，但是这种生产模型通常出于便利的考虑而放弃质量，从而导致流行的短视频质量大相径庭，内容模仿、猜测和恶搞事件时有发生，这不利于短视频的进一步发展。在融媒时代，想看短视频的观众不断增加，如果用户想看幽默有趣的视频，可以在抖音找到一些视频，如果想看世界新闻、时事问题等，可以在头条新闻找到相应视频。但是大多数受众没有设定阅览范围，同时又面对几乎没有限制阅览的网站和应用，所以大多数受众习惯于随意阅读，由于受众阅读的内容多样性，短视频碎片化的特征愈加明显。

（3）风格短小精湛，以用户为中心

短视频具有长度非常简短的属性，因此制作要求更高。据统计，一些著名的短视频平台中约 90% 的短视频时长在 2 分钟以内，还有 8% 左右在 1 分钟以内。优秀的短视频能够在几秒钟内吸引受众，所呈现的主题简短简洁、视频结构和故事节奏快，能够满足受众低成本获取信息的需求。更重要的是，视频越短，用户就越方便以明确的主题分享和传播，因此，短视频具有的特性是既简短又精准。

短视频需要在有限的时间内播放，这就需要内容非常有魅力，才能够让用户高兴地观看。另外，为了让短视频内容更有魅力，需要更优秀的剪辑技术和配音。因此，在视频共享方面，需要掌握受众的阅读习惯，细分市场，在正确的时机吸引受众。另外，短视频有很多种类，其中以记录类短视频最受欢迎，因为它真实地记录了用户平常的日常起居生活，很容易受普通人的欢迎。

（4）感染力强，技术融合明显

在很多短视频中，音乐被用来刺激情感，释放悲伤和愤怒，同时也可以在欢快的气氛中提高短视频的表现力，从而大大提高了对受众的吸引力。现在，短视频动画的特殊效果也是一大趋势。例如，在动画中添加虚拟现实的特殊效果和3D 制作场景，提高动画的表现力。持续革新短视频动画的编辑、制作技术，根据用户的需求来制作内容，运用强大的编辑软件功能吸引广泛的受众，可以进一步制作出更高品质的短视频。

在人气短视频的制作中，可以积极导入 VR 等技术，并导入智能机器人等技术来提高短视频的趣味性。在技术整合的过程中，这些短视频也利用各种媒体的经验，不断进行技术创新和视频特效的创新，以提高视频制作的质量。典型的例子是很受欢迎的网络"五连鞭"视频，通过多种的特殊效果，在网络上人气急速高涨。越来越受欢迎的短视频彰显了融媒时代下的技术整合的特征，反映了视频终端和网络终端之间的连接，大屏幕和小画面的相互作用。

（5）发布方式广，跨平台传播

短视频碎片化的普及，主要是 APP、微信等其他社交媒体及部分的 Web 网站、软件短视频资源可以共享，可以在多个平台上发布，这使更多的用户可以通过社交平台观看短视频。这些短视频运营平台基本上都有更新、一键转发、点赞、评论等功能。每时每刻，用户都可以将感兴趣的视频信息一键分享到微信、微博、QQ 等平台，让更多的用户观看，传播的速度和频率得到了极大提高。

另外，为了促进短视频的普及，主要的短视频平台上"网络＋实体"的普及力度开始加强。短视频平台开始使用线下活动来吸引来自某些实体的用户，以搜集平台上的动态粉丝，极大地刺激了用户的热情，不仅动员了用户的参与，而且使得更多的用户能够制作短视频。通过开发和扩展短视频发布的线下空间，可以进一步促进短视频传播。随着融媒时代的来临，短视频交流平台开始改变此前反复展示的 PGC 广告内容，目前 UGC 短视频形式的内容和形式更为一致。这不仅适合时代的发展需求，也容易被用户接受，包括公交、地铁、电梯等公共线下通道都开始成为短视频传播的场所。

（六）短视频未来发展前景

1. 剧情类短视频发力迅猛

随着短视频在近年的快速发展，喜爱小说和动漫的用户，也希望看到IP内容的视频化。未来一年短视频将渗透到整个行业继续深化。短视频平台扩大了其在实时流媒体领域的布局，并以类似故事的情节宣传了短视频，这一切将成为一种新趋势。腾讯微视将戏剧定义为"由腾讯微视开始的一部垂直屏幕连续剧，每集1~3分钟，有连续剧情。"未来不能仅基于内容开发平台，它还将与大多数开发人员合作，共同促进行业发展。它从四个方面为开发人员提供帮助：IP开放性、财务支持、流量支持和产品支持。垂直屏幕微型相机探索了更有趣的故事讲述方式。高标准、快节奏、大脑洞共同构成微剧的标准。

2. 变现形式多元化，潜力巨大

短视频平台的变现模式主要限于广告或与电子商务平台及内容创作者合作。为更好地资本化短视频的内容，或会采纳更多创新变现模式作为新的收入来源。于2019年，若干领先平台已证明短视频内容变现的可行性。例如，抖音及快手等领先平台正在其平台中引入及推广游戏变现，这使专注于内容变现的自媒体营销服务提供商受益。预计变现的多元化将使价值链的大量业务合作受益。

3. 内容创造专业

专业生成内容及专业用户生成内容因其专业技能及丰富资源而日渐普及。现已出现通过创造优质内容吸引特殊喜好观众来协助内容创造者的多渠道网络。抖音及快手等短视频平台近期已开始对多渠道网络的内容制作能力及资质施加要求，形成准入门槛。其三线及以下城市新用户不断增加。目前，三线及以下城市居民的收入及消费水平亦有巨大提升潜力。短视频消费者群体的扩大及与日俱增的需求，将成为中国短视频营销市场的主要增长来源。

（七）短视频新闻异军突起

1. 短视频新闻成为新闻报道新选择

进入融媒时代，互联网的发展及智能设备的普及，使得各种短视频应运而生。一方面短视频的出现满足了人们日常生活中的碎片化信息的接收需求，另一方面短视频制作成本低，制作过程简单，用户参与度高，用户可以自己完成短视频的拍摄和制作。因此，短视频平台开启了百花争艳的新局面，我们日常"爆梗"的发源地抖音和快手等短视频平台，在融媒时代的今天，不断地瓜分着其他社交媒体的流量和关注度。网络新闻报道可以借助社交媒体、短视频平台等，通过更加直观、更具可视化的方式提升着新闻信息传播的效能。

2. 内容更有品质

文化自信视域下，新闻短视频的发展，必须要坚守优质内容才是生命力这一根本原则，必须要利用高品质的新闻短视频内容做主导，依托平台用户群体和数据优势，依托交互式、节点式、即时性等传播，让更多群体坚定文化自信、增进文化认同。如此在编排新闻短视频时，应当针对新闻事件中的深层新闻价值进行判断，确定价值导向是正确的，同时要去确定新闻的立意、主题的新意，以实现文化舆论引导，坚定文化自信，增进文化认同。

通过人民日报、央视新闻等在抖音上的官方号所发布的作品，评论基本都是正能量的，作品内容当然也是正能量的，这是媒体坚定文化自信的表现，抖音平台是娱乐化的平台，人民日报、央视新闻这些媒体做出的新闻短视频内容，短小而精干，一直坚守文化舆论引导功能，而且仅就抖音一个平台来看，人民日报官方号、央视新闻官方号的作品，基本都带有较为深刻的思想文化内涵，内容情节以还原事实为主，但配上解说或者文案增强了作品的严肃性和思想文化内涵，引起受众的反思。而很多新闻短视频都是简单地模仿或用力过猛，表现在短视频内容上就是"你想说的都说了，我想知道的一概没说。"即内容与受众无法共振，这是一种文化不自信、文化不自觉的表现，反过来说新闻媒体在发展新闻短视频时，不仅仅要注重内容品质，更重要的还是要坚定文化自信，以问题为导向，以科学的理论武装人，以正确的舆论引导人，以高尚的精神塑造人和鼓舞人，否则早晚迷失方向。当然还必须要做到知行合一，想要实现目标，必须要切实可行的办法，若局限于事情的表面，是不会有任何前景的，在坚守文化自信下，新闻短视频的内容必须要有更为显著的立意，更为显著的影响力，比如《穹顶之下》为什么过去了好几年，依然存在影响力，最关键的就是在呈现事实的同时，将立意定在解决问题之上，这也是一种正向的舆论引导。

（八）新闻短视频生产与传播

1. 新闻短视频生产特点

（1）生产门槛低

不同于传统专业的新闻制作，短视频的制作只需要一部手机就能完成从视频内容采集到制作、传播的所有工作。记者专业性的优越地位被取代，尤其是随着人们文化水平的提高，越来越多的普通群众开始接触并且钻研视频的制作，热衷于利用新媒体传播信息资讯，拍摄器材的使用越来越便捷，满足了拍摄者随时随地拍摄的需求。

（2）采编内容海量化

传统的电视新闻媒体在选题策划、内容采编等各个方面都要经过严格的筛选和把关，以确保主题的正确导向和传播的影响力。但是在新媒体视域下，身边的大事小情都有可能被社会广泛关注，并引起一定的社会影响。这样一来，记者在进行新闻采编时选题变得更加宽泛，可以选择的内容更多。

2. 新闻短视频传播特点

新闻短视频是技术发展的产物，是伴随网络升级优化而出现的新兴事物，能够适应不同环境的变化，实现信息传播的碎片化、社交化、移动化。

（1）随时随地，全程传播

在传统的传播模式下，视频新闻的制作需要专业的摄影摄像记者采风，将拍摄的视频经过剪辑编辑制作为新闻短片，并且需要在一定的时间阶段内播放，受到时间和空间的限制比较多。但在新媒体技术的支持下，新闻短视频不再受到时间、空间的限制，即拍即传、全程直播等方式实现了新闻的无时差、零距离、不间断地全天候传播，并且互联网作为资源库还能实现视频的无压力回看，真正为受众提供了更便利的收看新闻的渠道。

（2）多姿多彩，全息传播

传统的视频新闻在电视媒体上主要呈现为严肃的风格，但是随着新闻短视频的平民化，新闻的严肃性被消解，新闻呈现出更多的个性特征，大家喜闻乐见的百姓生活、严肃的政治事件等都可以短视频的形式呈现。并且短视频还支持字幕、弹幕、解说、音乐、画外音等多种元素的融合，新闻变得更加丰富多彩。

（3）多媒体呈现，立体化传播

媒体融合背景下，新闻的传播不再是一种元素的单一传播，而是打破了不同传播形式之间的壁垒，实现了立体化全方位的传播，如在文字新闻中链接视频新闻，新闻客户端具备可跳转、可转发、分享等功能。新闻短视频实现了一次制作多平台传播的多元化、立体传播模式，扩大了新闻的传播范围，增加了新闻的影响力。

（4）主体多元，全员传播

在互联网背景下，视频从采编制作到内容传播的门槛降低，从普通群众记录生活的娱乐视频到反映社会现实的社会新闻类短视频，都可以经由身边的普通群众传播，新闻记者的垄断地位被瓦解，传播的主体多元化。

二、网络直播

（一）网络直播的分类

从网络直播的直播载体来划分的话，主要可以分为 PC 端直播和移动直播。PC 端直播指的是通过电脑终端对各类场景进行直播，移动直播指的是通过便携式移动设备，如平板电脑、智能手机等终端对各类场景进行的直播。网络直播就诞生于 Web2.0 时代，在这种节目形式产生的初期阶段，PC 端直播是主要的方式，网络直播的主播即直播者通过电脑连接摄像头和麦克风，将镜头前的场景展现给观看者，直播的场景都是网络直播的主播自主选择的，但受制于互联网技术，PC 端直播的场景一般都比较固定，直播过程中基本不能转换场景。随着智能手机的发展普及和无线网络覆盖率的提升，手机这种原本只是人们在移动中进行人际传播的通信工具，到现在已经发展成为具有通信功能的迷你型电脑，直播的载体也不再仅仅局限于电脑端，移动直播成为一种新潮流。通过手机的摄像头，网络直播的主播可以随时随地将移动着的场景进行现场直播，不再局限于固定的场地，实现了"边走边看边播"。

移动互联技术的发展为移动直播的进行提供了技术支撑，一部智能手机就可以完成一次移动直播。较低的成本与操作难度及便携小巧的设备使得全民直播的态势逐渐形成，人人都可以随时随地进行直播。因为直播主体的差异性，移动直播的内容也愈发呈现多样化的发展趋势，并逐渐趋于专业化、垂直化。移动直播有诸多特点：(1) 草根性，移动技术的发展和智能手机的普及，使得移动直播的成本降低。只要拥有一台智能手机，人人都可以进行直播，曾经被奉为神坛的电视直播权利被下放到普罗大众的手里。(2) 移动性，移动媒体的小巧、方便使得它能够随时随地地被使用，因而移动直播就能突破时空的限制，随时随地进行。(3) 互动性，在移动直播过程中，用户不仅可以通过评论、弹幕等形式与主播和他人直接进行互动、反馈自己的意见，而且可以通过点赞、刷礼物等形式间接地表达自己对于直播的喜恶。而主播也可以通过这些行为及时了解受众的想法，进而对直播做出相应的调整。通过这种反馈形式，构建了一个完整的移动直播互动场景。(4) 社交性，移动直播让众多的直播者与用户、用户与用户之间建立起社会关系，这种关系就具有跨界、跨行及主体多元、异质的特点。每个直播场景都可以看作是一个虚拟圈层，在这个社交圈层中，用户一方面分享自己的观点与价值，满足自身的休憩动机和宣泄动机，另一方面在互动过程中不断寻求身份认同，进行自我确定。

(二)网络直播兴起的原因

1. 资本不断注入直播行业

从 2015 年初至今,直播热度持续上升,吸引了传统视频网站、互联网巨头、投资机构、资本家及明星投资人等的关注,纷纷向直播行业注资,大量资本涌入直播领域,致使网络直播行业异常活跃。网络经济的持续增长为网络直播平台的发展提供了健康的生长环境。

2. 网络直播的自身优势

首先,网络直播在参与者上具备全民化的特点,传播主体具备多元化的特点。与传统的电视直播相比,参与到网络直播中的受众呈现出全民参与的特点。在传统的电视直播领域,能够出现并参与到直播现场中的人员往往是专业的媒体从业者,比如节目主持人、记者和明星艺人等群体,这些能够进入到直播当中的专业人员虽然可以展示自己,在节目的进行中能够加入自己的风格,但在整体上还是要为节目服务的,而不是展示自己的能力和才艺。参与电视直播的人员自身都具有极强的专业素养,普通人如果想要进入直播领域中,必须具有专业的媒体从业方面的能力或者有适合直播节目所需要的特定才能。

网络直播为普通人提供了一个自我展示的传播渠道,网络直播的准入门槛较低,只要注册了直播平台的账号或者通过社交账号登录,直接点击界面上的类似于"我要直播"的图标就能进入直播界面中,实现直播只需要这简单的三个步骤、登录、点击直播图标、开始直播。而且网络直播的参与人员,不管是主播还是用户,不管是传者还是受者,都没有身份或者是能力的限制,不管是普通的用户还是名人明星,不管是否具有某一方面的专业技能,不管形象气质如何,不管学历高低,在当今智能设备普及率如此高的情况下,只要用户想要让自己出现在直播镜头中,借助于各种网络直播平台,PC 端的直播平台或者移动端的直播平台,如此场景就能实现,向观众展示自己的目的就能达到。随着全民直播时代到来,网络主播呈现出专业与非专业、职业与业余并存的局面。

其次,网络直播的内容和场景丰富。人类的传播活动经历了口语传播时代、文字传播时代、印刷传播时代进入现在的电子传播时代,电子媒介为人类传播带来了空间和速度上的突破。马歇尔·麦克卢汉提出,媒介即讯息,每一次传播历史的突破都带来媒介的更新,发达的媒介带来的最为直观的社会结果是信息绝对量的增加,人类步入高度信息化的社会。

传统媒介的信息和节目内容需要制作周期,有截稿时间的要求,而网络传播突破了报纸版面、广播电视固定时段、节目容量等诸多限制，网络传输的即时性速度使得只要是在网络的拓扑结构上，不管距离远近，信息可以随到随发。网络直播的参与者在数量上没有限制，传播主体的多元化使得人人皆可成为信息源，从而使信息内容最大限度地被生产出来，借助分散于各地的智能设备，通过网络连接就可以将所在场景进行直播，社会生活中的场景是无穷无尽的，发生在各种场景中的活动和事件也是不尽相同的，这就形成了海量的直播内容的素材，只要将不同的场景、不同的内容接入到网络直播中，观看世界任一地点正在发生的活动事件就轻而易举。

3. 互联网技术不断发展

麦克卢汉说过"技术产生一种迫使人需要它的威力，但是这一威力并不能摆脱技术而独立存在，技术是人体和感官的延伸。"互联网技术的发展是网络直播平台顺利运行的保障，也是网络直播平台兴起的推力。

对于 PC 端的直播来说，光纤接入、网络提速为网络视频直播提供了更为流畅的观看体验，而对于移动直播来说，近年来，智能手机的普及、4G 网络的覆盖、4G 流量资费的下调对于移动直播的推广也带来助力。由于网络视频直播对于网速的要求较高，对于网络直播来说，互联网技术的发展尤其重要。宽带用户的增多、4G 网络的普及、网络宽带速度及流量速度的提高为网络视频直播平台的兴起奠定了技术基础，也加速了网络直播平台的发展进程。

4. 网络直播特点迎合用户需求

网络直播的点击收看、付费买会员、刷礼物等用户行为，都是出于用户自愿，网络直播平台在直播过程中并没有强制消费，而无论是观看直播还是在直播平台留言发言均是免费行为。而除去一些知名主播或是实力强悍的直播平台制作的直播节目，大多数网络直播在可看性上并不强，画面也是简单的停留，没有镜头剪切变换，音响效果、视觉效果和直播内容都非常普通，用户为何依然愿意点击收看并为之驻足消费？

网络直播带来了一种全新的获取知识的方式。伴随着"直播热"，网络直播的内容形式也在日益丰富，用户带着自己的认知目的，有选择地点开直播获取所需的信息知识。"临场感是指消费者在虚拟环境中获得的真实感。"大多数直播用户在观看网络视频直播时，并不是仅仅为了满足获得知识的需求。网络视频直播区别于传统视频的临场感强这一特点，是其在内容较传统在线视频而言不够优质的情况下仍能获取用户注意力资源的制胜点之一。人的社会性决定了人有社交需求。网络直播平台是一个实时互动的双向传播平台，这在一定程度上类似于社交平台中的视频聊天功能，不同的是在社交平台中，视频聊天的对象是自己认识的人，且多是一对一的直接交流，而在网络视频直播中，用户面对的是未曾谋面的主播，且一个主播同时面对着成千上万的用户。但相对于传统视频网站上的单向传播而言，网络直播的社交、互动属性是显而易见的。

（三）网络直播的特点

1. 实时性

在直播时代来临之前，网民所看到的上传到网络上的内容，是已经经过原创者剪辑、编排和修改后的最终成果。而网络直播则是现场直播，没有重来的机会，主播犯错和失误都成为节目的组成部分，给受众更多的真实感和现场感，拉近了主播和受众的距离。除此之外，主播和受众的互动也是即时的，主播需要在第一时间对受众的要求和评论做出反馈。受众会对节目内容有更大的期待和想象的空间，因为实时性给主播更多临场发挥的机会，使得接下来会出现什么都是不可预料的。

2. 垂直化

80、90后作为网络主播的主要受众，消费倾向个性化。受众的消费目的，从满足功能需求向满足心理需求转变，网络媒体上内容明显出现分层，以满足不同层次的受众需求口味。网络媒体在不停地朝需求、个人爱好、兴趣等方向细分和延伸，为具有垂直化特征网络主播的出现及裂变式传播提供了理想的环境。主播为了迎合和吸引受众，对于直播内容的定位更加精细化，满足受众多样化需求。网络直播体现了垂直化的发展趋势，从大而全转向细分市场，其生产的内容不再是针对大众而是针对特定用户群体，与目标受众组成气味相投、黏性极强的社群。

3. 商业性

我国居民消费结构的改善和对文化娱乐消费需求的快速增长，为网络直播的商业化发展提供了良好的经济环境。网络主播是网络直播的产物，网络主播从诞生起就与网络密切相连，因此相比于传统明星和网红，网络主播更擅长使用互联网去谋利。主播深谙人格魅力主导人格商业化模式，凭借对于粉丝的内心需求和心理的了解，更善于诱导特定粉丝群进行消费，实现个人品牌的定向价值观渗透和定向营销。这一过程也体现了网络直播议程设置和意见领袖的传播功能。网络主播利用自己的名气和影响力，在直播中介绍自己的产品和店铺，形成了"直播平台＋淘宝店＋商业活动"的经济链条。

4. 互动性

这也是网络直播最为突出的一个传播特点。弹幕是网络直播中一个非常重要的工具,构建了主播与受众之间沟通与互动的桥梁。直播的内容并不是完整的个体,而是由碎片化的信息串联而成,上一秒的内容可能与下一秒的话题一点关联也没有。弹幕也是碎片化的信息交流,通常弹幕非常短,由几个字组成一句话来表达自己的观点。直播的过程是不间断的,观众想要评论的场景可能一闪而过,长篇评论无法适应这种快节奏,在有限的时间内能快速传递信息的方式才是最有效的方式。弹幕适应了直播上内容快速变化的网络环境,因此弹幕完美地契合了网络直播信息碎片化的特点。

三、电视新闻直播

(一)电视新闻直播

1. 电视新闻直播定义

电视新闻直播是电视媒体的一种新闻传播方式,该方式通过现代通信技术,将新闻现场的真实情况和记者在现场的报道、采访等信息以信号形式直接发射并即时同步给电视机前的受众。电视新闻直播分为两种类型:演播室新闻直播和现场新闻直播。

演播室新闻直播是指主播在电视台搭建的演播室里播报新闻的同时,通过信号传输设备直接将新闻播报画面传送给观众的一种新闻报道方式,主播的新闻报道与新闻播出及观众接收到新闻的时间是同步的。我国的演播室新闻直播是从1996年元旦开始的,这种播出方式最突出的优点就是可以延迟单条新闻的截稿时间,只要新闻放送没结束,哪怕是在最后十几秒,也可以把刚制作好的突发新闻事件插播进去。例如,我们在收看新闻直播时,经常会出现主持人说"下面进行一个紧急的插播连线"这样的情况。这就是演播室新闻直播的最大优点:把重大新闻即时传送给受众。但是演播室新闻直播是在一定议程设置下进行的新闻信息合成、编辑与放送,无法给受众带来更加直观的视听体验,所以会在一定程度上消解信息的现场感染力,而现场新闻直播就弥补了这个不足。

电视新闻现场直播是指利用即时传送设备,把新闻现场的事实直接同步给电视机前的受众。这种报道形式能让受众最直观地感受到新闻现场的情形,具有真实性。

2. 电视新闻直播特点

一是即时同步新闻现场，增强新闻的时效性。时效就是新闻的生命，电视新闻直播一改以往那种先拍摄现场画面、后期再配音、剪辑的电视新闻制作模式，当遇到突发事件时，电视新闻直播在速度方面具有明显优势，由记者在新闻现场边采访边录制边报道边上传，实现对正在发生的新闻事实的即时报道，最大限度地保证了新闻信息新鲜性的零损耗。也就是说新闻现场的拍摄、新闻的现场解说、新闻的同步播出等环节都在同一时间、同一新闻现场进行。电视新闻直播可以实现将新闻现场最原始的样子以最快的速度传递给受众。电视新闻直播最大的优势就是能够营造很强的"现场感"，现场感是新闻现场在受众内心引起的主观感受，现场感主要来源于受众对新闻现场空间的感知和对于时间的同步体验。一切新闻现场的声音和画面都在眼前呈现，受众对新闻现场空间有着直观的感知，这种"眼见为实"的感受极具新闻现场感。同步是电视新闻直播产生现场感的重要因素，由于新闻现场的声音和画面一同呈现在受众面前，并且直播现场的画面与新闻事件是同步进行的，身处现场的记者也在同步解说这些内容，这些信息没有经过任何后期编辑，因此具有很强的真实性。电视新闻直播跨越不同空间将新闻现场直接同步呈现在画面上，这一直观的呈现使得受众产生很强的现场感，而直播的现场感主要通过现场拍摄和拟人际传播的解说方式来加以营造。

二是直观展现事件原始面貌，增强新闻的真实性。信息传播的中间环节越多，接收到的噪声就越多，信息的真实度也随之降低。电视新闻直播以呈现式的报道方式，实时记录事件全部过程，尽可能避免以往信息传播过程中因中间环节过多带来的信息损耗、真实度偏差等问题，给观众带来了亲临其境的真实感，从而使新闻的真实性和信息可信度最大化的提升。这种非断裂性的新闻传递方式极大地增加了新闻的可信度，满足了受众对于新闻真实性的心理诉求。

三是全方位立体化报道事件进展，增强新闻的完整性。用户不仅追求信息的数量，而且关注信息的深度。为了深入理解事物，受众需要从多个层次和角度去探寻客观事物的真实本质。因此，传播多方位、多层次信息内容显得尤为重要。电视新闻直播以最新的场景动态为核心，不间断、零时差地将新闻现场的信息完整地呈现给受众，不仅展现了一个事件变化的动态过程，还保证了新闻的完整性。

四是直播过程动态化，增强新闻的悬念感。直播之所以吸引人，是因为有太多的未知性，尤其对不可预知事件的直播，其本身所包含的悬念感能够最大限度地激发人类的关注欲。直播过程的动态性、实时性增强了新闻信息的悬念性，满足了受众的"求知欲"。

五是直播调动了观众的情感体验,增强受众的参与感。受众利用电视新闻直播一方面为了满足自己的信息环境监测需求,另一方面也是为了满足自身的新闻参与感需求。电视新闻直播通过传播者的视角、感官引发受众的共同想象、共同感知、共同所见,最后产生共鸣与共识。在这个过程中,受众不再是新闻事件的旁观者,而是事件的"亲历者",新闻事件不再是与自身无关的一串符号,而是承载了自身情感的信息。电视新闻直播可以挑选合适的方式与受众进行交流,满足受众互动的需求。受众可以更直观地了解和掌握与事件相关的信息。

(二)传统电视新闻直播转向融媒体直播

1. 传统电视新闻直播转向融媒直播必要性

融媒体直播报道同以往的传统电视新闻媒体直播报道有很大不同,传统的电视新闻直播,选题角度和直播内容偏向严肃,一般以报道大型活动、重大事件为主,主题较为宏大、前期准备耗时较长,且投入成本较大;而融媒体直播报道的选题角度较传统媒体而言更为轻松活泼,一般选择时下受众颇为关注的时事热点,内容与形式也更加灵活多样。

首先,随着融媒时代的发展,用户对媒体及信息的自主选择权逐渐扩大。相较于移动直播的及时性、便捷性、双向互动性,传统电视新闻直播的生产理念和生产模式逐渐无法吸引用户的注意力。为保持和增加市场份额,传统电视新闻的唯一办法就是顺应时代潮流,转向融媒新闻直播,从而弥补自身缺陷,提高市场竞争力,赢得用户注意力。

其次,新直播技术的发展对传统的电视新闻直播造成了全面的冲击。传统电视新闻直播在时间、人力、物力等方面投入成本更高,对设备要求较为苛刻,即使是通过3G网络进行直播,也必须配备专业的摄像机,还需要支付相应的网络费用。再有,电视现场直播从最初策划到开展活动,不仅需要专业队伍的参与,还需要一定的场地与电力支持。此外,传统电视直播以单向传送为主,互动方面相当有限。但是在新闻时效性及新闻直播产出量等方面却大为降低。在大型的电视新闻直播中,具备直播条件的新闻事件大多是一些影响力较大的国内外历史性事件或者有一些特殊意义的大型活动。一场大型电视新闻直播的开展一般需要两大部门来完成,一个是技术部门。技术部门是由多个子系统组成的一个庞大的部门体系,比如视频系统、通信系统及转播系统等。另一个是编辑部门。所介入的工种包括策划、导演、摄影摄像、各层级编辑、记者、音响照明等专业的技术人员、播音主持、美术、制作等十多个工种。可见,一场大型的电视新闻直播需要巨大的人力物力支持，同时电视新闻直播的技术操作难度较大。在5G、VR、大数据等新技术的加持下，融媒新闻直播不仅投入成本低、直播产出高，而且实现了新闻直播的高度场景化、便携化及互动性，为传统的电视新闻直播赋予了新的生命。因此，借助新技术的优势，实现新老媒体的优势互补，对于电视新闻直播来说是百益而无一害。

此外，实现媒体融合不仅是传媒行业顺应时代发展的趋势，更是国家战略层面的要求。因此，抓住技术的风口，实现传统电视新闻直播向融媒新闻直播转型势在必行。

2. 传统电视新闻直播具备转型的条件

传统电视新闻直播转向融媒新闻直播具有得天独厚天然的优势。

首先，国家出台了一系列直播新规，规定未取得互联网新闻信息许可证的网络直播平台无权从事新闻直播活动。新规的发布不仅为传统电视新闻直播转向融媒直播提供了政策保障，也为电视新闻直播转型发展提供了契机和空间。

其次，传统电视新闻直播具备大量的专业型人才，在内容生产与把控方面更具专业性。在人人都可以生产内容的今天，传统电视新闻直播更多的是陷入了渠道和互动的囹圄，因此，借助移动直播的便利，凭借自身专业化的内容生产优势，传统的电视新闻直播实现弯道超车指日可待。

最后，传统电视新闻直播具备广泛的用户基础和强大的公信力。电视台作为政府的"喉舌"，不仅拥有政府官方新闻资源的优势，而且可以获得新闻现场准入等政策的支持，加之其严格的信息把关制度，传统的电视新闻直播能及时为用户提供客观真实的直播报道，这也是其赢得大批用户的关键。在转型过程中，传统电视新闻直播积累的忠实用户，便可成为其向融媒体转型的条件。

3. 传统电视新闻直播转向融媒直播的意义

新媒体的发展引发了新一轮的用户注意力争夺战，在时代背景的驱动下，传统电视新闻直播转向融媒直播无论在弥补自身缺陷，还是在保持和增加市场份额方面都有重大意义。

（1）顺应融媒时代，促进新闻直播可持续发展

融媒时代是传统媒体和新媒体相互融合的时代，新老媒体之间既要整合又要互相优化。媒体融合打破传统的单向单维电视新闻直播，形成多向多维的融媒新闻直播形式。

实现媒体融合不仅是传媒行业顺应时代发展的趋势，更是国家战略层面的要求。党的十八大以来，习近平总书记多次强调了在新时期实现媒体融合的重要性

和任务的紧迫性。传统媒体不仅要利用时代的红利进行融合发展，弥补自身短板，更要提高媒体融合的质量，扩大主流舆论阵地。实现电视新闻直播融合转型，是其顺应时代潮流的举措，对其谋求自身可持续发展具有重大战略性意义。

从电视新闻直播自身来说，利用先进的传播技术、网络技术进行变革，是传统电视新闻直播化解危机、走出困境的需要。融媒时代，电视新闻直播以满足受众更多信息化需求为目的，改变传统的新闻生产方式，在信息采集方式、内容生产方式、平台分发方式、用户互动模式等方面遵循新媒体的运作规律，实行全方位转型、融合，才能确立自身在新的传播格局中的地位和影响力。因此，传统电视新闻直播为谋求自身发展，以先进的互联网技术为支撑，转向融媒直播的做法具有重要的现实意义。

（2）弥补自身缺陷，提高市场竞争力

受众即市场。与融媒新闻直播相比，传统电视新闻直播最突出的问题在于用户互动性低、体验感差。面对新媒体的冲击，传统电视新闻直播的用户注意力不断被分化，用户大批流失，市场占有率不断下跌，曾经无限风光的电视新闻直播遭遇到前所未有的生存危机。融媒体直播具备了很多传统直播并不拥有的优点。具体而言，融媒体直播的优势主要体现在宣发频道广及信息含量多这两点上，融媒体直播开始前，传统媒体可以通过多平台、多渠道对直播预告进行宣发，比如可以在直播开始前放送早就剪辑好的短片进行引流，或者将精彩的预告片段单独剪辑出来，投放在热门的短视频平台进行宣传；融媒体直播进行中，记者或主播可以根据观众的提问做出相应回答，填补直播内容可能存在的缺漏，为用户带去更多有价值的信息，同时还增强了传者与受者之间的双向互动；除此之外，传统媒体还可以在融媒体直播中插入图文信息、视音频信息，还可以引入 VR 等新技术，进一步拓宽用户可以获取的信息量，不仅如此，VR 技术还能让用户体验到身临其境的感觉。

因而，依托自身优势，融合移动媒体便捷、交互等优点实现融媒直播转型是传统电视新闻直播走出当前困境的必由之路。实现融媒新闻直播转型后可以实现用户需求的即时反馈，满足受众参与新闻内容生产和传播过程的需求。此外，移动媒体的便携性可以打破时空的桎梏，用户可以不受时空限制，随时随地观看自己感兴趣的新闻直播。因而搭乘移动技术这辆快车，与移动媒体融合发展，对传统电视新闻直播弥补自身缺陷、争取受众注意力、提高市场竞争力、扭转颓势具有重大意义。

(3)提升传播力,壮大主流舆论阵地

我国电视新闻直播是党和人民的"喉舌",肩负着反映舆论、引导舆论的重大使命。随着融媒时代的到来,用户的信息获取方式日益增多,各式各样的信息使得舆论环境愈加复杂,从而导致用户无法做出正确的价值判断。我国电视新闻直播因其政治属性,具有强大的公信力和舆论引导力,但因为渠道的缺失,传统电视新闻直播的引导力也随之下降。伴随着电视新闻直播的融媒转型,其用户互动性差和渠道单一的短板逐渐被补足,传播力、影响力和引导力也随之增强。因而,面对新时期舆论环境和传播格局的深刻变化,传统电视新闻直播转向融媒直播有利于在多元的舆论环境中掌握主动权,更好地反映舆论、引导舆论走向,壮大主流舆论阵地。

4. 传统电视新闻直播转向融媒直播的路径

(1)以技术建设为支撑,拓展电视新闻直播传播力

科技是第一生产力,传统电视新闻直播的转型离不开技术的支持。纵观传媒发展史,媒体的每一次迭代都是在技术的推动下进行的。因此,破解传统电视新闻直播转型的困境,必须要以技术建设为中心。

首先,要提高信号传输质量,减少信息传输的折损率。传统电视新闻直播在转型过程中虽然已经配备了移动直播设备,但是由于移动直播对于信号环境的高要求,新闻直播仍存在信号不稳定、直播画面不流畅等问题。因此,在转向融媒直播的过程中,电视台可以与相关技术企业谋求合作,扩大信号的覆盖范围,优化信号传输技术,提高直播的稳定性和画面的流畅性。例如,中央广播电视总台与中国移动、中国联通、中国电信、华为等企业合作,建设5G融媒体直播平台,通过5G技术满足4K、8K对于信号传输的要求。此举不仅提高了信号传输的速度,也提高了直播画面的流畅度和清晰度。

其次,要基于新技术,完善电视新闻直播业务。传统电视新闻直播实现融媒转型的出路与空间仍取决于新技术,要充分把握5G时代带来的新机遇,不断完善采编播发各个流程,为推动电视新闻直播融合转型奠定技术基础。例如,在新闻直播题材采集方面,利用大数据技术进行热点新闻事件的抓取和分析,减少人力成本,选取用户最感兴趣的新闻直播内容,为提供优质内容服务建立技术基础。在主播方面,利用AI合成主播,减轻主播的负担。在直播的设备方面,利用便携式的移动设备例如4G背包、无人机等提高新闻直播现场的到达率。利用VR设备给用户提供360度全景直播,增强用户的沉浸式体验感。

最后,加强大小屏联动技术的建设,提高电视新闻直播的传播力。相对于移动直播的无界性，传统电视新闻直播固定时间、固定地点的传播形式对受众造成了束缚。因此，在传统电视新闻直播转型过程中，为促使用户回流，可以借助大小屏的互通共融，打破传播的时间和空间界限，为用户随时随地观看新闻直播提供便利。电视台可以通过转换移动端与电视端的信号这一直播技术，把电视端的新闻直播画面接入融媒直播平台，实现移动端与电视端的新闻直播同步。例如，央视关于两会开幕的直播，电视端和移动端同步进行，满足了传统的电视用户和移动用户的需要。据不完全统计，在直播进行的一个小时内，移动端的观看量达1600万人次，弥补了传统电视端新闻直播收视率低的缺陷。

（2）转变直播视角：从"场外"到"场内"

传统的电视新闻直播能够将新闻现场的原始画面呈现给受众，带给受众强烈的真实感，无论是多机位的现场布置还是记者的解说，这种直播画面都是从"场外"的视角去呈现，多机位拍摄可以宏观地展示现场的画面，记者可以叙述现场发生的新闻，但记者和新闻现场之间是一种分隔的关系，因为记者并没有到新闻事件内部去体验新闻。受众可以被现场真实清晰的画面所震撼，但受众仍是以"场外"的视角去观看直播。然而在融媒体时代，新闻直播的视角逐渐从"场外"向"场内"转变。

融媒体直播往往从一个很小的视角切入，由于记者通过一部具备拍摄功能的移动手机就可以进行新闻直播，直播过程中拍摄镜头就像是受众的眼睛，因此直播的视角就是受众眼睛的视角。记者作为一个体验者观察和感受新闻现场，并把自己的所看所听所想传递给受众，记者以亲身感受现场的方式叙述会使受众有很强的代入感，受众可以跟随着记者的脚步去感受正在发生的新闻事件。受众随着镜头"移步换景"，就好像身在现场，作为现场的一分子去体验新闻事件。这种在新闻现场进行体验的直播方式弥补了受众无法亲临现场的遗憾，延伸了受众的五官感觉，丰富了受众的现场感知能力。

融媒体新闻直播除了满足受众的跨时空体验，全景直播也逐渐进入人们的生活。VR新技术的运用颠覆了视频直播的观看体验，受众可以步入数字化的直播全新时空，不仅仿佛置身新闻现场，还能够主动选择观看视野，突破视频拍摄视角的局限性，随着身体的移动、姿势的转变都会产生不同的直播视野，直播的过程中受众同样可以进行互动和交流。这种直接的传输过程将时空差异降到最低，强化了受众的互动与参与，使得直播营造的在场感越来越真实。

（3）以内容建设为根本，提高直播内容与渠道的适配度

①深耕优质电视新闻直播内容。内容为王的时代，真正能留住用户的还是优

质的内容。因此，做好选题策划、深耕优质内容是电视新闻直播取得良好传播效果的根本。优质的直播题材是新闻直播成功的前提。传统电视新闻直播具备大量的专业型人才，在内容生产与把控方面更具专业性。因此，在转型过程中，传统电视新闻直播要发挥自己的特长，把内容做精。首先，做好硬新闻的直播。电视台要以为人民提供最真实、最权威的信息为己任，积极发挥舆论引导作用。其次，增加软新闻的报道。受众对于媒体信息的接触是有选择性的，所以选择与受众生活关联度高、能够引起用户关注的题材进行直播是新闻直播成功的首要条件。此外，还应选取适合直播的新闻题材。换句话说，即直播的内容是否具有吸引受众观看的特质。并不是所有的内容都适合直播，那些画面单调、没有悬念性、无法给受众带来视听震撼的内容是无法引起受众的观看欲望的。总之，传统电视新闻直播在面临内容困境时，要发挥自己在内容上的专业性优势，做好直播题材的把关，深耕专业化的新闻直播内容。

②精研用户需求，提升新闻精准抵达率。根据直播题材的不同，选择与之适配的直播渠道，要抛弃把所有的新闻直播内容照搬到不同平台进行分发的思维。不同的平台，用户特点也具有差异性。根据平台的不同优势和特点，实现新闻直播内容的差异化传播是提升新闻直播精准抵达率的一项重要措施。用户总是有选择地接触自己感兴趣的新闻直播内容。为了增加新闻直播的点击率和用户的满意率，传统电视新闻直播转型过程中必须改变以往机械式的分发形式，借助大数据和算法推荐技术，进行用户画像分析，把受众最感兴趣的直播内容进行精准投放。可以借鉴今日头条的运作模式。首先，构建完善的标签体系，把新闻直播进行分类、设置标签。例如，时政、娱乐、生活等。设置兴趣标签选择功能，用户在进入移动直播客户端时，可以根据自己的兴趣进行标签选择。同时，为每个直播设置订阅功能。用户在遇到自己感兴趣的新闻直播类别时，可以点击订阅。其次，构建用户画像采集与分析体系。用户的行为习惯都会进入后台画像分析库，后台可以根据用户的标签选择和阅读习惯建立用户画像，通过算法分析，评估用户行为，并据此为用户推荐与其兴趣匹配度高的新闻直播内容。

③以场景互动为重点，塑造沉浸式直播体验。融媒新闻直播的双向渠道性质加强了传受双方的互动，并在这种互动过程中增强用户的参与感。但是，海量的评论、主播回应延迟又在某种程度上削弱了新闻直播的互动性。因此，加强实时互动，开展多种形式的互动是今后融媒新闻直播发展的一个方向。在新闻直播策划时、开始前、进行时、结束等不同时间段与用户进行互动，增强用户的参与感。新闻直播策划时，主播可以进行直播话题征集，并开启投票模式。此举不仅可以

采集到用户最关注的新闻话题，而且可以给予用户一种自己主导新闻直播内容的心理暗示，用户在这种潜意识的驱动下，会更加关注后续的新闻直播内容。确定直播主题后，主播需要在平台进行公布，并在直播开始前进行预热。主播可以截取一些直播精简 cut 或者直播过程中能够调动用户兴趣的画面，进行直播引流。在直播过程中，主播可以通过多种形式与用户互动，如设置抽奖环节等。在直播结束后可以征集用户对本次直播的意见，一方面可以加强用户对直播的印象，另一方面也可以很好地改进和完善下次直播。此外，主播需要及时回应用户的评论。一是可以进行问题预设，以受众的角度思考他们可能提出的问题，提前做好问题回复，并在直播平台的评论区设置关键词自动回复。一方面可以减少主播面对海量评论回复的压力，另一方面也使用户的问题得到了及时解答。二是增设用户与主播的现场连线功能，满足用户与主播面对面交流的需求。三是主播可以在直播过程中根据用户的疑问进行直播内容的调整。例如，在央视对于新疆喀什地区风土人情的直播过程中，用户突然对一家住户的大门产生兴趣，主播看到评论后，立即调整直播画面，将镜头对准大门，并进行了详细的介绍。

（4）以队伍建设为关键，加强主播素质培养

媒体素养高的直播团队是新闻直播质量提升的关键。在传统电视新闻直播转型过程中，必须加强主播的素质培养，实现主播在新闻生产理念、新闻生产能力的全方面转型。

①认清融媒形式，积极革新理念。培养融媒思维。根据意识的能动作用，直播团队意识的革新有助于推动传统电视新闻直播向融媒新闻直播转型。如果没有新闻生产理念的转变，直播者是无法意识到要采用新技术、拓展新渠道。因此，要积极培养新闻直播团队的融媒思维，推动电视新闻直播的深度转型。此外，要加强直播团队对变革本质的理解，避免以往旧酒装新瓶现象的出现。只有加强直播团队融媒思想的培养，才能立足于新的媒体生态和当前电视新闻直播转型现状，反思转型过程中遇到的问题，积极利用新技术，找准自身定位，明确未来转型方向。树立用户本位的新闻生产理念。受众会根据媒体印象来选择媒体或内容，为了营造良好的媒体形象，必须提供满足用户需求的信息产品服务。受众的需求现已成为制作什么直播节目及如何制作直播节目的重要依据。传媒必须满足受众的广泛需求，提供给作为消费者的受众所接受的信息产品或服务。而作为新闻直播内容的制作主体，直播团队必须树立用户本位的新闻生产理念，围绕用户需求推出新闻直播内容。在融媒时代，用户不再单纯地期望新闻直播可以满足他们的信息需求，更期望能满足其参与感、社交性、自我确认等心理需求。因此，直播团

队可以就满足用户的多样化需求进行新闻直播策划和推进。

②提高主播专业素养直播团队的专业素养直接决定了其对新闻价值的判断能力及业务能力,而这些恰好就是新闻直播成功的关键。增强直播团队的信息筛选能力。"新闻报道活动并不是有闻必录,而是对新闻素材进行选择和加工的过程"。一是要培养团队的新闻敏感度,即能够从海量信息中迅速发现新闻线索,并能对新闻资源进行准确的判断,筛选出受众感兴趣的、适合直播的内容。二是培养团队融媒新闻直播的实操能力。因为技术的差异,融媒新闻直播和传统电视新闻直播在操作方面也存在着很大的差异。因此,直播团队需要学会新技术与新设备的运用。融媒新闻直播对于记者的全能性提出了新的要求。新闻生产流程的革新,单一地采访或者直播出镜记者已经不能适应融媒新闻直播的要求,融媒新闻直播下的记者必须具备采编播等综合能力。首先,因为现场直播的未知性,主播需要具备敏捷的临场反应能力,能自如地应对各种突发事件。例如,主播需要对直播中的突发事件比如信号中断、直播画面不当等有一定的应急处理能力。其次,主播需要具备叙事能力。单一的直播画面无法长时间地吸引用户的兴趣,这就需要加强主播对新闻现场的解说能力,引导用户视角,同时解答用户的疑问。再次,主播需要具备对直播现场和直播进程的把控能力。直播时间过长容易引起用户观感疲劳,直播时间过短又无法实现新闻直播内容的完整度,此外,直播切入点、直播角度和直播画面的呈现也会对用户的注意力产生影响。因此,主播需要对直播的调度、直播进程等有一个统筹和控制能力。最后具备与受众即时互动的能力,其实这也是对主播的专业素养和灵活应变能力的一个考验。主播无法预知用户会对直播内容提出什么问题,因此就需要主播具备过硬的专业素养,如丰富的知识储备及问题预判能力和较强的沟通能力。

融媒新闻直播对记者新闻生产理念和新闻生产能力都提出了新的要求,因此加强直播团队素质建设,培养全能记者已经刻不容缓。

第四章 融媒时代新闻业务改革

本章介绍了融媒时代新闻采访与写作工作、融媒时代新闻编辑工作、融媒时代新闻采编人员角色转型和融媒时代新闻记者实现能力的跨越几方面内容。

第一节 融媒时代新闻采访与写作工作

当前,新一轮科技革命和产业变革正在重塑互联网业态和媒体发展格局。我国媒体融合向纵深方向发展,打破了传统新闻传播的局限,在拓宽新闻生产方式的同时,大幅提升了新闻传播效率和效果。创新的新闻生产和传播方式也给传统新闻从业者带来了全新的挑战。面对"万物皆媒"的媒体泛化趋势,新闻从业者需要不断适应媒体格局的新变化,适应新形势,借力新技术,创新新闻采写思路和方式,最大限度满足当下受众的需求。

一、融媒时代新闻传播生态的变化

融媒体的发展以及普及,对信息传播环境、新闻传播生态带来了深刻且明显的影响。而新闻传播生态的变化,也必然会对新闻记者采访与写作方式提出新的要求。

(一)信息传播呈现出了新的特征

依托融媒体平台所开展的信息传播工作,呈现出了更快的传播速度与更广的传播范围,如以微信朋友圈的转发为例,在新闻内容符合受众信息需求并激发受众转发意愿的基础上,新闻内容能够在短时间内实现裂变式的传播,从而有效提升新闻的影响力。在此背景下,通过创新新闻采访方式以及新闻写作方式,进一步提升新闻的时效性,成为新闻记者需要肩负的重要任务。由此可见,在新闻传播速度更快、传播范围更广的背景下,新闻记者需要重视对新闻时效性提升策略做出探索。

（二）信息受众具有多元化的信息

相对于传统信息传播环境中以电视、广播、纸媒作为主要信息获取渠道的受众而言，融媒时代下的受众特别是具有年轻化特点的受众群体，不仅仍旧可以从这些传统媒体平台中获取信息，而且也可以从互联网融媒体平台中获取信息。在此背景下，受众对新闻信息的质量产生了较高的挑剔性。为了能够获得新闻受众青睐，新闻记者在开展采访与写作工作的过程中，有必要对如何在尊重新闻受众信息需求以及信息接收习惯的基础上强化新闻产品的亲和力等问题做出研究。

（三）新闻传播平台呈现出了多样化的发展特征

为了能够适应融媒时代的发展，现代新闻媒体将媒体融合作为推进自身持续发展的重要战略。在此背景下，许多传统媒体都通过构建互联网新闻传播阵地、新媒体新闻传播阵地等方式，为新闻传播成效的提升奠定了良好基础。与此同时，为了适应新闻传播平台的多元化发展，中央厨房式的新闻生产组织以及新闻生产流程也应运而生。这种组织与流程的出现，对于降低新闻生产成本，提升新闻传播成效具有重要意义。而如何更好地适应新的新闻传播平台与新闻生产流程则成为新闻记者在采访与写作工作中需要面临的重要问题。

（四）新闻生产技术得到了与时俱进的发展

大数据云计算、人工智能等在新闻采访与写作中展现出了较高的应用价值。随着时间的推移，这些技术在新闻采访与写作中的应用程度也会得到不断的深化，如基于人工智能所实现的机器人写作，就在新闻写作工作中实现了新闻信息采编的数据化以及人机协同。显然，这些技术在新闻采访与写作中的应用，不仅要求新闻记者在履行自身工作与职责的过程中具备较高的专业素养，而且也要求新闻记者能够强化自身的学习意识与学习能力，从而更好地适应融媒时代的新闻生产环境。

二、媒体融合对新闻采写工作的影响

（一）影响新闻工作者

在以传统媒体为主导的时代，为了顺利完成新闻采写任务，新闻从业者需要具备较强的观察能力、信息整合能力、写作能力以及语言表达能力等。在融媒时代背景下，新媒体技术发展迅速，要求新闻工作者除了具备上述工作技能外，还要具备较高的信息收集、鉴别和分析能力，要能重点掌握及熟练应用一些全新的媒体技术。比如除了表格制作、视频及图片编辑等基本技能外，还可以研究和掌握无人机航拍、大数据技术、H5等技术，丰富微视频、微电影、微动漫等各种微传播形式。这些都可以使新闻从业者的工作内容日趋多元化与丰富化，让受众在信息需求得到满足的同时，感受到新的传播手段带来的震撼。

（二）影响新闻文体

随着网络技术、计算机技术等的快速发展，人民群众生活水平日益提高，生活方式及习惯也发生了极大地改变，对新闻内容的需求也呈现出多元化与差异化的特征。在新闻文体方面主要有以下四个方面的影响。一是融媒时代背景下的新闻要迎合社会大众利用碎片化时间开展阅读的习惯，新闻文本内容要讲究短小精悍，要使社会大众能在短时间内就快速完成新闻信息的阅读。二是对经济社会发展过程中的重大问题，因其涉及面广、和人民群众利益相关度较高，受众需要尽可能多地了解这方面的信息。但传统媒体下的新闻采写中"长话连篇"的深度报道新闻文体形式仍然有较大的市场，不能抛弃。三是在联网与技术的支持下，新闻文本可以图文并茂的方式呈现，更好地体现新闻采写工作的个性化与灵活性特性。四是新闻文本的传播方式较以往更多，传播效率也更高。

（三）新闻传播方式发生了深刻变革

传播方式从单一化向多元化方向转变，传统的"垄断式"新闻媒体传播方式被彻底打破，受众获取及浏览新闻信息的主动性特性更加明显。融媒时代，"人人都有麦克风"，社会大众也可以将自己的所见所闻等上传到网络上，人人都可以成为新闻信息的创作者。这实际上也是一种全新的新闻传播路径。从某种意义上说，社会大众在融媒时代具有自己的话语权，可以在新闻信息传播实践中自主发表一些自己的观点、意见和建议。这样也可以使新闻从业者更好地了解社会大众的需求以及自身的努力方向，积极主动设置议题，提升新闻采写工作质量，生产出满足社会大众需求的新闻产品。

三、融媒时代新闻采写工作的新特征

（一）新闻资源的真伪辨识难度更大

在融媒时代背景下，新闻信息的来源途径越来越多，除了传统的获取新闻采写资料的方式外，还可以充分利用网络上海量的媒体信息与资料等。在传统新闻采写工作模式下，新闻从业者需要深入采访、调查及核实新闻事件真相。在融媒时代背景下，拥抱互联网是时代大势所趋。科技的进步、网络的普及，不仅影响了国际关系的格局、改变了产业分工的形式，毫无疑问也给信息获取和传播的方式带来了革命性变化，让社会真正进入了一个"天涯若比邻"的时代。在这个"人人都有麦克风"的时代，新闻从业者面对着社会舆论多层次的实际及媒体分众化、对象化的新趋势，社会不再是"我们听你说"，而是"我们都在说"。虽然新闻从业者可以有更多的渠道及路径获取必要的新闻信息，但是由于新闻准入门槛降低，存在伪造、虚假或夸大等不真实问题的新闻信息大量存在，极大地加大了新闻信息真伪性的辨识难度。换句话说，全媒体时代，各类信息无处不在，但思想深刻、见解独到、价值独特的优质内容依然稀缺。

（二）新闻载体的形式趋于丰富多样

融媒时代，需要适应社会信息化持续推进的新形势，充分运用新技术新创新媒体传播方式，占领信息传播的制高点。新闻从业者要解决好"本领恐慌"问题，真正成为运用现代传播手段的行家里手。在传统媒体时代，不少报刊以文字为主，辅之以图片、视频等，以此构成新闻文本信息的载体。在融媒时代，新闻媒体的传播路径越来越多，新闻载体的形式呈现出丰富多样的特征。例如，百度新闻APP或百度新闻网站中的实时热点栏目，能够对网络中关注度高、阅读量在短时内呈爆发式增长的新闻内容进行选择，并用"沸""热"等字眼在小标题后进行标注。比如腾讯新闻在电脑等终端上会随着软件登录弹出窗口，实现对各类别新闻的及时推送。这些不同的新闻载体丰富多样，让大众获取新闻更为便捷。

（三）新闻传播时效性得到极大提升

融媒时代，人们对新闻信息与素材的需求量持续增加，而新闻传播时效性得到极大提升。一是覆盖的空间范围更广。借助网络的开放性，任何新闻信息一经发布都可以在全国乃至全球范围内得到广泛传播，大大提高了新闻传播效率。二是时间更短。新闻的基本功能是传递信息，新闻作品要有很强的出新求快的时效性。别人没有意识到某一事物具有新闻价值时，新闻从业者就要发现它的价值；事件已经发生或者正在发生时，新闻从业者要抢先报道，抢"第一落点"。借助网络的即时性，新闻信息在短时间内就能广为人知，并在传播中裂变式增长，甚至形成网络舆情。

(四)新闻采写视角逐渐趋于多元化

以往,新闻媒体传播多集中在某一固定时间段或在某一固定版面上发布或播放。融媒时代,新闻传播及展示的方式都发生了极大地改变,新闻传播的开放性特征更加显著,新闻从业者在采写过程中可以采取多元化的视角,增强了整体的开放性与多元化特性。但是无论采用何种新闻采写及传播视角,首先要讲政治。马克思提出了"喉舌论",强调"报刊按其使命来说,是社会的捍卫者,是针对当权者的孜孜不倦的揭露者,是无处不在的眼睛,是热情维护自己自由的人民精神的无处不在的喉舌。"其次要讲真实。真实是新闻的生命。传统媒体也好,新媒体也好,无论哪种介质,无论哪种视角,都要及时准确地报道事实,客观呈现多方观点,告诉人们事实真相,让人们完整把握事实、准确认识社会。

四、融媒时代新闻采访

(一)新闻采访要素

1. 遵循真实客观采访

无论时代如何发展,新闻媒体的宗旨亘古不变,那就是报道真实事件,抵制一切虚假新闻。在融媒时代,大量新闻素材被无限量转发,而转发过程中断章取义的问题不在少数。为了博得公众眼球,少数不良媒体篡改新闻信息或歪曲事实,都有违于媒体人的初心和宗旨。鉴于此,融媒时代下新闻采访的第一要素,仍然是遵循真实。

新闻记者采访时,不能掺杂任何个人情感,需要以绝对客观的中立态度去采访,否则很可能违背新闻真实性原则,甚至可能误导受众。例如,在《乌铁最美瞬间,普通的职业,平凡的岗位》报道中,采访了库尔勒电务段组织人员、乌鲁木齐客运段动车队动16组列车长、哈密站客运值班员、库尔勒客运段杭州车队,这些平凡岗位中都是旅客经常看见"既熟悉又陌生"的身边人。采访内容如果缺乏真实性,不只是读者容易察觉,就连旅客也会消极反馈。报道新闻的目的是反映客观事实,真相远比"标题党"捏造的事实更具影响力。即便他们无比平凡,却会因为真实而备受关注。

2. 巧妙提问深度采访

提问技巧是记者必备的新闻采访技能之一。很多被采访对象都是普通人,没有新闻采访问答经历。初次面对镜头采访对象难免紧张,想说的话甚至可能到了嘴边又说不出来。为此，巧妙提问必须从简单的闲聊开始，让被采访人放松下来，侧面问出新闻事件的关键线索。而且为了保证新闻内容的真实性，也要抓住采访重点，深究细问，梳理新闻事件的背后真相，还原新闻真相于观众眼前。

例如，在《乌铁最美瞬间，精益求精合规矩》的报道中，采访了哈密机务段检修车间的老职工，通过一些闲聊了解了老职工的日常工作状态，才知道了师徒选配按照专业特长、性格特点来划分，同时也了解到青年员工成长得到了老师傅的"传、帮、带"，真正让老师傅和青年员工都说出了自己的岗位故事。在采访乌鲁木齐客运段乘务员时，他们曾经在疫情防控的关键时期坚守岗位，时刻做好旅客防护工作。通过与乘务员交谈了解到，他们曾仔细为小朋友戴好口罩，这感人的细节便是最好的新闻素材，必然是巧妙提问后才得知的新闻真相。

3. 延展问答追踪采访

如果通过询问已经了解到新闻事件真相，发现这一新闻线索可以持续跟进，那么就需要记者追踪采访延展问答内容。简而言之，记者需要具有新闻敏感度，发现新闻线索就必须刨根问底，从而令整个新闻事件浮出水面，让观众更为全面地了解到新闻事件的发展脉络。尤其是新闻事件因某种原因已经结束，更需要后续跟进采访，通过延展采访时间和空间，进一步拓宽采访路径，令受众能够全方位了解新闻事件。

诸如在《子女读书难就业难？集团公司的做法挺暖的》新闻报道中，初期记者只是了解到"金秋助学"活动。为了更深入地采访到新闻事件，其采访了实习货运员梁靖，了解到梁靖的父亲梁斌是乌鲁木齐货运中心职工，因患大病致家庭困难，成为重困职工。而梁靖在集团公司"金秋助学"活动的帮助下完成学业。后经集团公司工会积极沟通协调，又与集团公司签约并分配到乌鲁木齐货运中心。如果新闻采访仅停留在"金秋助学"活动的层面上，无具体的新闻采访对象，那么这样的新闻报道也会空洞乏力，无法还原新闻事件真相，也无法吸引读者的关注。因此，延展问答追踪采访，乃融媒时代不可或缺的新闻采访要素。

（二）新闻采访的展开

1. 访前准备

在新闻采访活动正式开展之前，访前准备是十分必要的。概括来说，访前准备就是要求采访者在对采访对象进行采访之前，尽可能多地搜集和了解有关采访对象的资料，了解其相关的背景，以便于记者在新闻现场进行更好地发挥。访前准备能够使采访者对采访对象有一个初步的了解。记者往往直到采访开始前才见到采访对象,之前很少有机会与其接触。那么,如何快速而自然地进入话题,如何找准采访对象的话题兴奋点,如何与采访对象营造起彼此信任、轻松的交谈氛围,经常是记者遇到的难题。一名优秀的采访者善于搜集采访对象的相关资料,对采访对象的性格特征、兴趣、相关经历等有一个大致的了解,在直面人物时可以投其所好,从采访对象感兴趣的话题切入。

访前准备能够使采访者理清采访思路,如采访的主题是什么,采访的核心目的是什么。采访者对于采访要有一个整体的设计,在采访过程中做到自如提问。特别是遇到一些特殊状况,如何进行灵活变化,进行访前准备是整理思路的最好的机会。

2. 走进新闻现场

成功的采访,主要决定于记者成功的提问,包括问题的设计、提问的方式等。采访就是在采访者与采访对象之间的问与答进行的,而提问是采访的核心环节。经过采访前的准备工作,记者进行采访活动应带有明确的目的,以清晰的思路深入新闻现场捕捉有效信息。记者采访风格因人而异,但都以发掘新闻真相为目的,有的记者习惯单刀直入,在轻松开场后直接提出核心问题,而有的记者善于循循善诱,步步紧逼,使受访者无法躲避问题,给出明确的回答。不管怎样,记者在采访中,要善于追问、敢于追问,要有坚定的意志,明确真正的新闻点是什么,发掘真正有价值的新闻报道,而不能完全顺从采访对象的思路,追问是追求新闻真实的必要途径。在对一个不易亲近的采访对象进行采访时,相对来说难度较大。但记者也正是在这样的采访中,提升了自己的能力与专业素质,而精心设计提问就是一项非常重要的素质。

在提问前首先要进行深入的思考,才能保证采访对象给出最需要的答案。记者在提问这个环节上的素质和技能直接关系着采访的效果,从而决定了新闻作品的质量。需要注意的是,记者在采访中的提问是一种交际活动,提问总是针对当事人、知情者而提出的,具有明确的指向性。因此,记者在采访过程中,提问方式要委婉,要学会尊重对方。即使是对一名罪犯进行采访,也应尊重其人格和尊严。

(三)新闻采访的重点

1. 新事物

新事物,主要指的是那些符合历史发展和事物发展的客观规律和前进趋势,能给人们指明前进方向,具有强大的生命力和远大前途的事物。这种事物往往代表着一种新的生产关系或生产力，被广大群众接受后，就能推动社会的进步，给人类带来较大的社会效益和经济效益。作为记者，应当尤其关注这种事物，及时进行采访。具体来说，新闻记者应做到以下几个方面。

第一，善于发现新事物。尽管社会主义的新事物是层出不穷的，但真正发现它，并不容易。发现新事物，记者要对新事物有较高的敏感度。这种敏感通常需要记者具有较高的马克思主义水平，对党的路线、方针、政策有深刻的理解，能够深入实际、深入群众，关心实际工作。

第二，敢于支持新事物。记者在发现了新事物后，还要面对敢不敢支持的问题。记者应当勇于将发现的新事物写成文字，进行报道。当然，记者要做好冒风险的思想准备。

第三，热情扶持新事物。新事物诞生初期往往是不完备的，具有诸多缺点。记者应当学会直面新事物的缺点，大胆寻求解决的途径。

2. 新动向

在新闻采访中，了解政治、经济、社会思想、国际方面的新动向是重中之重。

第一，政治新动向。新闻工作具有非常强的政治性特征，记者在任何时候都不应该忘记政治，要时刻关注政治方面的新的动向。

第二，经济新动向。经济问题是关系国计民生、政治稳定、国力强弱的大问题。因此，经济领域的动向，如市场动向、物价动向、金融动向、股市动向等，除了专门关注经济的记者需要时刻注意外，其他记者也要高度关注。

第三，社会思想新动向。社会思想是人们在社会生产和生活实践中所形成的有关社会生活、生活问题、生活模式的观念、构想或理论等，其所包括的范围极其广泛。社会思想方面的新动向也是记者所不容忽视的。

第四，国际新动向。国际上的动向很多时候和国家中的很多方面都有密切关系，因此，国际上产生的新动向，除了驻外记者时刻关注外，国内记者也应当及时关注，并配合驻外记者进行报道。

总之，新闻媒体有责任把那些事关大局的新动向揭示出来，提醒人们注意，以便促进各种矛盾的解决。新闻记者要想抓住新动向，就应具有敏锐的洞察力，善于透过个别看一般，透过现象看本质，先于一般人抓住新动向。

3. 新问题

旧矛盾的问题解决了，新的矛盾又在前头。因此，社会中总会有各种各样的问题出现。不断解决新问题，能够大大推动事物不断地向前发展。因此，抓新问题也是新闻记者的一个重要任务。记者需要着重抓住的新问题主要有以下几种。

第一，对社会具有警钟意义的新问题。这种问题既有属于社会现象，又有属于自然现象的；

第二，对生活具有影响意义的新问题。这样的问题有很多，大部分都涉及群众的切身利益，被广大群众所关注；

第三，对实际工作有指导意义的新问题。围绕党的中心工作，抓对中心工作有指导意义的新问题，是一条成功的经验．新闻记者应积极采纳。

4.新风尚

新风尚是指在一定社会时期内，社会上受到大众追捧的、主流的风气和习惯。记者抓新风尚的报道，由来已久。在改革开放和社会主义现代化建设的新时期，针对党风和社会风气出现的新问题，党中央多次强调要加强社会主义精神文明建设。新闻媒体在舆论宣传上肩负着新的历史使命。因此，记者必须时刻关注新风尚，及时进行相关报道。面对新风尚这一新闻采访中的重点，记者应当努力做到以下几点。

第一．抓树新风的典范。由社会某些单位、团体发起，或由有关领导部门倡导、开展的一些意义重大而深远的群众性活动是树新风的典范，记者应当牢牢抓住；

第二，报道要有长期观点。这是指报道首先要解决的认识问题；

第三，用对比方法进行报道。记者在报道新风尚的过程中，应当既注重表扬好的，也注重批评不好的。

除了上述新闻采访的重点外，还有社会中各行各业的新成就、推动社会前进的新经验，具有新思想、新道德、新风尚、新创造、新事迹的人物等都是新闻采访的重点，记者要想办法抓住。

五、融媒时代新闻写作

（一）扎实专业知识

作为一名记者，无论在任何时代，扎实专业知识乃新闻写作的前提。尤其在融媒体时代，可能已经有很多媒体采访了新闻事件，那么谁写得好就成了"业余"和"专业"的分水岭。采访结束后，记者需第一时间整理新闻素材，对新闻事件的起因、经过、结果、时间、地点、人物等关键信息进行整理。而后运用扎实的专业知识，对新闻内容进行客观描述，反映出新闻事件的客观事实，并引导读者了解新闻事件的真相。

中国铁路乌鲁木齐局集团有限公司库尔勒机务段融媒体工作室自2019年5月成立以来，坚持以展示新时代铁路精神为己任，主动围绕中心工作不断加强宣传阵地建设，积极策划制作一系列有特色、接地气的宣传产品。正是以扎实的专业知识去写新闻，才会令职工群众听得懂、易领会，所以新闻内容才具备了创新的条件和效果。

（二）增强新闻分析能力

面对社会发展的万千气象，新闻工作者要善于总结更要学会分析。在众说纷纭的复杂事件中保持中立，必然需要新闻记者明辨是非。那么新闻写作的创新，就必须要在理性分析的前提下进行创新。否则写作创新很可能歪曲事实，令新闻真相淹没。因此，增强新闻分析能力，才是融媒时代新闻写作创新的必由之路。

一方面，标题需要创新，但是绝对不可沦为"标题党"。以《霍尔果斯站口岸过货量首破600万吨，创建站以来新高！》为例，标题给出了关键信息"600万吨""新高""首破"这些关键词对用户的吸引力更高，所以这种创新是可行的。

另一方面，内容需要创新，但不能违背新闻真相。以《学习贯彻全会精神，集团公司机关党员干部学习贯彻党的十九届五中全会精神》为例，采访了集团公司调度所副主任申荣，集团公司企业管理和法律事务部副主任田红军，集团公司科技和信息化部主任张鸿飞，新闻写作时尽量将上述领导的原话呈现出来。仅在最后做出了总结性评价，"开启了高质量发展的新篇章，向党和人民交出一份合格的答卷"，那么这种新闻写作创新符合事实，所以创新也更具真实性。

除此之外，如果采访内容较少，可以侧面描写采访对象的生活工作环境，反映采访对象的人物性格与特点。诸如，在采访哈密车务段上水工时，由于工作时间紧任务重，并未获得很多的采访资料。严寒下坚守岗位的客观事实摆在那里，等待列车停稳上满水的简单工作，都是为了满足旅客用水需求，那么采访对象不叫苦、不喊累，反而是最真实的采访内容。可以尽量描写车务段上水工的工作情况，以及严寒下艰苦工作的客观事实，从而反映出新闻事件的客观事实。

六、融媒时代新闻采写的创新与突破

互联网具有一定的及时性和获取信息的方便性，这也是传统媒体所欠缺的。传统媒体已经不能完全满足人们的需求了，所以也应该顺应社会的发展需求，和新媒体进行融合创新。而新闻采写工作是新闻工作的关键性一部分，想要在融媒时代下脱颖而出，就需要新闻工作者对其采写工作和编辑工作进行不断创新和融合。这样才能彻底地引起人们的重视，受到关注和喜爱，使新闻的影响力和传播力得到发展和提高。

（一）融媒时代新闻采写的创新方式

1. 新闻采写前做好充足的准备工作

在融媒时代下，新闻工作者在进行采写前，一定要做好充足的准备工作。首先要熟悉政策。党的路线方针政策是新闻工作者观察、分析、判断问题的遵循。新闻工作者要知道党和国家在提倡什么、反对什么，知道什么是主流、本质，什么是支流、现象，这样报道出来的东西才会比较有针对性和价值。如果对政策不能了然于胸，采写的新闻作品价值就会大打折扣，甚至适得其反。其次要准备好工具，不仅仅是需要纸、笔、相机这些传统媒体所使用的材料和工具，还需要准备电脑、摄像机、上网卡等一系列新媒体时代所需要的采访设备，将两者进行融合，这样才能满足人们对电视、网络、短视频等多种传播渠道和形式的需求。

而新闻采写工作人员对自己的专业知识也应该进行不断学习和丰富，对于新媒体下的采访设备的使用方式进行学习，并在新闻采写的过程中进行使用，在进行采访时，也应该抛开以往的采访方式，站在观众的角度去进行采访，这样更能引起人们的共鸣，受到大家的关注，新闻采写工作人员在进行采访时，也要注意收集采访时的视频、照片等，后期将这些材料进行有效结合，向人们传播有价值、有用的新闻信息，从而推动新闻采写的创新和发展。

新闻采写工作人员在进行新闻采访时，要注意新闻信息的真实性和准确性，对被采访人员将所发生事件的真实情况进行描述和表达，切勿进行夸张和虚假编排。在采访的过程中，采写人员要创设温馨愉快的采访环境，使被采访人员能在宽松愉悦的氛围内进行采访，避免被采访人员出现紧张和不满等情绪。从而影响采访工作的正常进行。

在融媒时代下，人们获取新闻的途径是非常多元化的，发布新闻的途径也是丰富多样的，这也就需要新闻采写人员在进行新闻采写时，要保证采访资料的充足，满足各个平台发布新闻的需求。新闻采写工作人员在进行采写时，要根据不同的采访事件的性质、采访的人员选择不同的采访方式，这也就对新闻采写工作者提出了更高更专业的标准，所以新闻工作人员也要不断地提高自己的专业能力，在采访前准备充足的设备，在采访中搜集丰富的材料，在后期进行新闻的追踪，从而提高新闻带给人们的影响力和冲击力。

2.新闻采写工作团队要具有团结协调性

在传统媒体下,新闻的采写工作大多都是由个人独立完成的,从选材到拍摄到采编等整个过程,基本都是一个人去完成,而在融媒时代下,会成立不同的小组和工作团队,不同的成员有不同的工作任务,每个人所进行的任务是不同的,但是每个工作人员都可以发挥出自己的专业水平,从而保证新闻采写工作的正常运行。在进行新闻采写工作的时候,要保证工作团队的沟通和交流,在采写的过程中,遇到问题要及时进行沟通和改进,这样才能使采访工作顺利正常地进行。与此同时,新闻从业者必须切实树立服务社会大众的责任意识,充分考虑及满足社会大众的内在需求,尤其是要注重密切观察及了解贴近社会大众生活实际的新闻事件。新闻采写工作人员,应该对人们的需求进行深入地了解,通过多种渠道,去了解人们所重视所关注的事件,新闻工作人员也应该及时地对所报道的新闻事件进行后续的追踪,吸引人们的关注度,在进行新闻报道和追踪时,要提供给人们有效的、有价值的信息,使人们的舆论方向不发生偏离,提高新闻的质量,使人们在观看新闻的同时,树立正确的价值观念。

(二)融媒时代新闻写作的技巧方式

1.新闻标题的选取要有一定的创新性

传统媒体下,人们获取新闻的方式,大多都是通过出版的报纸、电视新闻等方式来获取新闻信息。但是在融媒时代下,人们获取新闻的方式五花八门,各种媒体争相出现,这使新闻的发展受到了不小的挑战,从而需要快速地改进和创新。人们在获取新闻的时候,第一吸引人们注意的就是新闻的标题,新闻的标题是整个新闻的核心内容的总结,所以新闻工作者在进行新闻标题的选择时,一定要注意是否可以抓住人们的眼球,吸引人们的关注,这样才能使人们对新闻内容进行点击观看。新闻工作者也要对新闻的热点和大数据所关注的信息进行了解和关注,在进行新闻标题选择时,也要从新闻的内容出发,保证选择的标题在新颖吸引人眼球的同时,也要有真实性。新闻从业者在选择及确定新闻标题时要在坚守新闻内容真实性的同时想方设法地"一针见血",以激发大众阅读新闻信息的兴趣。要注意深入调查及了解社会大众所关注的热门新闻事件,突出新闻标题的情感性与真实性,科学设计新闻标题与内容,更好地满足社会大众新闻信息获取需求。例如,在神舟十二号载人飞船发射时候,新闻标题是《预祝神舟十二号载人飞船顺利升空》;在飞船返回之际的热点新闻标题是《准备回家!神舟十二号载人飞船撤离空间站组合体》。这样的标题设计简短凝练,在交代清楚新闻的同时有情感的融合，能让观众产生情感共鸣，产生新闻阅读意愿。

从大家的角度去进行新闻标题的考虑、新闻题材的选择，这样更能满足大部分人的需求，使新闻报道可以在众多的网络信息中脱颖而出。在新闻发布以后，新闻工作人员也应该关注新闻的评论和解读。在融媒时代快速的发展下，每一个人都可以在网络上随意发表自己的看法，新闻工作人员也应该对这些信息及时地进行观看和解读，对于人们的意见和建议进行吸收改进，对于不实、不雅的评论进行及时制止，新闻媒体不仅是新闻的传播者，也要引导新闻舆论的正确方向。

2. 采用多种新闻编排的方式进行新闻的发布

在融媒时代下，要想新闻内容受到大家的关注和喜爱，就需要改变以往的写作方式，新闻媒体工作人员可以结合时代的发展、人们的需求，采用多种多样的编辑方式，来吸引人们的注意，让大家感受到新闻信息的多样性和新奇性，在进行新闻的编排时，可以采用图文结合的方式进行排版，再适量地加入一些小标题，就更能吸引人们的注意，小标题的选择也可以直接地对新闻的内容进行总结，这样人们在进行阅读的时候，就可以知道段落的大概内容，节省一部分的时间，也会给人们的阅读带来便利。

在融媒时代下，新闻的传播方式也是多种多样的，所以新闻工作者要尽可能地收集充足的新闻素材，只有拥有充足的新闻素材，才能更好地进行新闻的编辑和发布，在进行新闻的编辑时，可以根据不同的发布途径采集不同的编辑方式，比如出版的报纸就可以采用图片和文字相结合的方式进行编辑排版，在进行排版时可以采用小标题的方式，分段落总结新闻的主要内容，来吸引人们的注意。对于新闻短视频的发布就可以根据新闻的内容，进行短视频合集的制作，方便人们的观看，对于新闻的后续发展也要进行及时追踪报道，满足人们的好奇心。

比方说抖音热门短视频的创新发布，能够将趣味的视频文案与视频内容相结合，并且可以更好地将新闻事件报道给大众，同时抖音短视频也为新闻的传播拓宽了更加广阔的网络平台，在传递信息的同时为网络交流提供条件。对抖音新闻视频以及相关网络评论开展科学、正面的编辑与管理，非常有助于人们深化新闻内涵，并建立正确的舆论价值观念。

3. 新闻采写后新闻发布的及时性

在互联网快速发展的时代下，新闻信息的发展也是十分迅速的，每个人都可以变成新闻的发布者和创作者，这也给新闻媒体的工作带来了一定的压力。新闻媒体的新闻发布是具有一定的真实性和权威性的，但是在发布的速度上，却缺少了一定的及时性，所以在融媒时代下，新闻媒体要想获得一席之地就需要新闻媒体工作者在新闻信息的发布速度上具有一定的及时性，新闻采写工作人员需加快访问和编辑的速度，让人们可以第一时间对新闻进行了解，掌握新闻的舆论方向，对于网上的不实新闻及时进行辟谣和追踪，在进行新闻的发布时，也不要采取单一的平台进行信息的发布，而是采用多种方式多种平台进行新闻的发布。

在发布新闻信息时，除了要保证新闻的及时性以外，还要保证新闻信息的准确性，不能因为着急发布信息而忽略了新闻的准确性，在进行视频新闻的发布时，尽量根据新闻的内容做成合集的方式，这样方便人们了解新闻的整个过程，并进行新闻追踪。在进行新闻的采写时，也要坚守住新闻工作者的职业操守、原则底线，保证新闻的真实性和及时性。根据新闻的性质保护住被采访人员的安全隐私性。

新闻媒体如果想在融媒时代下有一席立足之地，就要不断地进行创新和改进，新闻采写的工作人员在提高自己专业水平和能力的同时，也应该进行不断的创新和改进，透彻地了解人们的需求，了解网络信息大数据的走向，吸引住人们的眼球和关注。多渠道、多方式地进行新闻的发布，在融媒时代下，提高新闻媒体的传播速度。

第二节　融媒时代新闻编辑工作

随着互联网信息技术的深入发展，媒体传播形式日益丰富、新闻传播渠道不断扩宽、创新表达手段与日俱增，使得融媒时代新闻编辑面临严峻的考验和巨大的挑战。

一、融媒时代新闻编辑工作的重要性

2021年8月27日，我国互联网络信息中心发布了第48次《中国互联网络发展状况统计报告》。根据报告显示，截至2021年6月，我国的网民数量已经突破10亿大关，高达10.11亿人。浩瀚的互联网上，每一位网民都有可能是我们的受众。然而，互联网海量的信息杂乱无章、碎片化严重、新闻失真等问题层出不穷，使得融媒时代下的新闻编辑工作得更加重要。

第一，新闻编辑是新闻传播活动的"挖掘者"。新闻编辑根据最新变化着的新闻事件，及时挖掘有价值的新闻事实，做好重点报道和深度报道，传递给受众，满足大众的信息需求。

第二，新闻编辑是新闻传播活动的"再造者"。新闻编辑采用多媒体手段，对新闻素材进行"二次创作"，让有内容、有温度、有视觉的新闻作品呈现出来，使之符合媒体传播的具体要求。

第三，新闻编辑是新闻传播活动的"把关者"。新闻编辑作为正能量的传播者和引导者，信息的及时性、有效性与真实性都需要新闻编辑去判断、去核实，力求做到真实、准确、客观。

二、融媒时代新闻编辑工作的现状

（一）对新闻编辑的专业要求有所提升

在先进信息技术快速发展背景下，使得新闻传播工作受到不同因素影响，促使传统新闻编辑的专业能力与综合素质要不断提高。以往新闻编辑工作的主要内容是：稿件修改、稿件编辑以及稿件整合，在融媒时代中，新闻编辑方式从传统的文字形式、图片形式以及声音形式，逐渐转化为视觉形式、听觉形式等立体化影像传播方式。在这一过程中，产生很多不同的全新媒体，自媒体的发展为新闻编辑工作带来更多压力。在此背景下，新闻编辑要不断进行学习，掌握更多专业知识，这样才能在激烈市场竞争中实现自身更好发展。

（二）信息获取与信息处理的变化

融媒时代下，无论是信息收集速度，还是信息传播速度，都是以前人们无法想象的，这也促使信息传播朝着多样化方向发展。基于此，新闻编辑要拥有较强敏感性与新闻洞察能力。针对不同信息的获取与处理，能够做到迅速、全面、细致，这样新闻的客观性以及准确性才能在最大限度上保障。而且在融媒体快速发展背景下，许多新闻鱼龙混杂，部分新闻真实性无法保障，无法对人们起到一个正确引导的作用。相反，可能还会传递负能量，带来不好的影响。在面对这些问题时，需要新闻编辑具备一定的政治素养与新闻素养，能够主动对信息进行筛选与甄别，这样才能在海量信息中做出正确选择。

三、融媒时代新闻编辑的任务

（一）把关任务

新闻编辑是新闻报道的总把关，因此，其必须承担相应的把关任务。为了防止和消除新闻报道的差错,正确引导舆论,新闻编辑在实施把关任务时,应当注意阻挡假的、劣的、错的东西,同时也要注意创造一切条件放行真的、好的、正确的东西。

(二)策划任务

新闻编辑的策划根据层次进行划分,可分为三种。

第一,战略策划,即有关新闻媒体的总体策划。

第二,战术策划,即关于较长时期、一个较大范围的报道的策划。

第三,战役策划,即关于较短时间、一个较小范围的报道的策划。

(三)加工任务

加工任务是新闻编辑处理新闻稿件信息中,必须完成的一个非常重要的具体任务。加工并不是人们想象的仅仅是技术层面的简单劳动,而是具有一定专业性、创造性的劳动。这主要表现为新闻编辑不仅要修饰和润色具体作品的字句(声音或画面),而且要制作标题、组织版面或页面、制作节目板块等。总之,在整个新闻编辑工作的过程中,编辑人员都要进行一定的再创作。

四、融媒时代新闻编辑存在的问题

(一)观念意识转变较慢,被动传播

新闻编辑深受传统编辑思维模式影响较深,开放性不强,缺乏发散思维,面对多媒体形式的出现,不能及时地转变观念意识,不能主动去适应新媒体传播途径,传播手段,传播方法,而是被动接受。

(二)新闻内容产品老化,缺乏创新

新闻编辑不能守正创新,对新闻稿件照抄、照搬到不同平台,内容同质化现象严重,无新意、无亮点、无美感,在分众化、差异化、智能化传播背景下,导致新闻资源的巨大浪费,也降低了媒体的公信力。

(三)跟风从众现象严重,信息失真

在当下自媒体盛行的阶段,"人人都是记者",但新闻的真实性有待考证,网络虚假新闻泛滥,诸多"反转"事件屡见不鲜,一些新闻编辑为吸引公众眼球,一味求快,乐于做"第一传播人",不注重新闻的真实性,反而错乱百出,令人

贻笑大方。

五、融媒时代对新闻编辑的新要求

（一）观念意识要"变"

1. 不断输入宣传新理念

"穷则变，变则通，通则久。"当前融媒体发展百花齐放，百家争鸣，新闻编辑的观念意识要适应新媒体发展的潮流，就必须要涤故更新，提升媒体融合发展的观念意识，利用先进的理念、创新的意识不断开展新闻宣传和报道工作。

2. 持续强化互联网思维

互联网思维体现的是"以人为本"，新闻编辑要打破之前的以宣传、灌输为引导的传统思维模式，不断强化提升互联网的交互能力，建立受众与新闻编辑的良好互动关系。

3. 提升驾驭互联网能力

当前，公众获取信息的渠道越来越多，面对浩如烟海的信息，处理信息的能力又弱，一个新闻多种说法，不知孰是孰非，谣言和虚假新闻层出不穷。新闻编辑要提高运用和驾驭互联网的能力，把握好网上舆论引导的时、度、效，做好新闻传播的"发声机"，让网络空间清朗起来。

（二）综合素质要"强"

1. 政治素质

要牢牢坚持马克思主义新闻观，将马克思主义新闻观作为新闻编辑工作的向导和指南，强化引领意识，坚持正确的舆论导向，弘扬主旋律，传播正能量，本着对社会、对人民负责的态度去挑选信息，传播新闻，凝聚人心，汇聚力量，促进和谐社会的健康发展。

2. 知识技能

新闻编辑要具有广泛多元的知识做支撑，不仅要具备应有的专业知识，还要具备一定的社会科学和自然科学知识，这样才能在编辑新闻的道路上游刃有余。新闻传播与传播技术息息相关，融媒生态下提升新闻编辑的多媒体意识，深化多媒体概念的了解和认识，并将其运用到新闻编辑的工作中去。新闻编辑还要不断提升驾驭新媒体技术的能力，全面掌握全媒体新闻采集、制作技术，善于借助新媒体技术开展信息传播活动。

3. 整合能力

互联网信息的多元化，扩大了新闻编辑接触信息的范围，因此新闻编辑要有海量资讯的信息整合能力，大数据在新闻传播中的介入，为新闻编辑带来了机遇与挑战，新闻编辑要掌握大数据的获取和应用能力，能够在分布式环境中收集到有价值的信息，甄别筛选后进行信息整合。

（三）守正创新要"快"

1. 理念创新

"苟日新，日日新，又日新。"创新是发展的第一动力，融媒时代，创新是不可或缺的，新闻编辑应该摒弃千篇一律、刻板、老套的新闻形式，树立创新的理念，在内容、手段、表现形式上辅之以新意，让受众能够眼前一亮，主动去获取认知。新闻编辑要创新传播方式，提升传播效果，善于利用互联网语言与受众形成双重联系，从而在新闻传播过程中激发共鸣。

2. 内容创新

内容为王永不落时，新闻编辑以内容为王为根基，同时善于发现"闪光点"，综合运用不同媒体，从题材、形式、方法上下"绣花针"功夫，把每一篇稿件、每一张图片、每一个视频做精做细，融会贯通，从而形成一个有机的整体，让新闻内容更形象、更生动、更具体、更饱满，达到"大珠小珠落玉盘"的效果，形成丰富多彩的全媒体报道形式。

3. 表达创新

融媒体环境下，图解、海报、H5、VR全景、原生再现、手绘漫画等全媒体形式，适应了网络的分众化、差异化传播趋势，新闻编辑需要具体情况具体分析，根据内容选择形式，创新方式，生产出受众喜闻乐见的新闻形式，从而让传播效果最大化，运用新技术、新手段增加新闻传播的互动性和趣味性。

当前，媒体融合正在向纵深阶段持续推进，新闻编辑还有许多"高山"需要跨越，新闻编辑要顺势而为，不断对自身进行优化转型，持续更新知识结构，创新工作方式，练就"十八般武艺"，才能在浩浩荡荡的融媒体浪潮中游刃有余。

六、融媒时代新闻编辑的媒体素养提升措施

（一）正确判断新闻价值

在如今的融媒时代发展背景下，只要拥有信息设备，得到网络的知识，每一

个人都可以成为"媒体人"，并对信息进行挖掘、制作以及传播。而新闻编辑是需要具备较强职业素养、专业能力的新闻工作者，与此同时，还要具备新闻意识。在此背景下，新闻编辑媒体素养的提升，要确保其能够对大量的新闻信息做出准确判断，将有价值的信息传递给受众，切不可随意传递新闻信息，而是要保证新闻信息以及新闻内容的真实性与质量。例如，在目前很多的网站以及自媒体中，新闻传播方式采用的是"标题党"，顾名思义就是利用标题吸引人们的关注与兴趣。该种传播方式并不规范，而且受到整个新闻行业的抵制。该种新闻操作方式，一般情况下都是新闻记者在撰写一篇新闻之后，会将新闻事件中的某个小事或者细节放大并作为标题，获取人们的眼球。但是，具体的阅读中会发现，标题内容与实际新闻内容不符，这会使得受众产生被欺骗的情绪，这对于新闻事业的更好发展会产生很大影响。基于此，新闻编辑要将传播实时、正能量作为重点，选择积极向上，促进社会稳定的新闻内容进行报道，切不可将标题作为噱头，使用毫无底线的文字获得人们的关注。

（二）保证新闻传播真实性与客观性

身为一名优秀的新闻工作人员，新闻编辑在日常各项工作开展中，要保证自己编辑、制作以及传播新闻内容的真实性、客观性与准确性。在新媒体时代中，受众可以通过不同渠道获取信息。相较于自媒体信息传播而言，受众会更加相信新闻编辑人员传播新闻事件的真实性与准确性。在这一过程中，如果新闻编辑无法确保自身编辑、传播内容的真实性与客观性，那么会对整个新闻行业的发展造成严重影响。在此背景下，新闻编辑对于自身工作重要性要有全面认识与了解，肩负起自身责任，对于每一条信息的真实性与准确性都要做出准确判断，确保新闻内容的万无一失。在此期间，需要新闻编辑能够具备较强职业素养与新闻意识，在工作开展中能够不受到某些因素影响，导致新闻内容新闻性出现问题。

（三）满足受众需求

融媒时代已经全面到来，受众对于不同新闻信息提出更高要求，并且也给予更多期望。为实现新闻事业的更好发展，新闻编辑要保证自身能够跟上时代发展步伐，在新闻编辑内容，以及编辑形式上进行创新与完善，在最大限度上满足受众需求。为实现这一目的，新闻编辑可以通过创建微信公众号方式，在公众号中与受众之间进行沟通与交流，为受众提供一个可以反馈意见的平台。

除此之外，还可以创建微博账号，受众可以在微博中进行评论与转发。无论是在微信公众号中，还是在微博账号中，都可以定期发表新闻内容，如社会民生新闻、政策新闻等。这样受众可以在第一时间内了解新闻实际情况，关注新闻事件发展动态。与此同时，还可以给出自己的观点与想法。对于受众的评论与反馈，新闻编辑要及时对其进行总结与整理，这样就可以明确受众对新闻内容的实际需求。发现自身在新闻编辑、新闻传播中存在的不足，并在未来工作中做出调整。通过该种方式，保证新闻内容可以满足受众需求，受到更多人的关注，为新闻事业的更好发展打下良好基础。

（四）提高编辑素养与水平

新闻编辑自身要具备较强编辑素养与专业水平，融媒时代的到来，使得受众对新闻的口味，以及对阅读的需求发生变化。因此，新闻编辑需要提升自身专业能力，主动参与到不同学习中，掌握更多编辑能力、传播技巧等。在日常工作开展中，能够具备独立筛选信息能力以及判断信息能力，并对新闻信息进行整合、编辑，为后期制作工作打下良好基础。与此同时，要掌握先进的信息编辑技巧以及信息编辑理念，针对图片搭配、视频剪辑等都能够有深入了解与认识，可以自主完成新闻推广与新闻传播。为实现这一目的，电视台方面可以定期做好新闻编辑教育培训工作，提供更多到外学习机会。通过教育培训工作的更好落实，促使新闻编辑能够对自身工作重要性有全面认识与了解，主动学习不同知识，提高自身专业能力与综合素质。只有这样，新闻编辑才能在新闻内容编辑、制作中发挥自身专业素养，确保编辑的新闻内容，有效性、真实性都可以得到保障，为受众提供高质量新闻内容。在新闻编辑媒体素养的提升中，要对新闻信息科技能力进行合理应用，促使新闻编辑创造性与技能得到提升。在此期间，还要尽量降低商业化以及功利化对新闻传播带来的负面影响，对于新闻报道失真问题要给予更多关注。基于此，在新闻编辑媒体素养的提升中，要始终遵循公正性原则与客观性原则。这样新闻编辑才能更好为新闻事业提供服务，实现新闻行业的更好发展。

除此之外，还要提升新闻编辑的网络交流能力。新媒体具备交流性特点与互动性特点，受众通过新媒体可以将自身的看法表达出来。因此，新闻编辑具备较强网络交流能力，可以明确受众对新闻事件的态度与看法。网络交流不仅仅要体现在采访活动以及新闻直播活动，同时新闻编辑还要对网友的留言进行分析与了解，利用不同渠道与受众之间进行沟通，从而为后续新闻节目的制作与传播打下良好基础。新闻编辑要做好新闻信息质量把关工作，对新闻内容进行取舍，切不可在新闻内容中出现偏激的言论，从而为社会发展带来负面影响。

第三节　融媒时代新闻采编人员角色转型

一、媒体融合给新闻采编带来的影响

（一）采编分离

在媒体融合发展背景下，行业内的市场竞争更为激烈，各媒体企业在发展过程中需要更重视企业形象和公信力，更强调新闻媒体报道的时效性与深刻性，如此才能打造更具特色的核心竞争力，在市场竞争中站稳脚跟。为达到这一目标，大部分媒体企业开始采取采编分离的管理制度和工作形式。实践证明，采编分离的工作制度能够极大地提升媒体工作成效。随着媒体融合发展的持续推进，新闻采编人员的服务平台逐渐从单一的报纸、广播和电视等传统媒体向多平台和多媒体转变。这就要求新闻采编人员要根据不同平台的性质和传播特点有针对性地选择新闻内容与形式，并进行相应地推送和传播。同时，他们在撰写新闻时也要做到因地制宜，根据不同平台的受众群体及其阅读偏好来确定写作风格，如此才能更好地抓住读者眼球，满足不同受众的需求，进而推动新闻作品更高效的传播。

（二）复合型人才需求增加

随着社会经济的不断发展，各行各业对人才的需求更加偏向于复合型人才。新闻行业在媒体融合发展背景下，同样衍生出对复合型全媒体新闻采编人员的需求。当今，更受市场欢迎的新闻采编人员不仅要具备新闻撰写、视频图片编辑、数据处理方面的技能，还要保持对各类新兴软件的强烈好奇心，熟悉各大新媒体平台与传统媒体平台的调性，能够适应当今社会信息快节奏更替的现状。因此，新闻采编人员需紧跟时代潮流，不断从各方面提升自身的知识储备。例如，在平时的日常工作和生活中，新闻采编人员应做到多学习、多积累，特别是对各种新型设备的操作和使用方法，要做到全盘熟悉和掌握。新闻采编人员只有平时下功夫，才能在关键时刻见真章；只有不断创造自身的价值，才能为媒体行业和社会发展创造价值，才不会在激烈的行业竞争和岗位竞争中惨遭淘汰。

二、融媒时代新闻采编业务要点

基于媒体融合对新闻采编业务的影响，从多方面创新新闻采编工作，使采编业务更适应媒体融合环境，提高新闻传播质量，推动新闻传播的可持续发展。

（一）深入挖掘新闻资源

为应对媒体融合带来的挑战，新闻采编人员应认识到新媒体新闻的优势，深入挖掘新闻资源，创新新闻形式，优化新闻内容，提高新闻传播质量，吸引更多受众关注新闻传播。要想实现该目标，新闻采编人员应做到以下两点：

1. 明确媒体融合对新闻的要求

为使新闻符合媒体融合背景下受众的观看规律，采编人员在新闻报道前，应深入分析新闻采编业务是否满足媒体融合对新闻的要求，结合媒介融合特点，不断优化新闻质量。细化来说，采编人员应分析以下三项内容：其一，新闻素材是否多样，采编人员应确保新闻报道涵盖视觉、听觉等多项要素，拓展新闻的媒介要素，强化新闻表达效果；其二，新闻报道是否从多角度分析新闻事件，采编人员应全面整合新闻事件相关素材，为受众全方位展示新闻内容，强化新闻价值；其三，新闻报道的叙事主线是否明晰、内容是否有深度引发思考，拓展新闻报道的广度与深度。

2. 创新生产融合新闻

在明确媒体融合对新闻的要求后，采编人员应详细分析新闻线索，生产融合新闻，使新闻报道具有信息化特征，以明晰的叙事主线吸引受众完整接受新闻内容，丰富受众的观看体验，并设置互动环节，引导受众参与新闻事件的讨论，完善新闻报道。

（二）基于受众需求采编新闻

基于媒体融合对新闻采编流程的影响，采编人员应创新新闻生产流程，结合受众需求采编新闻，提高新闻采编的时效性、有效性，满足受众需求。细化来说，再造的新闻采编流程包括新闻资源库、信息处理中心、在线编辑、终端分发系统四部分，围绕该流程，实施记者管理、素材审核、受众反馈与新闻审核等工作，可实现信息化电视新闻采编。其中，新闻资源库用于存储记者收集的各类新闻素材；信息处理中心负责新闻报道选题、记者管理、受众需求分析等工作，是新闻采编业务的核心；在线编辑是新闻报道编辑的关键环节，负责新闻的深加工，如后期制作等；终端分发系统负责发布新闻。

例如，某电视台为实现电视新闻采编流程信息化改造目标，使新闻报道更贴合受众需求，构建新闻云系统，配置如下功能支持新闻采编业务。

1. 新闻资源库

该电视台在新闻云系统配置丰富新闻资源，包括信息资源与硬件资源两类。

信息资源是新闻资源库的核心，包括该电视台记者自采的新闻、受众生产的内容以及公共部门提供的服务信息，如天气预报信息、交通信息等，全面整合区域新闻素材，提高电视新闻采编效率；硬件资源是保障信息资源充分利用的辅助设备，包括电视台的新闻制作机房、卫星转播车及直播终端等。通过新闻资源库的功能设计，凸显媒体融合的集成效应，为受众提供更为多样的电视新闻。

2. 在线编辑系统

为打破传统新闻采编业务的现场采集、后期制作、控制室播出流程，该电视台配置在线编辑功能，采编人员可登录新闻云系统，将采集新闻素材实时传递给后期制作人员，后期制作人员在终端进行新闻素材处理，直接利用卫星直播车等辅助设备播出电视新闻，通过新闻资源库各项资源的协调配合，随时随地进行电视新闻采编，显著提升电视新闻报道的时效性，使新闻内容更贴近新闻现场，实现"新闻零时差"发展目标。

（三）创新新闻传播模式

媒体融合背景下，伴随新闻报道方式的变化，新闻采编人员应创新新闻传播模式，利用互联网技术拓展新闻的传播范围，提高新闻的影响力，推动新闻传播的健康可持续发展。在此基础上，新闻采编人员应注重新闻的形式创新，提高新闻生产力，为受众提供更为全面、立体的新闻报道，具体可采取以下措施：

1. 创新新闻报道形式

为适应媒体融合背景下受众的碎片化信息获取特征，应提高新闻报道的时效性与交互性。同时，为保障新闻直播报道的深度，新闻采编人员应创新新闻报道形式，通过可视化数据，拓展新闻的广度与深度。以中央电视台为例，在《晚间新闻》栏目添加"据说春运"环节，利用百度地图的 LBS 功能进行春运大数据的可视化展示，以便于受众理解的方式展示春运状况，讲述春运故事，深入感知社会情绪，了解春运对社会的影响，增加新闻报道的深度；在 2015 年国庆推出的《数说命运共同体》栏目，通过一系列数据，为受众展示了"一带一路"实施成果，以不同形式报道新闻内容，提高新闻的创新性，吸引了更多受众关注。

2. 提高新闻生产力

新闻采编人员应充分利用媒体融合的技术优势，深入挖掘新闻生产力，创新新闻传播模式，加强与受众的互动。以某电视台为例，在电视新闻直播期间，主持人在主屏幕进行新闻报道，提出相关新闻话题，受众可通过微信或手机短信方式与主持人实时互动，同时在屏幕中设置副视窗，用于同步滚动其他新闻资讯，并在屏幕下方设置左飞字幕，以飞播方式报道热点资讯或与受众互动，以更为直观、实时的方式报道电视新闻，提高电视新闻的时效性与互动性。

（四）加强全媒体采编队伍建设

在新闻采编业务中，采编人员是新闻报道的主体，为更好地应对媒体融合对新闻采编业务的影响，应加强全媒体采编队伍建设，增强采编人员的信息素养，使其掌握媒体融合下采编业务的变化、流程与注意事项，保障采编业务的规范有序实施，为新闻内容的高质量播出奠定基础。细化来说，在媒体融合背景下，新闻载体出现变化，对新闻时效性提出了更高要求，文字记者的需求量减少，摄像记者需求增多。同时，多样的新闻报道传播方式，要求采编人员具备"全媒体"业务技能，可统筹处理文本、图片、音频与视频等资源，编辑更高质量的新闻。对于新闻记者来说，应在采、写、摄、录、编的基础上，具备网络信息处理能力、智能设备应用能力，结合新闻的不同传播渠道，应用不同方式处理新闻资源。

1. 引进专业人才。

在选拔电视新闻采编人员时，在考察应聘者采编技能的同时，应评估其信息素养，选择能够灵活应用新媒体与各类采编软件的应聘者就职，激发采编队伍活力，发挥青年采编人员的带动效应，不断提升采编队伍专业水平。

2. 加强人员培训。

定期组织采编人员参与专业培训，使采编人员了解媒体融合对新闻采编的影响，培养采编人员的全媒体采编技能。以某电视台为例，邀请新闻行业专家学者组织讲座，以"媒体融合时代的媒体人"为讲座主题，结合电视新闻采编案例，总结媒体融合背景下的电视新闻采访经验、新闻采编技巧，介绍媒体融合发展规律，提升采编人员的采编技能，提升采编人员的理论素养，鼓励采编人员在空闲时间进行自主学习，不断强化自身专业能力。

三、融媒时代新闻采编人员面临的困境

在互联网信息技术迅速发展的时代背景下，新兴媒体与传统媒体互相碰撞与融合，新闻采编人员的角色形象已悄然生变，从传统的"专才"逐步向"一专多能"转变。这也使得部分新闻采编人员逐步陷入困境。

（一）新闻采编人员的专业技能不足

高新科技的迅猛发展，使得媒体工具更新换代加快，新闻采编人员在繁忙

的工作之余还需要不断学习和掌握各种新技术和新设备的使用。这就给新闻采编人员带来更大的压力。同时，部分新闻采编人员的新闻业务能力也呈现严重不足，如部分新闻采编人员对 pr 和 ps 等媒体工具的使用水平已经无法跟上行业发展要求，从而严重影响到新闻内容的制作效率与质量。此外，在注意力稀缺的信息爆炸时代下，传统媒体的工作方式也很难跟得上当前受众对时效性的需求，其部分新闻采编人员对新兴技术的掌握不足进一步导致了传统媒体对受众影响力的下降。

（二）新闻采编人员对新闻热点内容的挖掘深度不够

很多新闻采编人员在对热点新闻进行报道时，往往只关注表面现象，没有对现象产生的原因进行跟踪报道和深入分析。尽管对社会关注度较高的大型新闻，新闻采编人员都会积极跟踪报道，体现新闻报道的及时性特点，但是其报道的热点问题还比较浅显，只单纯停留在表面，报道内容缺乏深度和广度，没有对事件进行深入剖析，难以让受众产生深切共鸣，无法传递正确的价值观，甚至播报的新闻存在漏洞，经不起受众考验。

四、融媒时代新闻采编人员的基本要求

新闻采编人员作为新闻媒体行业与受众联系的纽带之一，是新闻素材的搜集和采写人员、新闻内容撰写的编辑人员以及新闻作品推广的运营人员的统称。在传统媒体行业中，新闻采编人员最需要具备的就是较强的逻辑思维能力、书面表达能力以及信息真实性和价值性的鉴别能力，同时还要对生活中的细节和社会事件具有较强的新闻敏感度。

其中，较强的逻辑思维能力和书面表达能力是为了保证新闻内容的采写更加真实且具有逻辑性和条理性，便于受众更加清晰地了解新闻事件的始末和进展；较强的新闻敏感度以及信息真实性和价值性的鉴别能力则有助于保障新闻作品的质量。这就要求新闻采编人员能够在真假混淆的信息资讯中迅速辨别更具价值性和真实性的新闻素材并进行深层次挖掘，从而撰写出更优质的新闻内容。

此外，随着信息时代的蓬勃发展，互联网技术逐渐在人们的生产、生活中得到普及和应用，悄然改变了人们的生活习惯和阅读偏好。然而，传统媒体行业为更好地适应市场需求和满足受众偏好，其新闻采编人员单具备上述特质已无法适应媒体行业的发展要求。而随着新兴媒体的出现和迅速崛起，传统媒体的地位和发展也受到了巨大冲击。因此，媒体融合背景下的新闻采编人员面临更大的工作

挑战，其工作内容和角色定位也需要顺势而变。

五、融媒时代新闻采编人员的角色转型探索

在媒体融合的背景下，新闻采编人员需要不断转变自身思维，积极创新，顺应媒体行业发展的新趋势进行角色转型，加快适应新背景下的新身份，从专业素养、思维方式、运营能力以及未来趋势等各个方面进行积极探索，真正做到以转型促发展。

（一）新闻采编人员需具备过硬的职业素养和专业能力

在媒体融合的背景下，新闻媒体的传播方式和传播途径都更加趋向于多样化，互联网技术的加持使信息渠道来源也更加广泛。新闻真实性和时效性作为衡量新闻作品质量的重要指标，将多元复杂的信息快速整理成高质量、有深度的新闻成为媒体融合环境下新闻采编人员的基本技能之一。因此，为适应新时期媒体行业的长效发展以及受众多元化的阅读需求和偏好，新闻采编人员必须具备更强的新闻敏感度、更严谨的书面表达能力和更加优秀熟练的新闻撰写技巧，如此才能提升新闻素材捕捉和采集的效率，更加精准地对新闻素材进行深度剖析，并挖掘更为独特的新闻报道视角，进而撰写出更高质量的新闻作品。值得提出的是，互联网中的碎片化信息并非毫无意义，新闻采编人员对某一社会热点的持续挖掘与深度解读，有助于还原碎片化信息的全貌，引导社会舆论，这也是当今时代对新闻采编人员的要求。此外，新闻采编人员对高质量内容的追求，能够不断提升媒体行业的公信力，增强受众的忠诚度和信任度。这一目标的达成，也是新闻采编人员积极实现角色转型的意义所在。

（二）新闻采编人员需具备创新性、综合性的思维方式

在媒体融合的背景下，新闻采编人员要充分发挥意识的能动作用，保持对新技术、新媒体形式开放融合的态度，紧跟时代潮流，树立与时俱进的工作理念。新闻采编工作方面，由于受众获取信息规模增大，获取信息的门槛大大降低，这就需要新闻采编人员在强化受众意识的前提下，不断创新自身的思维方式，学习创新案例，积极利用现代互联网和大数据等信息工具来实现传统媒体报道和新兴媒体传播方式的有机结合。同时，新闻采编人员需要充分意识到新媒体所具备的扁平化信息传播特点，在开展新闻采编工作时综合考量内容设计、数据、平台、营销等方面的内容，通过综合性思维方式打通信息资源，实现新闻内容质量的提

升与新闻影响力的最大化。这就要求新闻采编人员一方面要从思想和行动上拓宽新闻采写和媒体报道的广度与深度，坚持新闻人最基本的职业道德操守，做受众认可的高质量内容；另一方面要针对不同受众群体、平台调性进行有针对性的新闻采写和传播，敢于尝试新方法，融合新技术，如此才能吸引到更多受众，进一步扩大媒体企业的受众范围与影响力，进而推动媒体行业的可持续发展。

（三）新闻采编人员需具备较强的明辨是非能力与价值判断力

在信息内容庞杂的互联网时代，信息质量良莠不齐对人们了解和掌握信息资讯造成较大困扰。受众所需的是及时、准确并且真实的信息，而真实往往是新闻内容的底线，提供真实性的内容也正是媒体企业的责任和义务所在。因此，无论在何时何地何种情形之下，新闻采编人员都要具备较强的明辨是非能力和价值判断力，坚守作为一名新闻工作者的初心和责任，为受众筛选、挖掘和传播真实有效的信息资讯。

要做到这一点，新闻采编人员就需要加强学习，尤其要加强新闻专业理论和思想政治理论的学习，不断利用专业理论和先进思想来武装自己，树立正确的职业观、价值观，如此才能在实际工作中抵抗各种诱惑，并更为游刃有余地完成信息的采集、筛选和编辑工作。

此外，媒体企业也应通过塑造健康的企业文化来引导新闻采编人员有意识地提升自身的鉴别能力，摒弃浮躁信息环境中"流量为王"的理念，让每个新闻采编人员都能够形成正确的价值认知，从而凝心聚力地完成媒体融合发展过程中的各项采编工作。

（四）积极走全媒体复合型新闻采编人员转型之路

在媒体融合背景下，全媒体复合型新闻采编人员应时而生。这种新闻采编人员不仅需要根据不同的平台以及不同层次的受众开展针对性的新闻采编工作，以此来拓展受众群体，提升受众的满意度和忠诚度，而且要利用多样化的写作技巧、图文或视频等呈现形式以及多元化的新闻内容来吸引受众眼球。此外，新闻采编人员还需要具备与受众进行互动的意识和能力，能够运用多元化的平台与受众进行互动，从而拉近媒体与受众之间的距离。可以说，复合型新闻采编人员既可以采编新闻、设计作品、处理数据，又能参与新闻报道的运营，可谓全能之才。

在媒体融合的背景下，媒体行业逐渐打破传统媒体中各司其职的运作模式，开始充分利用各项技术对互联网媒体客户端、官方网站以及线下杂志和报纸等一系列产品进行融合，不仅切实做到了成本与资源的节约，也有效地实现了新闻制作的统筹兼顾和新闻内容的和而不同。

因此，在新的发展思路下，媒体行业应寻求技术层面的融合发展，同时积极探寻符合新闻采编人员的角色转型之路，通过对现有新闻采编人员工作职能的整合与重新规划来帮助其转变角色定位，学习新的知识与技能。例如，传统媒体可以将传统新闻采编人员与新媒体采编人员进行整合，让双方在共同协作之下取长补短，共同成长，从而打造一批综合素质强，能够同时适应传统媒体与新媒体传播的新型新闻采编人才，并以此为基础进行工作模式的重塑和优化，最终完成传统媒体的转型发展。可以说，媒体融合过程中新闻采编人员的转型之路实际上就是传统媒体自身的转型与融合发展道路。

第四节　融媒时代新闻记者实现能力的跨越

2019年是5G元年，5G的到来进一步推动了媒体融合的深度发展，新闻生产的智能化和视频化呈现出锐不可当的趋势。新闻记者必须全面提升自己的能力，增强核心竞争力，以适应融媒时代的发展趋势。

一、融媒时代新闻记者技能素质培养的重要性

融媒时代下的媒介传输渠道变得更为多元化，有助于将各行业的数据资源进行整合管理与实时共享，以满足社会发展需求。融媒时代下的信息传输速度变得越来越快，打破时间、空间束缚的同时还能为新闻记者的新闻素材收集工作提供更为便捷的获取渠道。为了确保信息获取的准确性，新闻记者需要具备较强的职业素养及专业技能，将热点议题蕴含的深层含义挖掘出来，进而确保新闻信息的精准性。

二、融媒时代新闻记者基本技能

信息技术的迅猛发展预示着融媒时代的到来，新闻记者作为信息传播的重要一环，肩负着重要的历史使命，新闻记者兼顾传媒基本工作的同时还需要承担新媒体传播任务。为了满足融媒时代的信息传播要求，新闻记者需要与时俱进，不断提升自身专业技能及职业素质，以更好地为社会大众服务。

（一）业务技能

1. 新闻业务

记者这一职业主要是为大众报道社会热点新闻，因此较好的新闻处理能力是新闻记者业务能力的重要评定标准。新闻这个名词的独特之处就在于一个"新"字，也就是时效性，新闻记者只有具备敏锐的热点议题捕捉能力，才能在海量的细微事件中迅速、精准地择取百姓感兴趣的新闻话题，并以简洁明了、条理清晰的语言文字对其进行描述报道。为了保证新闻报道的真实性、生动性。新闻记者还需要做好照片、音频、视频的拍摄工作，并以合理的色彩、构图吸引公众目光，以别具一格的拍摄视角引发情感共鸣，因此新闻记者还需要具备专业的新闻拍摄能力及剪辑处理能力。

2. 政治素质

电视台为了吸引、留住新老观众，需要顺应时代发展要求搭建微博、微信、APP等新媒体传播平台，以时下最流行的方式完成新闻传播工作。这些新兴融媒传播方式相较于电台、广播而言更具便捷性、快速性，这对新闻记者的专业能力也提出了更高要求。融媒时代下的新闻信息传播最看重快速、准确，因此新闻记者需要具备过硬的政治素质、较高的辨识能力。

3. 社会责任

新闻记者职业有一定特殊性，因此在进行新闻报道时需要秉承正确的价值观，具备社会责任感，以确保新闻的客观性、真实性。为百姓展示事实真相是新闻记者最需要具备的社会责任，新闻记者若想坚守这一社会责任，就必须树立正确的职业道德观念，以维护新闻媒介的公信力及权威性。

（二）社交技能

1. 交流沟通

新闻记者每天都需要接触不同行业、年龄各异的人，只有与他们建立了深度交流与沟通，才能准确掌握信息、探究背后奥秘。由此可见良好的社交能力是新闻采访工作得以顺利进行的基础，新闻记者在开展新闻采访工作的时候需要格外注意语言的规范性，以简洁流畅、通俗易懂的语言拉近与被采访者的距离，以便获取更全面的信息，确保新闻报道质量。

2. 网络社交

融媒时代的新闻信息收集渠道变得更为宽泛，新闻记者可以利用网络技术摆脱时间空间束缚，获取更多有价值的信息。融媒时代的发展衍生出了微博、微信等新媒体平台，也进一步推动了新闻信息的传播与融合，新闻记者需具备较强的网络社交能力。为了保证新闻信息时效性，新闻记者需要顺应时代发展需求不断强化网络社交能力，熟练掌握各种网络社交软件，对新媒体平台上有价值的信息第一时间进行跟踪报道，以抢占传播主动权。

3. 单位社交

这里提及的单位社交指的是新闻记者需要具备与兄弟单位的记者同行合作交流的能力。融媒时代的到来为新闻行业开辟全新视角的同时也为传统媒体行业带来了巨大挑战，由于信息更迭速度较快，新闻记者很难单凭一人之力取胜。虽然无法获得独家报道的权利，但只要具有较好的单位社交能力，那么还是能够通过深入合作与交流，实现互通有无、取长补短的融合发展，以掌握新闻报道主动权、确保新闻报道时效性。

（三）创新技能

1. 思维创新

思维创新指的是新闻记者需要具有较强的主动出击意识，由于融媒时代下的信息传播速率较快，如果不能以敏锐的视角发现热点议题，那么就无法准确掌握大众需求。如果不能从百姓视角出发播报新闻，长此以往势必会被时代淘汰。若想摆脱这一困境，新闻记者需要摆脱被动等待的局面，从受众角度入手，深入群众了解他们的需求、问题，并及时对收集到的数据进行整理分析，最后有针对性地开展新闻策划工作，以提高新闻点击率、抢占更多市场份额。

2. 技术创新

以往的新闻记者只需具备一定的文字校对、语言编辑、文稿审核、格式排版、画面处理等常规技能即可，但在融媒时代的冲击下，新闻记者还需要不断提高自身的专业技能。为了获得更好的新闻传播效果，新闻记者需要将独具美感的图片、震撼冲击的视频展示出来，以吸引受众目光。一成不变的新闻编辑方式不是长久之计，只有不断进行技术革新，才能提高新闻消息传播效果，并给受众留下难忘的印象。

三、融媒传播技能

通信技术的迭代将会带来信息采集技术的革新。4G时代，记者在信息采集过程中往往会遇到大数据视频传输速率低、加载时间长、转码压缩要牺牲画面清晰度等问题。和4G相比，5G具有"高速度、低时延、高可靠性"等特点，这也就意味着记者仅用一部手机就可以实现高清视频的实时拍摄和传输。因此，记者要有一定的镜头语言功底，在熟练使用手机摄像功能的基础上，将摄像机的推、拉、摇、移和景别技巧与手机摄像相结合，进行流畅的镜头表达。

除此之外，随着通信技术的发展，记者要学会使用智能采集设备，比如能进行实时撰写、多语种翻译的"5G+智能录音笔"、无人机的飞行操控和数据采集等。融媒时代下的现场报道给予了记者更大的自主性。在进行手机直播报道时，记者需要身兼数职，比如摄像、编辑、后台运营等，这就对记者的现场编辑能力提出了更高的要求。2017年，央视新闻客户端有一期关于四川大凉山悬崖村脱贫的手机直播报道，陡峭的悬崖让新闻现场的多维展示受到很大阻碍。记者蒋林在爬悬崖的过程中，充分使用手机镜头的反转，在不同的高度将环境和解说相结合，并及时记录同行村干部的对话。在如此困难的环境下，他将编辑意识贯穿始终，把报道做得可知可感，在追求时效性之余，兼顾了新闻的纵、全、深。

在写作过程中，记者要充分利用新媒体的优势，不断提高新闻报道的水平。新媒体使得报道形式更加丰富，从最初的图文结合到现在视频、音频、文字、H5相结合，人们可以全方位地对新闻信息进行展示。因此，记者要具备基本的文字采写能力、图表处理能力、熟练的图片编辑能力和视频剪辑能力，同时注意文字稿与音视频的配合，做到详略得当。"高效快速"是融媒时代的显著特点，对于记者来说，这种"快"不仅体现在到达现场的速度，还体现在短时间内能准确、简练的报道和写作，记者要在熟练掌握写作技巧之余，提高写作效率、提升新闻报道策划能力。融媒体环境下，出镜报道的呈现方式越来越倾向于网络传播。近两年，"Vlog+时政新闻"的新颖组合方式受到了越来越多的关注，在2019年的全国"两会"期间，北京电视台、上海东方网等各大媒体都推出了"两会Vlog"栏目，不同于严肃的硬新闻，在Vlog中人们能看到"两会"更多的"幕后"故事，带领观众从更多维度去了解时政新闻。"Vlog+时政新闻"的形式是借视频博客日志的外壳去传达新闻，不同于常规外景报道，Vlog往往依靠记者用手机自拍完成。和严肃新闻相比，Vlog的呈现形式偏"软"，但从本质上来说还是属于新闻记者的出镜报道，在内容选择和表达方式上都更严谨。

四、新闻报道策划能力

新闻报道策划是运用各种信息传播手段对新闻报道进行规划和设计，从而达到预期的传播效果的一种创造性活动。与传统出镜报道相比，"Vlog新闻"这种融媒体报道形式给予了新闻记者更大的自主性，记者在策划过程中有更大的发挥空间。新闻报道策划要求记者时刻保持敏锐的新闻感知力，要能够及时判断哪些新闻是大众所关心的内容，在此基础上，准确地判断一个新闻事件中哪些事实是最重要的，哪些事实是次要的，要能够从不同维度不同视角看到新闻的价值点。比如 2020 年陕西卫视的"两会 Vlog"中，记者记录了一位身穿羌绣服饰的省人大代表王小琴的参会故事，以此为切入点，通过本地羌绣发展展现出国家脱贫攻坚行动的落实。敏锐的新闻感知力能够帮助记者在策划中找准重点，准确地挖掘新闻价值。

新闻报道策划讲究由点到面，以小见大，这就要求记者具有捕捉细节的能力。学者孙玉清在《如何在细节中发现新闻线索》一书中，借用中医闻疾之道，用"望、闻、问、切"概括了发现新闻细节线索的方法。"望"是记者通过细心观察，在细节中发现有价值的新闻线索；"闻"是指记者要在交流中认真倾听，从谈话中发现有价值的信息；"问"是对于不清楚的细节要主动询问，积极求证，保证真实性；"切"是指记者要对所获得的材料进行筛选，去粗存精，去伪存真，进一步提炼信息和线索。在捕捉细节之后，记者还要再推进一步，把细节背后隐藏得更深层的信息挖掘出来，以增加报道策划的纵向深度。例如，在国庆六十周年的活动中，有许多等待被放飞的气球，这个容易被忽略的细节被记者张泉灵捕捉到了，她为观众详细介绍了气球怎么充气打结，材料和球内气体与普通气球的区别，让观众感受到了整个国庆活动的环保和严谨，展现了关注细节的巨大力量。

五、数据挖掘整合能力

媒体融合的发展与大数据密不可分，大数据可以为媒体提供用户的数据画像，提高传播的效率和精准度。除此之外，大数据和融媒体相结合衍生出了新的新闻样态——数据新闻，数据新闻是基于对数据的抓取、挖掘、统计、分析和可视化呈现的新型新闻报道方式。早在 19 世纪 50 年代，美国就有新闻记者利用大型计算机对政府提供的数据库信息进行分析，以挖掘更深的新闻真相。在中国，2013 年被媒体称作"数据元年"，从这一年开始，传统媒体和新媒体都在进行数据新闻报道的研究和实践。目前，央视、网易、新京报、新华网等众多媒体都推出了数据新闻板块。

数据新闻要求记者是在掌握一定的计算机能力的基础上，能够对海量数据进行挖掘、统计，从横向和纵向的角度对数据进行分析，发现数据之间的联系，进而预测数据走向。例如，新京报网在2020年1月发表的一篇数据新闻，名为《新型肺炎80例死亡病例，透露了什么关键信息？》。在这篇报道中，记者对病例数据进行了时间差分析、既往病史分析和发热症状分析，发现具有高血压和糖尿病等慢性疾病的中老年患者病情更易恶化，为具有此类疾病的人群敲响了警钟。

在社会信息公开的"互联网+"时代，记者更容易获得社会公共数据，利用数据去分析规律，以大纵深全景式的方式呈现新闻事件的背后机理，分析态势发展。《卫报》《纽约时报》等国外媒体的记者会充分挖掘社会公共数据，并根据不同的受众群体进行针对性的数据分析，从而给大众提供"精准化"的决策参考。除了掌握数据分析，新闻记者还要进一步提升利用数据"讲故事"的能力。美国著名新闻学者迈克尔·舒德森曾说："所有的新闻报道都是故事"，架构故事成为把握受众注意力并且发挥新闻社会功能的关键所在。数据新闻不能单纯讲数据，记者要看到数据背后的含义和价值，将文字和数据交叉结合，共生叙事。浙江新闻客户端有一篇名为《2020，浙江一家人的数字2.0》的报道，这则新闻是以《浙江省信息发展"十三五"规划》为基础素材的，如果仅仅依靠数据，会显得乏味而且很难被受众理解。但这篇报道别出心裁，打造了"浙江一家人"的生活场景，以数据为依托，真实地展现信息化为小家庭带来的改变，同时点明未来的城乡变化、电商交易变化，将数据与新闻叙事交织融合，既讲好了故事，又点明了数据背后的意义，不会让人觉得枯燥乏味。

第五章 融媒时代新闻传播管理创新

本章主要论述了融媒时代新闻传播管理创新，主要从融媒时代新闻传播舆论引导的管理和融媒时代新闻传播者的管理两方面进行了介绍。

第一节 融媒时代新闻传播舆论引导的管理

进入新世纪以来，经济发展水平加快，人们对全球形势以及新闻的关注度日益增强。尤其是信息技术和互联网的兴起，为人们的信息获取开辟了新渠道。当下，人们获取信息的方式和渠道已经发生了巨大的变化，通过移动智能设备随时随地方便快捷地获取资讯已经成为当前的主流。由于当下人民群众的生活节奏加快，除了主流媒体外，还有各种新媒体平台、自媒体等参与资讯的传播，这就会导致新闻在传播过程中，由于加工编辑或传播方式的差异而产生不同的舆论影响。尤其是一些热点新闻会引发广泛的关注与讨论，需要加以正确的舆论引导，否则极有可能产生不好的社会影响。因此，新闻传播过程中，重视舆论舆情的走向，做好主流舆论的引导尤为关键。

一、舆论引导相关概念

（一）关于舆论的定义研究

雅克·卢梭最早提出舆论（public opinion）这一概念，认为它是"公众意见"的存在形式。他将舆论视为人民公权的基础，是法律之外的法律；马克思把舆论视为"一般关系的实际体现和鲜明表现"，是一种具有鲜明阶级性的社会意见；刘建明认为"舆论是现实社会整体知觉和集合意识、具有权威性的多数人的共同意见"。从以上主流的舆论定义可以看出，"舆论"主要是指社会公众对社会公共议题，通过各种手段公开表达自己的意见、情绪或态度等的集合，带有一致性和特定的倾向性。

（二）关于舆论引导的研究

受制度、意识形态差异影响，国内外关于舆论引导的研究历史、研究侧重点各有不同，但都十分重视舆论引导，认为舆论引导不论在政治学视角还是在传播学视角，均能对社会产生巨大影响。马克思在担任《莱茵报》主编时就主张按照报刊自有的工作规律办事，通过表达舆论的方式来达到影响舆论的目的。他认为"自由报刊是社会舆论的产物，同样地，它也制造这种社会舆论"，而且会"持续不断地影响舆论"。

马克思和恩格斯认为，报刊（媒体）作为舆论的载体，通过连续不断地反映舆论和表达舆论形成更广泛、更深刻的社会舆论，进而引导舆论走向。

二、舆论引导的评估

正确的舆论导向是新闻媒体的灵魂，坚持正确的舆论导向是新闻工作者神圣的职责。新闻媒体必须具备牢牢把握正确舆论导向的能力，坚持团结、稳定、鼓劲和正面宣传为主的指导方针，正确宣传中国共产党和国家的方针政策，始终坚持为社会主义、为人民服务的基本方针，坚持为全党全国工作大局服务的思想；将推动改革开放和发展社会生产力、加强社会主义精神文明建设和民主法制建设、鼓舞和激励人们为国家富强、人民幸福和社会进步而艰苦创业、开拓创新、人们分清是非、坚持真善美、抵制假恶丑、国家统一、民族团结、人民心情舒畅、社会政治稳定这些因素纳入舆论导向评估内容。

新闻媒体必须提高政治敏锐性、政治洞察力、政治鉴别力，围绕不同时期的中心工作和各类重大突发事件，通过开展典型宣传、热点透视、舆论监督等各种形式的宣传，旗帜鲜明、立场坚定地进行正确的强势舆论引导，达到弘扬正气、振奋人心的宣传目的；坚持全面、真实、客观、公正的报道原则，以事实为依据，认真核实消息来源和新闻要素，不编造新闻，不歪曲、夸大事实，自觉抵制虚假失实报道；正确开展舆论监督，准确报道事实真相，坚持依法监督、科学监督、建设性监督，切实维护社会公平和正义，严格遵守宣传管理规定，积极、准确、稳妥地把握热点、突发事件等社会敏感问题的报道，维护社会稳定。

新闻媒体刊播的文字、图片、语言、声音、图像等，必须严格遵守国家宪法、法律、法规、党和国家政策的内容，不得反对宪法确定的基本原则；不得反对四项基本原则；不得违反规定报道群体性事件、案件，给社会稳定带来损害；不得危害国家统一、主权和领土完整；不得反对党和国家重要决策；不得煽动仇视政府，扰乱社会秩序，破坏社会稳定；不得煽动民族仇恨、民族歧视，破坏民族团结；不得传播政治谣言、侮辱、毁谤或丑化党和国家及领导人形象；不得违反规定片面报道会议讨论内容，触及敏感问题，造成严重后果。

三、融媒时代社交传播对舆论引导的影响

"随着社会秩序的重组，大众传播技术的每一次变革都会引发两股知识流或两种认识世界的方法——基于观察和经验的知识与基于信仰、信念的知识之间重新产生分歧。简言之，就是事实和信仰之间的矛盾。"社交媒体为公众提供了广阔的话语空间，受众的所见、所闻、所感可以实时发布，社交传播的"点对面""点对点"特点使信息传播呈现迅速裂变状态，人们习惯通过已关注的微博接收信息发布，通过已关注的微信公众号选择性点击，通过自己的朋友圈成为"爆点"推手，可以让某一事件短时间内形成广泛的影响力。新媒体所造成的"圈子化""部落化"改变了人与世界的关联方式，新的传播技术革命正在深刻地改变着传播领域的生态格局和市场版图。

（一）优质内容的供给不足

"有学者总结，新闻消费者的需求无外乎这样四种：掌握新知；获取个人认同；社交融合与互动；获得娱乐。"用户期待标题过目不忘、内容非看不可、互动体验便捷的优质产品。媒体融合的快速推进让传播"门槛"一次次降低，为内容生产和传播带来了数量上的高速增长，但质量上的一系列问题随之而来。与绝对数量相比，高质量的内容变得稀缺，"门槛"降低后释放的内容建设空间，由于缺乏相应的引导机制、约束力量和规范性标准，很快被快餐化、低俗化，甚至虚假信息所充斥。内容生产简单相加，"热点"一哄而上，"爆款"相互复制，海量的信息良莠不齐，泥沙俱下，大量无效甚至垃圾信息侵占有限的信息资源空间。

（二）内容同质化现象严重

大量自媒体平台为了吸引眼球、赚取流量，往往在某一热点事件中出现后蜂拥而上，使得社交媒体上内容同质、形式同质、热点同质、呈现方式同质的现象非常突出，尤其是大数据和"算法"的个性化"量身推送"，大量相似的内容占据着用户有限的阅读时间，无端地消耗受众寻求知识的耐心。正如丹尼尔·杰·切特罗姆所说："新闻的草率和浅薄正在腐蚀着阅读这种新闻的人们的思想，损害人们持续地思索和专心致志的精神力量，降低人们的欣赏情趣。"

(三)"后真相"问题频频产生

"后真相"被定义为"用来描画客观事实在形成舆论方面影响较小、而诉诸情感和个人信仰会产生更大影响"的情形。在后真相时代,事实真相变得次要了,受众凭着个人直观感觉选择符合他们推测的"真相"和期待的结果。互联网时代,专业新闻和自媒体内容在同一平台激烈竞争,虽然客观公正是人们共有的价值判断,但这种标准极易受立场、情感等方面因素的影响而失衡,最终演变为不同的选择。由于信息生产和传播的低成本,信息发布的低门槛,受众对信息的辨识度低,有些新闻信息歪曲事实、无中生有,极易传播发酵形成负面舆论,影响社会稳定。

四、融媒时代媒体中心所处的舆论环境

舆论环境,从微观上是指舆论发生构成要素之间互相影响,作用而形成的特殊环境。类比于媒介环境学对媒介环境的定义,媒介也是社会的子系统之一,其各要素之间、各媒介之间、媒介与环境之间,都有着相互关联的性质和关系。所以,舆论环境除了受包含微观层面上要素影响外,还受媒介传播环境,乃至整个社会环境在宏观层面的影响。

习近平总书记曾指出:随着新媒体快速发展,国际国内、线上线下、虚拟现实、体制外体制内等界限愈益模糊,构成了越来越复杂的大舆论场。在媒体融合时代下,媒体环境呈现出"去中心化"的特点,自媒体形成一股系统性的力量,对有关机构媒体发起质疑与冲击,但是这一不稳定的现状,也为外部环境、参与主体,焦点事件等多重因素制约。

公众作为舆论发生、传播的主体,具有很强的集聚性和亲近性,联系更加紧密,对身边新近发生的社会事件具有高敏感和高关注度。且随着经济水平和教育水平的不断提升,民众的媒介素养和知识水平也不断提高,表达自我的需求也逐渐出现,参与事件的讨论的欲望也更加强烈。

(一)"去中心化"消解主流媒体话语权

随着 Web2.0 和 Web3.0 时代的到来,互联网技术的升级对传播格局产生了巨大的影响。技术赋权使社会民众获得了在社交媒体和公共信息场上的发言权,并根据信息内容,其影响力的上限被无限放大,统治者与被统治者的二元对立关系被分解,传播格局正逐渐走向"去中心化"。人人都可以成为信息的传播者与生

产者，信息的传播、搜索、获取变得更加自由。对于主流媒体来说，一方面，"去中心化"分解了主流媒体的一元话语体系，尤其是UGC在突发新闻报道中的时间优势远远领先于传统主流媒体，搜索引擎优化也令传统主流媒体的编排信息功能大打折扣。就在传统媒体快步对接新媒体转型的同时，新媒体本身也在不断变化，自媒体内部的"主流"平台的地位也在不停更替。微博、微信这类社交媒体释放了公民的表达权，打破了传统主流媒体的议程设置，主流媒体在热点或者突发事件中，越来越难以第一时间稳住主导地位，控制力和话语权都受到了极大的挑战。

伴随着自媒体的崛起，主流媒体话语权被分解削弱，舆论形成的机制也在逐渐"去中心化"，让主流媒体正逐渐失去对舆论的绝对控制力。主流媒体对舆论的"控制力"逐渐成为"影响力"，自媒体自由、个性的报道风格，对比民众对主流媒体高高在上的刻板印象，都导致了舆论场上越来越多地出现多种力量共存的局面，并且可能会长时间共存，相互博弈，直到一方占据优势，舆情消退为止。这样去中心化的舆论发生格局和传播趋势确实降低了一般民众获取信息的门槛，交流和信息的获取变得更加个性化、多元化，但带来的负面效应也让舆论场更加复杂混乱。

其一，"去中心化"的传播格局导致了舆论场内庞杂的信息意见群的碎片式传播与病毒式的扩散。观点和传播内容更加难以把控，信息爆炸和技术无差别赋权带来的副作用就是，无论什么样的信息都能够在舆论场占据一席之地，其真实性、信息量，甚至于公信力都不再是话语权的分配的通用标准。从传播安全的角度出发，去中心化的传播格局也确实为整个传播场域带来了很多负面消极的影响。传播主体的隐匿性、低门槛导致媒体职业道德缺失；主流价值观被低俗，杂乱的观点打着个性化与自由的旗号肆意践踏，甚至加剧认知偏差。以杭州市野生动物园金钱豹出逃事件为例，富阳融媒体中心在"爱尚富阳"App、官方微信公众号、微博平台均发布了"第二只金钱豹未死亡"的官方消息，但网络上对这一官方消息的质疑一直没有消除，各类猜测并没有因为官方发声、提供证据而消去。

其二，去中心化传播使舆论反转现象频发。去中心化边缘了代表新闻专业主义的传统主流媒体，在这样的时代下，部分新闻从业者出现了职业伦理缺位的问题，冲击了整体的新闻业态，使得信息失真这一现象频繁出现。自媒体作为最"去中心化"的媒体类型，是当下削弱主流媒体话语权的活跃力量，但许多自媒体并不具备实地采编的能力和条件，所以许多自媒体在报道社会事件时，都以发布评论性文章为主，观点缺少事实依据，就有可能会为澄清事实带来混乱，而信息真实性的判断又交给了长期处于碎片化信息环境下的用户，舆论环境就极易进一步恶化。

（二）新型主流媒体正在实现"再中心化"

即使在"去中心化"的传播格局下，"中心"也从未消失。网络传播依旧存在主流化和中心化的问题，传播中心始终存在，并没有随着"去中心化"的格局消失，而是转变为主流论坛、平台，以及主流门户网站这类媒体。同时，互联网技术可能还会让网络话语权利趋向新的单极。主流媒体的话语权被分散，却没有实现平均的再分配。原本可以借助"去中心化"传播格局获得话语权的群体也会被流量导向的无限制地"去中心化"掩去声音。被消解的原中心让出了话语权，但掌握它的新主体显然没有做好承担原中心担负的社会责任的准备。

主流媒体在我国承担着不可转让的重要职责。面对当下的舆论环境，主流媒体也在通过各种方式实现"再中心化"，坚持真实性、导向性、公平性、客观性、纯洁性的原则，做好舆论引导工作，重夺新闻舆论阵地。

五、融媒时代新闻传播舆论引导的策略

（一）坚持党性原则，擂响主流价值的"定音鼓"

习近平总书记在党的新闻舆论工作座谈会上指出，"党性原则是党的新闻舆论工作的根本原则。"当前传媒格局和舆论环境已发生深刻变化，在众声喧哗的时代，主流媒体需要有"一锤定音"的能力。媒体融合过程中，主流媒体要适应新的传播形势，努力占领舆论宣传制高点，牢牢掌握舆论工作主动权。始终坚持党对新闻舆论的领导，把党管宣传、党管意识形态、党管媒体的原则在媒体融合中落到实处。主流媒体要在众说纷纭的舆论场中弘扬主旋律，传播正能量，让党的主张成为时代最强音。

习近平总书记强调，"要弘扬主旋律、传播正能量，不断巩固壮大主流思想舆论。"主流价值是社会共同的观念认同，主流媒体在弘扬主流价值方面责无旁贷、重任在肩。"作为党的新闻媒体，我们的权威性和公信力，就在于要及时发出'主流声音'、构建'主流叙述'。"在新媒体环境中，主流媒体在坚持党性原则、弘扬主流价值的前提下，要在媒体融合上下功夫，接纳新兴媒体，创新内容载体、拓展传播渠道，才能拓展自身的发展空间。

（二）有效设置议题，把准舆论引导的"定盘星"

有效设置议题体现的是新型主流媒体舆论引导的能力。大众传播具有一种为公众设置"议事日程"的功能，传媒的新闻报道和信息传达活动以赋予各种"议题"不同程度的显著性的方式，影响着人们对周围世界的"大事"及其重要性的判断。议题设置是舆论引导主动权和话语权的集中体现，决定着主流价值的走向。在融媒时代，议题设置主体由原来的主流媒体"唯一"，变为传统媒体、新媒体和自媒体分流，众声喧哗。新型主流媒体要承担起舆论引导和核心价值传播的重任，在议题设置上举旗定向，彰显权威性，通过有效传播，把党委政府的工作部署和推进措施有效传达到受众中间，并转化为受众呼应推进落实的自觉行动。同时发挥新型媒体传播迅速、链接整合、技术赋能、黏性提升等优势，抢先发声，努力形成"爆点"，打造"爆款"，力求"破圈"，实现与受众的有效互动，使媒介议程变成公众议程，实现有效的舆论引导。

（三）还原真相发挥正向舆论作用

融媒时代背景下，信息获取的渠道更加广泛，速度也更快了。为了保持行业竞争力，夺取流量，很多媒体不得不走向了追求"速度"的道路。一些媒体为了博取眼球，引爆话题，有时会对某个内容夸大或武断评价，给公众带来负面影响，甚至带来不可估量的损失，这是不可取的。比如，2020年4月12日，财新网发布了一篇题为《特稿：高管性侵养女案疑云》的文章，在财新网发布的这篇文章中，本应是一个精通法律的禽兽性侵幼女的案件，但却变成了一个以"养女+恋人"身份反复报假案的洛丽塔式的情感纠葛，这样颠倒事实真相、加入记者主观情感的稿件，不仅违背了新闻报道真实性、权威性和专业性的原则，更是在微信公众号、网站、知乎等平台掀起了轩然大波，财新网凭借此前报道的高质量文章建立起来的公众好感度，顿时轰然倒塌。尽管财新网在后续撤销了文章内容，但显然，其所导致的公众反感以及舆论效应是不言而喻的。

除了为了博取眼球抓住独家新闻、追求报道速度抢先拿下流量而对事实不做全面了解就发表报道外，为了刻意营造品牌高度，体现报道内容的"高大上"，很多新闻会追求"高端产品"与"高端广告"。新鲜、高端、高科技、丰富多彩的产品的确是吸引人们眼球的法宝，但不是每个人都能长期承受这样的价格。如果新闻对这些高档稀罕的东西一直赞不绝口，就有可能让阅读者在潜移默化中接受了"拜金主义"以及"物质主义"。基于此，新闻媒体应当明白，不应该在内容中肆意强调高端产品，而是要充分认识到过度消费的危害，以正面的、有价值的新闻内容，在给阅读者输送信息的同时，无形中传递正确的价值观。比如，各个新闻媒体可以结合本地生活、财经收入水平等，产出有看点的新闻内容，并通过长期报道的形式，让读者深刻感知到社会各层的努力，营造一种积极乐观的生活态度，由此教育、引导公众营造一个健康和谐的舆论环境。

（四）转变舆论引导观念

将用户的表达欲与对社会的关注欲作为舆论引导应当满足的用户需求。一方面，对于融媒体中心合作的意见领袖，不再将其视为"上传下达"的传话筒，而是优化其新闻采编能力，加强思想教育，通过发挥意见领袖在媒体上的引领作用增强舆论引导力；另一方面，一定要注重倾听群众的声音，重视双向的传播。融媒体中心自己的媒体暂时做不到的，就通过借第三方平台已经成熟的双向传播渠道。在确保自身在两微平台拥有官方账号，并持续运营，重视对其的培养，借助两微等媒体的传播优势反哺融媒体中心的客户端及媒体矩阵，在运营两微账号时也不断深化用户优先的理念，融入互联网生态圈，实现共同发展。在两微端收集到的民意与社会信息，也更具有时效性，能够为舆论监控预警提供一个开放的信息窗口。

第二节　融媒时代新闻传播者的管理

一、融媒时代新闻传播者的角色定位

（一）新闻信息的守门人

在现代，新闻传播者具有高度组织化特征，因此守门与新闻传播的整套程序也就密切关联。需要指出的是，新闻传播者的守门人角色活动是有一定限制的，即限于新闻传播活动内部。这主要基于以下两点原因。

第一，新闻传播者的守门行为受制于新闻传播之外的一些条件，它并不一定在任何时候都是自身做出的。例如，2003年我国对SARS的新闻报道就曾有两种不同的状态。第一种状态是信息不透明、不均衡的状态。第二种状态是较为透明的、均衡的状态。这两种状态的分界点是当年的4月20日，这一天，由于未能及时、真实地报告SARS疫情，也得不到妥善的处理，卫生部部长张文康和北京市市长孟学农被撤职。

第二，如果把新闻传播者的守门人角色功能行使范围扩大到新闻传播活动之外，不着眼于新闻传播者活动的社会联系，那么就会泛化守门人的概念，使其定义变得不确定。

（二）社会交往的中介者

新闻传播者自身并不能产生、创造新闻，而是在新闻和新闻源中间起着桥梁和纽带的作用。由于这种中介性，新闻传播者要维持自身的存在，就必须依赖和运用社会各个系统的新闻资源；由于这种中介性，新闻传播者通常被社会各个系统、各个力量视为于己有利的工具，成为他们的公关对象。

作为中介者，新闻传播者与社会各系统间存在着既彼此依赖又互相利用的双重关系。一些集团凭借自己在经济和政治上的优势控制和利用新闻传播者的活动，而新闻传播者也总是依赖于某一阶级或集团。因此，新闻传播者在新闻传播活动中要保持客观和中立是很难的，但也因此要求其必须保持相对独立，使其中介者的作用得到更好发挥。新闻传播者的活动在实质上就是构建社会交往的空间，不是为少数人和强势集团的利益而运作，更不是专权的传声筒。

新闻传播者把不同系统、不同阶层的信息汇集到公共空间里，各种信息得到传播、交换，并形成一定的社会舆论，向所有公民开放。在我国，新闻传播者被称为党和人民群众的耳目喉舌。作为社会交往的中介者，新闻传播者既要对上层负责，也要传达底层的声音，在传播新闻中要"吃透两头"，履行好中介者的角色功能。

（三）民众生活的服务者

新闻传播者是民众生活的服务者，这具体表现为民众提供生活信息和知识信息。新闻传播者总是报道各个领域的最新事件和最新变化，而为了让民众更好地理解这些新闻事件，同时又常以专家访谈、背景资料、专题讨论等方式，向他们普及、提供相应的相关的领域知识。

二、融媒时代新闻传播的素质

（一）理论素质

1. 知识广博

新闻传播者面对的是纷繁复杂的社会现实，各个领域的社会问题扑面而来，不断变化，交叉缠绕在一起，没有广博的知识，新闻传播者视野不够开阔，就很难对新闻事件做深入的观察和分析。因此，新闻传播者要有广博的知识，广泛地涉猎各个学科的知识，一个博学多识的新闻传播者的新闻敏感度更高，也越能熟练地报道和评论自己所擅长的领域里的新闻事实。

2. 坚持马克思主义

作为新闻传播者，必须要懂得马克思主义理论，坚持马克思主义唯物史观，正确认识社会发展规律，正确分析国内外形势，善于透过现象看本质，只有这样，才能够提高自己的判断力，及时地识别各种错误思潮，并把报道新闻上升到哲学的高度，做到客观、公正、诚信。

3. 政治坚定性

新闻工作不仅具有传播新闻信息的作用，还是社会主义制度下的思想政治工作手段之一，具有联系群众、动员组织群众、宣传教育群众的功能。这就要求每一个新闻传播者都要坚定对社会主义的信念、马克思主义的信仰和对改革融合现代化建设的信心，树立正确的世界观、人生观、价值观，时刻保持政治上的清醒和坚定，善于识别和抵御各种错误思潮的侵蚀，抵制拜金主义、享乐主义和极端个人主义的诱惑，树立强烈的事业心和高度的责任感. 一切从大局出发，奋勇拼搏，淡泊名利，乐于奉献，经受住各种风浪的考验，成为一名坚定的社会主义新闻传播者。

（二）新闻敏感能力

时间永不停滞，信息变化万千，再有价值的新闻信息，如果不趁势适时地抓住就很容易消逝。这就要求新闻传播者拥有高度的新闻敏感能力，见微知著，及时发现新闻线索，筛选出最有价值的新闻. 甚至能够预测新闻事件的发生，先人一步。要做到这些，新闻传播者不仅要有天赋的智慧与机敏. 还要有高度的政治判断力，勤思善虑，博闻强记，长时间游走在生活第一线，反复实践。概括来说，新闻传播者的新闻敏感能力具体表现察往知来，预见可能出现的新闻事实和平中见奇，透过一般现象发现新闻线索或事实。

（三）作风素质

1. 吃苦耐劳

新闻传播工作很艰苦，新闻传播者要特别肯干，特别能做事，要不怕苦，不怕累，临危不惧，不贪图享乐，不懒惰懈怠，不贪生怕死，不饱食终日而无所用心，要勤劳朴实，终生奋斗，体尝疾苦，保持与群众的鱼水深情，与人民群众同呼吸共命运，不畏艰难，意志坚强，自强不息。

2.爱岗敬业

新闻传播者要以爱岗敬业、甘于奉献为职业准则，将有益于他人、社会、人民、国家和民族作为新闻工作的主要目的，以诚恳的态度、饱满的热情、旺盛的斗志、强烈的责任感和事业心认认真真、尽职尽责地把每一件事做好，创造出辉煌的业绩。

三、新闻传播者的职业道德要求

（一）坚持正确的舆论导向

舆论有自在型舆论和自为型舆论两种形态，前者是受众对社会事件或社会热点问题发表的口头或书面言论，具有公开、直接、易变、可塑等特点，有时甚至会带有偏激性和盲目性；后者是前者的升华，是基于事实之上、符合客观规律、反映事物本质的一种科学、理性的观点表达，多表现为政党、新闻媒介通过自觉的传播活动以影响公众而形成的意见和态度。舆论的导向作用非常重要，胡锦涛同志考察人民日报社时强调："舆论引导正确，利党利国利民；舆论引导错误，误党误国误民。"

作为传播社会舆论的重要工具，新闻媒介是党和人民的耳目喉舌，在反映与人民群众切身利益有关的问题时一定要注意对舆论导向的把握。因此，新闻工作者要坚持正确的舆论导向，牢记自己的责任和使命，以人为本，创造健康的舆论氛围，不得宣传色情、凶杀、暴力、愚昧、迷信、有害人们身心健康的内容。与此同时，新闻传播者还要把握舆论引导的主动权，第一时间发布权威信息，满足公众的知情权，在回应网民的质疑时要采用有说服力的言论，引导公众舆论理性发展。

（二）全心全意为人民服务

新闻传播者的根本宗旨就是全心全意为人民服务。新闻是贴近受众需要的，新闻传播者是人民群众的代言人，所以要本着对人民负责的态度，时刻把人民的利益放在心中，想人民之所想，急人民之所急。这一条职业道德体现了我国新闻传播者的职业理念，解决了"为谁"而从事新闻工作的问题。

第六章　融媒时代新闻传播变革与新发展

本章主要介绍了融媒时代新闻传播面临的新挑战、融媒时代新闻传播的发展策略、融媒时代新闻传播教育及新闻人才培养和新闻传播融合和变革之路这四方面的内容。

第一节　融媒时代新闻传播面临的新挑战

一、新闻内容泛娱乐化

（一）泛娱乐化表现

（1）新闻产品生产过程中存在过度迎合娱乐市场的问题，呈现出泛娱乐化的特征，新闻媒体在内容生产过程中，为迎合受众的猎奇心理和娱乐化心理，有意将新闻产品中的文字表述浅显化、夸张化，将事件的矛盾冲突放大化，用娱乐性装点新闻，导致新闻的客观性有所缺失，造成受众对待新闻事实形成娱乐化态度，影响正面信息的传递。

（2）融媒背景下，互联网平台和移动终端的泛娱乐化现象广泛存在，使得新闻具有的价值引导作用被弱化，违背新闻内容生产本应遵循的客观、严谨原则，使得用户对新闻内容的真实性产生怀疑，对新闻事实不再关注，影响新闻传播的效率。现在，越来越多的用户成为新闻内容的生产者，新媒体信息传播速度和关注度，使得信息发布变得更加简单，新闻内容生产者门槛降低，全民都有可能成为新闻的生产者，使得传统媒体的新闻专业主义受到质疑。受众将观点当成事实，将谣言当作新闻的现象十分普遍，影响专业媒体的权威性。

尤其是短视频新闻，大众可以通过手机拍摄新闻事件即时上传网络，大部分上传者是出于好奇心将街头巷尾遇到的事件上传网络，但是上传片段未经审核，甚至上传者本人也并不了解事件真相，不经审核直接上传网络的部分内容有可能导致引起较大舆论争议,最终可能对事件当事人产生不可预估的负面影响。

（二）应对措施

针对当下新闻产品泛娱乐化的现象,媒介作为新闻传播工具,对社会价值导向和公众生活方式、道德素质的形成有重要的引导作用,要在新闻内容生产过程中,对事件进行全面了解,还原新闻事实全貌,坚持守正创新。

首先,媒体要秉持主流价值观,强化媒体和从业人员的政治责任,在内容生产过程中主动承担引导社会舆论的责任,坚持传递正确的价值内容,做好政府和人民沟通的桥梁,成为连接民心的重要途径。

其次,不能盲目追求新闻的发布速度,在发布新闻过程中,要对新闻事实全面深入挖掘,了解事情真相,客观展现新闻事实全貌,不能跟风,对所做出的新闻报道必须严格审核,避免片面报道,情绪化报道。

最后,正确引导舆论,建立舆情处理机制,坚持正确导向,加强与民众沟通,用情感拉近与民众关系,更好地引导舆论。传统电视时政新闻媒体在融合转型过程中,不盲目追求速度和热度,坚持新闻专业主义,发挥正向作用,即便是遇到重大突发事件或者灾难事件的报道,也要坚持传递正能量,维护好主流电视媒体的良好形象和公信力。

二、新闻传播隐私问题

互联网技术发展对传统媒体业态以及传播生态带来诸多挑战与冲击,也给与之密切相关的隐私权带来了新问题,大数据和数据隐私问题成为重要议题。欧美国家数据迁移权的规定及我国个人数据迁移的现状表明,隐私保护从聚焦被动个体独处转向积极的个人数据控制及信息自决,这是大数据时代隐私保护的重要改变。

隐私侵权"无感伤害"的存在是大数据时代的特征,即侵犯公民隐私行为客观存在,但是隐私主体可能并未感知到这种伤害,这主要是源于大数据中的隐私以整合性隐私为主,自然隐私较少及"显失公平"的隐私政策所致。隐私保护方面,信息价值链理论提供了基于组织信息流程管理和控制来实现的思路;法律和伦理层面的个人数据保护是各国政府、监管部门、企业组织思考社交媒体时代个人隐私权利、信息安全问题的基础,应当在法律与伦理之间找到作为隐私的个人数据与作为企业资产的数据二者的边界。相对于传统意义上的"公私二元"观念,新技术所建构的"流动的现代性"观念是重新理解隐私的重要语境。在这一观念转变过程中,有公共空间的没落、私人空间的泛化,有隐私内容自动产生化危机,有隐私权利主客体在信息领域内的失衡与失焦,也勾连了愈加隐形的智能技术对身体隐私的激活。

隐私问题复杂多样,主要从隐私主体和相关平台两个层次进行研究。在隐私主体即网络用户层面,网络用户真实的隐私知识、报告的隐私知识、主动保护意愿、隐私关注和自我披露之间的关系,显示隐私知识能够通过3种路径影响自我表露,包括主动保护意愿与自我表露之间的间接机制。微信用户中的青年群体对朋友圈权限设置动因如下:隐私保护、人际关系引发的权限变化、印象管理、对亲缘关系的自我呈现抑制、根据需求选择目标受众、不愿分享的性格、社交倦怠等。而关于大学生的隐私关注的隐私因素研究表明,用户的媒体素养、社交网络隐私安全风险感知会对其隐私关注产生正向影响,社交网络信任度则会对其隐私产生负向影响。在互联网相关平台方层面,分析互联网企业手机端的隐私政策显示,对于个人数据的动态收集、合成运用、关联共享的灰色地带,需要在保护上与传统隐私权保护有所区别,有学者提出"动态收集下的动态告知、侵权之后的有力救济、个人权利的主动行使和信息权利的集体保护"四种保护倡议。

精准广告的隐私"原罪"是众矢之的,用户对精准广告的告知价值与隐私关注无关,但是对精准广告的认知水平和防范精准广告泄露隐私的自我效能感与隐私关注呈正相关,且认知水平对隐私关注的影响通过自我效能感实现。还有研究表明,相关新技术隐蔽性、侵蚀性的信息采集方式使得隐私悖论中的自我表露与隐私意识觉醒隐形、滞后。算法推荐的新闻聚合平台也存在隐私问题,需要建立新闻算法分层责任制度,引进平台多元协同治理,通过行业自律与法律制度结合体现隐私保护价值理念。在隐私侵权中的法律责任方面,网络服务提供者的义务类似于传统媒体,承担与其传播性质、范围相适应的合理的义务。与其事前审查义务相比,其所负的事后监督义务相对较低。基于个人数据的流动性、普遍性、双重性和可扩展性,隐私具有了"可携带性"与"合理授权",为隐私保护的可流转性及综合治理提供了条件。

三、新闻传播版权纠纷问题

在媒体融合时期,网络内容生产与传播中各类媒体的价值导向应以"社会效益为主、经济效益为辅",以公共利益的满足为首要目标。基于版权的"思想与表达二分"原则,"表达偷换型洗稿"尚可受到版权法的规制,而"思想偷换型洗稿"难以认定为侵权。从新闻传播的角度分析，自媒体与传统媒体存在权力、权益之争，传播权力转移后如何调整二者关系，是"合理使用"制度解释平衡双方利益的关键。

美国"热点新闻挪用规则"制度的司法实践与演进逻辑，为我国规范单纯事实消息的保护提供了镜鉴，可以以《反不正当竞争法》确认"热点新闻挪用规则"来限制新闻报道的搭便车行为。2019年，我国首例人工智能生产内容著作权案推动了人工智能软件自动生成内容的属性及其权益归属的探索，在弱人工智能时代可以适用现行法律，当强人工智能时代到来时，须考虑AI的主体资格及相应程序链中的各类主体及责任分配。区块链技术的时间戳、哈希值等功能在媒体版权保护方面的应用受到关注。但是，区块链技术可能被利用为侵权工具，强化版权人对作品的绝对控制，阻碍信息流通，挤压合理使用空间，忽视公私利益平衡等。针对传统新闻业危机背景下的原创新闻保护问题，美国版权判例值得研究，"时事新闻"跨越了作为信息或数据的新闻与作为故事的新闻两个层面，在美国司法史上经历了从争取版权到不正当竞争法保护，逐渐获得财产权或"准财产权"的过程，对当前问题有可借鉴之处。回顾新闻职务作品版权归属的历史、争议，《中华人民共和国著作权法》对新闻职务作品的规定亟须修改，《中华人民共和国著作权法修正案（草案）》仍保留了之前修改结果。建议考虑媒体单位利益和作者利益，回应新闻版权。

第二节 融媒时代新闻传播的发展策略

一、坚持正确的新闻传播发展理念

（一）坚持以人为本做新闻

新闻工作者必须立足广大群众的生活实际，展现新闻报道的以人为本性，打造受众喜闻乐见的新闻节目，彰显新闻报道的亲和力，拉近受众与新闻的距离，提高新闻的访问量和点击量，进而推动新闻行业长远、有序发展。

（二）要坚持实现真实性与效益的有机融合

新闻行业要在确保新闻报道真实性的基础上，追求效益性，提高新闻行业的竞争力和市场占有率。新闻行业不容忽视的便是真实度，不得进行虚假信息的报道。要用镜头记录下新闻事件的细节、起因和结果，尽全力为受众还原真实的事件现场，营造身临其境的参与感，激发受众对新闻资讯的关注度，进而获得新闻的市场占有率，提高新闻效益。

二、创新——增强新闻感染力，提高新闻影响力

（一）创新，要立足于受众需求

基于互联网信息技术，新闻的访问量和点击量都能被后台掌握，媒体可通过统计和分析受众经常评论、点赞和分享的新闻资讯，了解受众的兴趣点和关注点，进而有针对性地调整新闻内容，提高受众的满足感。同时，丰富新闻的呈现方式，比如在新闻报道中融入声音、视频和文字等元素，调动受众多感官的参与，提高新闻的吸引力和影响力。

（二）创新，要依托科学技术的支持

融媒时代，新闻行业要充分依托科学技术的支持，实现行业的创新性发展。通过科学技术的支持，才能准确了解受众的兴趣爱好，进而提高新闻资讯推送的针对性和有效性，帮助受众又好又快地接收到自身感兴趣的话题和新闻内容。要在录播形式之外，依托科学技术条件促进新闻朝着直播化的方向发展，彰显新闻的时效性和新鲜度，同时增强实时交流的互动性，调动观众的参与度。要不断开辟资讯传播的途径与媒介，如移动客户端、贴吧、微信推送等，实现声音、图片和视频等形式的有机融合，满足受众多元化的需求，提高观众的获得感。

三、内容为王，用心用情打造精品佳作

（一）抓渠道、拓来源，热点事件不缺席

每一个刷屏的"爆款"产品，都在某种程度上契合了当下的社会情绪和舆论热点。所以，主流媒体要善于从热点新闻里发掘创作灵感和设计思路。有很多热点新闻以传统的报道手段和方式很难产生较强影响力，反而是一些视角独特，形式多样的"借题发挥"，能取得意想不到的传播效果。2020年6月28日，商合杭高铁全线通车，《安徽日报》在常规报道的基础上，策划推出了新媒体作品《如果宋代开通了商合杭……》，从古人的视角来审视商合杭开通的重大社会意义。手绘长图色彩浓烈，微信对话的表现方式新颖独特，让人产生强烈的古今交错，

时空穿越之感，给读者留下了深刻的印象。要抢抓事件"第一落点"，保证热点事件不缺席，就需要建立完善的信息搜集网。一方面，记者可以通过人脉资源获取信息，另一方面还要充分利用互联网资源充实报道素材。除了发挥传统的文图优势外，还要将短视频、直播等视频报道形式作为突破口，利用移动互联网传播规律打造媒体品牌，做到重要节点发强音、重大事件出重彩。

（二）重策划、重采访，新闻价值深挖掘

事预则立，在媒体竞争激烈的今天，新闻策划显得尤为重要，因为媒体之间的竞争关键是内容的竞争，而优质的内容往往取决于好的创意和策划。好的创意和策划能够挖掘更深层次的新闻价值，避免同质化，让新闻产品出新出彩，获得更高的关注度。扎实的采访则是新闻出彩的基础。自媒体时代"观点"很多而"事实"却不足，因此基于一线事实的新闻内容最容易从内容行业中脱颖而出。以安徽新闻奖一等奖作品《"喂～淮河、淮河，我是长江，我很快就到……"》为例，这篇报道一是选题重大，关注引江济淮这一国家级世纪工程。二是策划周密，前期记者和编辑做了大量的资料收集和整理工作，大到报道的切口和角度，小到一个漫画形象的设计都做了周密的安排。三是采访扎实，在长达几个月的采访过程中，记者兵分多路，实地获得了文字、图片、视频等多种形式的新闻素材，采访了建设者、普通群众和决策者等。四是制作精良，视频融入了动漫元素娓娓道来，长图采用了拟人化的手法，通过天河、克难、润泽、通航、生态、圆梦六大部分，将引江济淮的前世今生和重大意义完整、通俗地呈现在读者面前。很多吸睛的创意产品都是建立在前期精心策划和后期扎实采访的基础上的。今年全国两会上，人民视频联合人民日报评论部推出可视化评论产品《两会屏评看》，上线 24 小时累计播放量和阅读量超 600 万次。该产品综合运用视频、制图等技术，让评论突破文字、图片的平面化形式的限制，用接地气的语言、声情并茂地解读两会热点。新华社推出原创 MV《十四五＠十四亿》以说唱形式，阐释"十四五"规划与人们日常生活的联系。

（三）有纵深、有细节，新闻写作讲故事

各类视频的发展，使得优质文字变得稀缺，迫切需要主流媒体创新表达方式，用生动精彩、接地气的文字打动读者，传递社会正能量。安徽日报新媒体作品《当最后一头皖北猪，从地球消失》就通过讲故事的方式，讲述了安徽八种主要地方猪在国外"洋猪"冲击下普遍面临灭绝的风险，最后提出了"保卫土猪"的倡议。

文章以小见大，以一只猪为切入点阐明保护生物多样性的重要意义，立足本土又放眼全国。通篇资料翔实，细节丰富，深入一线的扎实采访、小切口故事化的呈现，让新闻报道更有深度、广度和传播度。另一篇《安徽乡村厕所进化史》也是娴熟运用讲故事的写作方式，该文开篇通过晋景公跌入粪坑而亡的历史故事引入主题，介绍了安徽厕所从古至今的演变，重点聚焦于党的十八大以来，农村厕所的进化进程加快，揭示厕所革命的意义，是对数千年来乡村生活方式的革命，是实施乡村振兴战略的重要举措，它标志着城乡融合发展进入了新阶段。这些故事化、人物化、细节化的报道，让故事更加鲜活，让故事的表达更加多彩。

四、优化语言风格，与受众进行互动

2014年以前，媒体融合还处于少数主流媒体的探索时期，融合不够深入。主流媒体的传播模式以单方面的传递为主，受众相对来说比较被动，受众参与新闻报道、接受新闻内容的积极性不高。融媒时代，许多媒体人士认识到语言风格改变和创新的重要性，时政新闻的采访与报道不仅要重视优质内容的打造，还要注意语言风格，从单向传播到重视受众的参与互动。如每年"两会"期间，人民日报"两会"调查专栏线上收集受众最感兴趣、最关注的领域，调动受众参与政治生活的积极性。@人民日报官方微博也会发起话题讨论，进行投票。同时，新媒体平台的评论、留言功能也是受众参与互动的主要渠道，是听取社情民意的重要方法之一。

人们时时刻刻都在接收来自不同渠道的新闻内容，新闻与人民的日常生活紧密相连。因此，在新闻报道中，要重视语言风格的灵活转变，尽可能用民众喜欢的方式传递新闻内容，在满足受众需求的同时取得良好的传播效果，加强与受众之间的互动，调动受众的积极性。

五、创新传播技术，赋能优质内容生产

（一）坚持移动优先

当前，中国手机上网人数达9.86亿，移动互联网已经成为信息传播主渠道，媒体融合的主攻方向无疑是移动互联网。因此，我们必须明确移动优先的战略，大力发展移动新媒体。目前，移动直播和短视频得到广泛应用，风头正劲。主流媒体要坚守做好内容的初心，提高短视频生产和传播能力，开展可视化传播，不

断推出更多受众喜爱、刷屏热传的移动新闻产品。5G、云计算、大数据、人工智能等信息技术的迅猛发展，赋予了直播和短视频新的发展空间。今年的两会报道中，央广总台推出的系列节目"C+真探"，采用远程连线采访方式让3D虚拟小编与代表委员"云连线"，节目形式新颖独特且充满趣味性，受到广大网友特别是年轻人的喜欢，快速出圈。

（二）强化用户意识

移动优先，关键是要强化用户意识，优化使用体验，实现精准推送，最大限度吸引用户。层出不穷的新技术极大地改变了人们对媒体的认知和使用，成长于融媒时代的用户，新媒体素养已然有了很高的水平。过去，我们片面地将媒体融合理解为相同的内容在不同的端口发布，结果是受众并不买账，想要勾起受众的阅读和传播欲望，需要更加个性化的东西。还记得2017年火遍全网的H5《军装照》吗？用户通过自行上传照片，利用人脸识别技术生成属于自己的不同年代的军装照。让用户亲自参与生成内容，成为传播链条中的一环，参与感、认同感获得满足，极大激发了传播热情。所以，主流媒体在进行内容生产时，不仅要清楚自己的受众是谁，关注他们关心的话题，还要立足于他们的多维需求，多从社交互动心理、新媒体接触习惯和使用行为特征等出发，丰富表现形式，提升传播品质。新闻流媒体无论何时都要提供讲导向、有态度的优质内容，但同时也要看到，谁拥有了技术和平台，谁就占有了内容。所以，在提倡"内容为王"的同时，我们也必须重视技术运用和平台建设。主流媒体需秉承移动优先策略，强化用户意识，加强内容建设，利用新技术创新形式，用心用情打造精品佳作，巩固壮大主流舆论，用优质内容推动媒体融合发展。

六、提高新闻编辑媒体素养和增强编辑意识

（一）必要性

媒体的融合要落实在人才的融合上，传统媒体能否融合成功，归根结底要看其从业人员能否实现转型。融媒时代的到来给传统媒体编辑的媒体素养和编辑意识带来了很多新的要求，这是时代发展、行业发展及受众发展的需要。

1.时代发展的需要

互联网媒体的蓬勃发展带来了新的问题，大量信息由自媒体发布，其中充斥着很多垃圾信息和虚假信息，这与以公信力、严谨性著称的传统主流媒体大相径

庭，作为传统媒体的从业者，传统媒体的编辑应当适应新时代新发展，正确引领融媒时代的舆论导向，这就需要其具备专业的媒体素养和编辑意识。

2. 行业发展的需要

早在2014年习近平总书记就指出："推动传统媒体和新兴媒体融合发展，要遵循新闻传播规律和新兴媒体发展规律，强化互联网思维，坚持传统媒体与新兴媒体优势互补、一体发展，坚持先进技术为支撑、内容建设为根本，推动传统媒体与新兴媒体在内容、渠道、平台、经营、管理等方面的深度融合。"只有和互联网进行深度融合，传统媒体才能焕发新生，发挥自己的优势所在，而这种深入的融合需要传统媒体编辑重塑和提升自己的媒体素养与编辑意识。

3. 受众发展的需要

与过去相比，受众的信息接收方式发生了翻天覆地的变化。在互联网时代，智能手机、平板等移动端的广泛应用使得受众的信息接收变得更加碎片化，微博、图片新闻、短视频、微信公众号等新型的网络应用和传播平台开始受到受众的青睐，这也使得传统媒体不断流失受众，因此，在融媒时代，传统媒体编辑要适应受众的新的发展需要，也需要优化和提升自己的媒体素养与编辑意识。

（二）传统媒体编辑应具备的媒体素养与意识

1. 编辑要以社会效益为主，兼顾经济效益

在网络时代，一些新兴的网络媒体由于自由开放的特性，如微博、短视频平台、微信公众号等，加入和创建的门槛比较低，很多自媒体和网络媒体缺乏专业的媒体素养和责任意识，只将牟取经济利益或吸引流量放在首位，而很多受众只是被动地跟随和接收，影响了网络媒体生态环境。如明星赵丽颖个人微博发布结婚的信息，很快就有700多万网友点赞，500多万的转发。再如，很多受众在获取新闻信息时只知道今日头条、腾讯新闻这样的网络新闻媒体，一些公众号为了经济效益，发布的内容充斥着消费至上的味道，侵蚀着读者的价值观。融媒时代，传统媒体的编辑不应当被乱象迷惑，而应当坚守正确的媒体素养，始终坚持正确的舆论导向和价值取向，坚持以社会效益为主，认真宣传党的路线、方针、政策，弘扬主旋律，传播正能量。传统媒体的编辑在融媒体过程中策划选题、选择信息内容时要尊重客观事实，尽量选择富有正能量，传递正确价值观的内容，不能为一时的眼球效应和经济效益而放弃传统媒体的良知和责任，这样也许能在短时间内攫取到一些经济效益，但长此以往则无异于杀鸡取卵，伤害的也是传统媒体的公信力和影响力。

融媒时代，传统媒体编辑在坚持以社会效益为主的同时，为更好地生存和发展下去，也需要兼顾经济效益，树立精品意识，广大受众更青睐高质量的传播内容，内容精湛、形式灵活的传统媒体才能在纷繁的网络传播中存活并立于不败之地。例如，安徽新媒体集团利用短视频、直播平台和传统媒体相融合，打造了"第一书记夸家底"媒体产品，制作第一书记讲故事的短视频，并邀请了近百名"第一书记"走进直播间担任主播，宣传当地的特色农产品，是一个传统媒体融合转型当中社会效益与经济效益兼顾的优秀案例。

2.编辑要做好信息传播的把关人

把关人理论是传播学中的经典理论，最早是由卢因在群体传播中发现并提出的，之后怀特将把关人的理论应用在大众传媒领域，把关人是大众传播过程中的重要角色。在传统媒体的时代，只有正式的媒体编辑、记者等才能担当大众传媒的把关人，但在互联网时代，把关人的角色产生了分化，可以说人人都可以发布信息，人人也可充当把关人的角色。一些新的网络媒体、自媒体蜂拥而上，让整个网络充满大量的信息和资讯，但这些从业者和发布人未经过专业的培训，缺乏必要的媒体素养，不能正确担任把关人的角色，无法发挥出把关作用，在信息内容的筛选和发布上非常随意，这就使得网络信息中充斥着很多不良信息和垃圾信息。同时，当前人们的价值取向多元，网络上多种思想和声音并存，很容易让受众，特别是青少年受众陷入迷茫。因此，作为传统媒体的编辑，在媒体融合的过程中要坚持做好信息传播的把关人。

首先要严把思想政治关。政治素养不是空洞地喊政治口号，而是体现在平日的点点滴滴中，作为传统媒体的编辑，在学习政治理论的过程中应当细心留意，不但要熟悉党的路线方针政策，更要了解其含义和演变过程。

其次要严把信息真实关。这是传统媒体的优良传统和优势所在。很多自媒体在发布信息时不经求证，传播的信息很有可能存在事实失真的情况，而且缺少新闻的五要素，特别是一些短视频，其时间、地点等模糊，让受众看得一头雾水，传统媒体编辑则要对事实进行求证和验证，在保证信息内容真实可信的情况下，才能将其发布和传播，如中国青年报旗下的"青蜂侠"短视频品牌，在发布视频前会对视频内容做验证，如果出现无法确定的信息，只能弃之不用。

最后要严把语言文字关，这也是传统媒体的优良传统。很多自媒体发布的信息内容语言表述混乱，而传统媒体则以有逻辑的语言表述传递真实的、正能量的信息内容，坚持正确的舆论导向，发挥传统媒体"议程设置"的重要功能，在宏观层面引导广大受众群体树立正确的人生观和价值观，利用传统主流媒体的公信力引导受众舆论是更为理性的。在一些突发事件和热点事件发生时，自媒体的传播速度往往很快，但他们的言论也容易失真或偏颇，容易误导受众，严重时甚至可能引发网络风暴和社会矛盾，如在巴黎圣母院起火时，法国还未发布起火的原因，国内的一些自媒体不经调查取证，就已经在自己的文章给出起火的详细原因。在这种情况下，传统媒体应当负起把关人的责任，尽快在网络上发出客观权威的声音，表明传统主流媒体的态度，引导社会大众理性地看待问题，促进社会矛盾的化解，帮助净化网络舆论环境，发挥传统媒体的把关人作用。此外，很多网络新媒体虽然在时效上要快于传统媒体，但在内容的深度和精度的把关上是远远不如传统媒体的，这也是传统媒体的优势所在。

传统媒体的编辑在面对海量的信息时要去粗取精、去伪存真，筛选出优质的内容，进而对其进行深度的加工和拓展，形成深度报道，从而让受众了解事实真相，启迪受众去思考，树立传统媒体的权威性。例如，凤凰网和华西都市报、新民晚报、南方都市报等传统媒体一起开设了暖新闻联盟，人民网、新华网等传统主流媒体近年来也发布了很多正能量的暖新闻，这些正是传统媒体在转型融合中仍坚守媒体责任和编辑意识的良好体现。

3. 编辑要做好提升文化软实力的推动者

习近平总书记强调："坚持文化自信，是更基础、更广泛、更深厚的自信，是更基本、更深沉、更持久的力量。"从广义上来看，媒体产品是一种精神文化产品，好的媒体产品和媒体文化能满足人民群众的精神文化需求，给大众提供好的精神食粮，传播优秀文化，培育文化自信，反之则会带来负面的影响和作用。在互联网时代，信息数量虽然爆炸式增长，但其质量却令人担忧：很多自媒体为了一时的热度和流量，要么虚构一些假新闻或假资讯混淆视听；要么炒冷饭，将一些过时的信息重新洗稿发布；要么完全不经考证，随意编造历史人物和历史事件；要么整个文章内容胡拼乱凑，语病错字层出，很难在这些平台见到深度的、精品类的文化内容。这类媒体也很难承担起传承文化自信的重任，这种现象和很多网络媒体、自媒体的从业者缺乏媒体素养是不无关系的。

因此，作为传统媒体的编辑，在融媒时代也要坚持专业的媒体素养和编辑意识，要树立精神高地思想，本着对社会负责、对受众负责的态度，为大众输送高品质的精神食粮和精神产品。编辑是文化传播的中介者和传承者，因此传统媒体，特别是传统主流媒体，必须在融媒时代承担起传播优秀文化、培育文化自信的重要任务，体现传统媒体的担当与责任，做好提升文化软实力的推动者。例如，传统媒体编辑在融合转型的过程中，策划选题内容时可从中国优秀文化入手，弘扬中华传统文化、革命文化、社会主义先进文化等优秀文化，发挥传统媒体的内容优势，讲好中国故事，传播中国声音。

4.编辑要具备融合意识与互联网营销的素养

在互联网时代，传统媒体与互联网的融合转型已成为一种发展的必然，而这种新的转型发展必然改变传统媒体的运行机制和建构模式，传统媒体可发挥传统的采编优势和实力，同时利用新媒体端的即时性、快捷性等优势，在选题策划、组织采编等方面将传统媒体和新媒体部分的运营进行统筹安排，形成资源优势互补，从而提升新媒体端的公信力和权威性。运行机制的改变也对传统媒体编辑的媒体素养提出了更高的要求，编辑要具备融合意识，掌握一些基本的网络信息技术和新媒体的操作技术，如文字、图片、音频、视频等的网络处理技术。

此外，作为传统媒体的编辑，在融媒时代也要具备互联网营销素养，能利用互联网的新应用、新平台等开辟新的融合形式。如2015年央视春节联欢晚会首次与互联网媒体进行融合尝试，利用微信平台的"摇一摇"功能，创造性地将两种媒体融合在一起，实现了良好的互动效果。自此，微信又和多家电视媒体节目相互合作，推出了"摇电视"的应用服务，给予了用户新鲜的互动体验，也助力了传统媒体和互联网的深度融合。再如，近年来短视频应用在网络上崛起，短视频用户正迅速壮大，传统媒体也可抓住这一时机，入驻短视频应用，利用短视频发布信息资讯，引领媒体生态风尚，完成传统媒体的有效转型。中国青年报旗下的"青蜂侠"就是一个比较成功的传统媒体与短视频融合的例子，特别是新冠肺炎疫情防控期间，"青蜂侠"的编辑们创作了多条有关新冠肺炎疫情的短视频新闻，取得了很好的社会反响。和很多新闻要素不齐全的自媒体短视频相比，青蜂侠在主题选择、内容编排等方面都有其优势所在，主题选择正能量、主旋律、反映国计民生，内容编排贴近青年视角，坚持新闻的五要素等，这些都让"青蜂侠"在众多自媒体、聚合媒体短视频当中脱颖而出，成为传统媒体转型的典范之一。

第三节　融媒时代新闻传播教育及新闻人才培养

一、新闻传播教育及新闻人才培养现状

致力于新闻传播教育的新闻传播学从来就与实践密不可分。新闻传播教育最终的落脚点是实践操作，实现人文与技术的对接。背靠广大的新闻记者队伍与广

泛的新闻教育活动，新闻教育要把实践教学放在突出的位置。国内新闻传播院系几乎都不约而同地强调了实践教学的重要性，认为仅凭学院内部教师的力量和资源还略显单薄，培养学生的视野也不够开阔。部分高校表示在近五年内加强了对实践资源的聚合，具体手段包括了实践基地的建立、设立与媒体单位的联合培养计划以及业界导师的引入等。也有部分高校通过对实验中心的建设，来适应媒体融合环境下学生动手能力的培养需求。许多院系表示要进一步加大软硬教学条件建设的投入力度，通过基础条件建设带动和促进学科建设水平的整体跃升，使教学科研整体条件得到优化，使新闻传播学学科教材、资料库建设取得明显成效，使图书文献和数字化信息建设水平提高、学科各类专业数据库初具规模。

新闻传播学科有自己的发展特征，即作为基础条件的传播技术变化快，各种新产品的生命周期都在缩短，要置办的各项教学研究设备、器材都非常昂贵，一次性经费投入都相当巨大。这往往让有限的办学经费捉襟见肘。如何在目前条件下，整合社会资源、提高办学的硬件水平，是一个很迫切的现实问题，这也在考量一个民族对教育的认知高度。在将来，动用社会各界资源共同办学，还将是新闻传播教育学界努力的方向。

需要指出的是，随着媒体融合环境下实验教学内容的大幅开展，一种担忧的声音逐渐出现：这些新设的课程是否让学生耗费了太多精力在具体的呈现技术上，与此相对应，关于对新闻传播理念、意义的思考时间被挤占，原本的课外阅读时间被用于媒介技术软件与硬件的使用练习。有学者直言不讳地指出："新闻传播教育在媒体融合背景下要强化综合技术培训，形成技术与能力的增强，也就是说，新闻传播教育要走技术化道路。这无疑会形成新闻传播教育的'偏向'。"其实就是担心媒体融合下"术"的繁荣，干扰到了学生对于"学"的思考与学习。如何更好地衔接动手实践与课堂教学，使得教学活动更为高效，为学生对新闻内容的学习与思考提供充分的时间与适当的引导，也是在加强实践教学的同时需要思考的新问题。

媒体融合使得国际合作变得更为迫切。通信手段的发达使得海外教学资源的共享成为可能。以互联网为代表的信息通讯产业的飞速发展，实现了信息全球化的可能。媒体融合既是信息全球化的必然结果，又是推动这一过程的强大动因。从新闻教育资源的角度来看，来自海外的资源正通过这一渠道不断汇入我们的新闻传播教学活动中。各高校在教学国际化方面的努力也体现得较为集中。北京大学、华东师范大学、清华大学、厦门大学、上海大学、中国传媒大学（含新闻传播学部、广告学院）以及中国人民大学所高校及院系都表示其在近五年间，在教学的国际化上做出了新的举措。其中，一部分高校的国际化教育资源主要集中投放在研究生教学阶段，也有部分高校的国际化路线惠及整个学院的不同学历层面。全球化的冲击对国内新闻传播院系既是一种"挑战"，也是一种"机遇"。要提升新闻传播教育的国际性水平、与国际更好地交流对话，国内新闻传播院系未来要探索"国内海外合作培养"机制，加强与海外高水平新闻传播院校的交流与合作，推进双方的教师互派、学生互换、学分互认，积极利用海外优质教育资源，探索形成灵活多样、优势互补的新闻传播人才培养机制。

同时高校新闻传播院系还要从课程设置上吸收海外顶尖新闻传播院系教学方式和教学内容的有益之处。为更好地适应国家经济建设和社会发展对高层次应用型国际新闻传播专门人才的迫切需求，加强国际新闻传播人才队伍建设，促进国际新闻传播能力提升，新闻传播院系还需要肩负起使命责任，配合好国家的整体国际新闻人才培养战略，进一步完善优化国际新闻传播专业学生的培养模式。

改善师资结构，加强师资的引进和培养师资力量为新闻传播教育的支撑力量，教师的质量直接关系到教学水平的高低。新知识日新月异，新问题层出不穷，这对教师的知识结构、教学素养、科研能力、思维模式都提出了新的挑战与要求。许多国内新闻传播院系纷纷表达了对改善师资结构、提升师资力量的关切和期盼。华东师范大学传播学院教授、副院长雷启立谈道：华东师范大学传播学院现在的教学方式运行较为顺畅，不足之处是师资力量需要极大加强，这可能需要学校有一些较大的政策来吸引符合条件的专业人士。各新闻传播院系均表示要加强师资队伍建设，建立学院与新闻机构人员互聘制度，在保持现有的专业硕士生双导师制、选派骨干教师到新闻机构挂职的基础上，争取聘请更多的有较高理论水平和丰富实践经验的记者编辑到学院任教或开设讲座，努力建设一支"专兼结合"的新闻传播学师资队伍。

二、新闻传播教育及新闻人才培养存在的问题及成因

（一）存在的问题

1. 理念陈旧、目标模糊、范式固化

在媒体融合时代，新闻产品生产、传播、运营、消费都处于重构之中，数字化、网络化、移动化、智能化的趋势逐渐让我们认识到创新新闻传播人才培养理念与策略的极端重要性。新闻大战、收视率之争其实就是人才之争、创意之争、创新能力之争。每逢改版、每创办一个新闻栏目，最缺的就是创意创新能力强的人才。

当下，新闻传播教育培养的理念比较陈旧，要么死守传统的理论教学而忽视实践，要么一味地强化实践教学。虽然有些教师也想实行理论与实践相结合的教学方法，但原有的新闻教育理念、课程设置、教学方法和评价体系没有进行系统的、有前瞻性的改革与创新。相当多的教师仍在传授传统的采、写、编、评的理论知识与实践技法。有些院校虽然已经重视融媒时代的传媒教育教学改革，开设了一些新媒体课程，但课程割裂、内容封闭、专业壁垒很难打通。新技术引领、支撑的融合生产、传播、运营的教育教学仍无法推行。不仅如此，部分院校新闻传播人才的培养目标十分模糊，培养模式之单一令人吃惊，教育教学与媒体融合发展的实际严重脱节。

2. 培养目标飘忽，忽视节目创新与融产品研发能力的培养

中国传媒教育和人才培养存在重"术"轻"学"问题，过度强调实用、技术与操作，把高校办成了职业训练所。与此同时，也有一些学者认为传媒院校不能只培养研究型人才。他们走上社会后要扛起创业的重任，新闻传播学的学科特色和专业特点决定了人才培养的应用性必须强化。新闻传播人才的培养目标存在争议很正常，各方观点各有侧重可以理解，但不能偏激。不管是综合性大学还是专业院校，新闻传播人才的培养都要立足于理论与实践相结合，专业知识与运用能力相统一，着力培养、提升学生的节目创新与融媒体产品研发能力。

3. 教学与社会需求脱节，理论与新闻实践脱离

"绿眼罩派"按照传统新闻的采、写、编、评的方法与路径来培养学生；"卡方派"将传播学、社会学等注入新闻学研究，用社会科学方法尤其是定量统计的方法来培养学生。"绿眼罩派"与"卡方派"这两种不同的人才培养观对我国新闻传播学的教师们影响较大，其争论也一直持续不断。当下，国内高等院校传媒教育存在的突出问题是教学与社会需求脱节、理论与新闻实践脱离现象较严重。媒体融合发展的趋势昭示我们新闻传播人才采、写、编、评的基本功和运用社会学、经济学等社会科学知识开展研究的能力不但不能忽视还应进一步强化。与此同时，我们还必须培养学生的计算机编程、大数据新闻采编等适应互联网和融媒时代新闻生产传播的创意创新能力。这是提升新闻传播力、引导力、影响力和公信力的知识与能力贮备。

（二）出现上述问题的具体原因

1. 视野狭窄，知识更新滞后

部分专业教师对新技术、新环境、新变局知之甚少，没有主动适应融媒时代

变革并适时进行前瞻性分析。教师们对传媒业的新生态、新问题、新现象不能及时发现、准确判断并形成独立思考，无法通过理论与实践相结合的剖析、讲解，引导学生由此及彼、由表及里、举一反三地分析问题、解决问题。

2. 人才培养观念故步自封，师资结构不合理

部分高校的传媒人才培养观念已十分陈旧，更令人担忧的是故步自封。部分传媒院校的师资结构问题十分突出，来自业界的教师比例过低。这与密苏里新闻学院、纽约电影学院等高校来自业界的专兼职教师占比45%以上形成了较大反差。从学界到业界，再从业界回归学界，从近几年的教学实践和学术交流看，传媒专业的教师比较重视新闻传播专业理论知识积累和学术研究，但他们的创作实践与新闻管理经验明显欠缺。国内绝大多数传媒学院有传媒实践经验的教师偏少，创作能力较强、专业水平较高的教师更少。

3. 轻视、忽视对所培养人才的跟踪、评估与反馈

虽有课题组到业界了解人才培养情况，也有高校表示对这项工作的高度重视，但对所培养人才的跟踪、评估与反馈不是一两次课题调研所能解决的。如果不建立健全相应的机制，不从管理制度上落实落细，即使有专门的机构负责人才培养情况的反馈，此项工作也会流于形式。

三、新闻传播教育及新闻人才培养研究

2018年9月17日，教育部、中共中央宣传部发布了《关于提高高校人才培养能力实施卓越新闻传播人才教育培养计划2.0的意见》，它要求加强和改进高校新闻传播专业建设，坚持马克思主义新闻观，培养具有家国情怀、国际视野的高素质全媒化复合型专家型新闻传播后备人才。

融媒时代，媒体深度融合带来了人机交互的信息生产模式、多元复杂的舆论生态、技术驱动的媒体格局。融媒时代的传播特征要求新闻传播人才具备以价值判断能力、事实核查与整合能力、数据分析与应用能力、情境内涵的认知能力构成的核心竞争力，然而目前新闻传播人才能力培养面临缺乏教学组织方式与融媒体的深度融合、缺乏以融媒体为核心的实验设施、缺乏教学资源上的社会协同机制等困境。未来应立足于融媒时代新闻人才核心竞争力的要求，在培养目标上处理好实践教学过程中技术与传播、工具与从业者的关系；将融媒时代下的新闻传播生态与新闻传播业态融入教学内容；在培养方式上通过推广平台化教学来提供真实的媒体实践场景。

（一）新闻传播人才培养的核心价值诉求

当下，传统的采、写、编、评等新闻传播人才培养模式已远远落后于社会需求。我们再也不能局限于或单纯满足于研究型或应用型人才的培养。面对新技术引领的新闻传播生态、格局之大变革，综合分析新闻学和传播学的学科特色，面对生产传播体制机制创新、融合生产、融产品研发、全媒体传播等实践对新闻传播人才的需求，融媒时代新闻传播人才培养的核心价值诉求，即最主要、最重要的目的或目标是确立融合与创新理念、锻造融产品研发与运营能力。

融媒时代的新闻传播人才首先要有互联网思维和融合理念。传媒人应确立蕴含互联网基因、具有互联网思维的新闻传播理念，在思想、观念及认知、判断等方面求真、开放、协作、高效、分享。新闻传播生态与格局的变革、传播环境和用户消费习惯的变化客观上要求新闻传播人才必须是融合化人才，其知识结构、能力等都必须是融合的、融通的。传统的编辑记者的采编技能是"三个一"，即一支笔（能写）、一杆枪（能拍）、一把刀（能剪）。但在融媒时代"三个一"显然不能满足媒介和社会对新闻传播人才的需求。

融媒时代的新闻传播人才是创意创新型人才。理查德·佛罗里达认为创意型人才是"具有才能的创意人"，是"创造新观念、新技术和新的创意内容"的人才。创新型人才"是指那些富于探索精神，拥有独立思维和创新意识，敢于突破传统知识结构壁垒，为人们未来生活指出捕捉光亮的复合型人才。"厉无畏则认为，掌握有较高水平的知识，具有很强的创新能力，能运用创作技能和手段把特有表达内容和信息转换、复制、浓缩到文化创意产品或服务中，并能推动该产品或服务的生产、流通和经营的人才集合体，就是创意人才。且创意与创新是分不开的。创意侧重于设计、构想、谋划，创新侧重于开拓、创业、创造。创意要通过创新转化为新成果、新业绩。创新则离不开创意所提供的新观念、新思维、新技术。有创意才能的人创新能力也比较强，有创新能力的人都有创意思维和开拓潜质。创意创新型新闻传播人才是在新闻传播理论探索和创作实践中想象力丰富、洞察力敏锐，具有前瞻性、开创性、敢想敢干、充满激情、理论与实践相结合能力较突出的人才。

高等院校新闻传播人才的培养要创新策略、优化方案、调整知识传授结构、夯实实践基础、激发创意创新潜能，高起点地参与、催化、推进媒体融合向纵深发展。

1. 理念融合化——融媒时代新闻传播人才的新思维

高等院校理应研究理念融合的多维度探索与多元化发展的策略。还要在这些课程中加入技术与内容之融合、全媒体传播、融媒体平台建设等内容。当下，高等院校传媒专业要在专业课教学中讲授互联网知识，有意识、有计划地注入互联网基因，催生师生的融合思维。我们要引导师生明晰融媒时代新闻生产的内容与技术要融合、生产与传播要融合、传播与运营要融合。确立这种全方位、全程融合的理念十分关键。只有教师理念真正更新，才能引导学生理念创新。

2. 学科交叉化——融媒时代新闻传播人才提升学养与素质的新要求

传媒业的发展对新闻传播人才的知识结构和专业水平提出了更新更高的要求。课程设置创新方面，课程体系的建设要坚持通识教育和专业教育并重并举原则，立足于新闻学、传播学、社会学、经济学、文化产业等多学科理论研究与应用教育交叉传授、立体培养。美国许多新闻与传媒学院正致力于跨学科整合，调整新增了多媒体新闻学数据可视化移动和社交媒体新闻学"数据新闻"等课程。知识结构创新方面，强化文理知识、跨文化思维、多学科专业理论的传授，以满足业界、市场对人才的需求。就教育手段与方法而言，我们要坚持理论与实践相结合的原则。各校各专业根据自己的历史、条件与环境发挥自己的教学特长，强化自己的办学特色，教材建设、课程设置、教学方法等保持一定的稳定性无可厚非，但这不是放松、忽视教育教学改革的理由。惯性思维与自闭作风已严重妨碍学生协同创新研究与交叉应用能力的培养，重构人才培养方案和人才培养体系应成为我们的共识。

3. 能力具象化——媒介与社会对新闻传播人才的新期待

融媒时代对学生能力的培养不能简单地、笼统地归结为一专多能"复合型"，而要尽可能具体、具象。他们要有较扎实的理论功底，善于用正确的、融合的理念思维去实践。在实践中，不断地总结、反思、反省，提炼出理论观点，持续进行理论研究。他们就是各媒介和社会传媒机构研发新栏目、新节目等融媒体产品的核心人才。

那么，融媒体产品研发运营的能力包括哪些方面？我们如何培养、锻造学生的融媒体产品研发运营能力？

（1）辩证思维、逻辑表达、独立思考和精准创作能力。

人云亦云、随波逐流的人不可能成长为创意创新型新闻传播人才。此外，无论是设计产品、创办新栏目，还是日常的生产传播，表达清晰、精准、逻辑性强、思维缜密也是融媒时代新闻传播人才必须具备的能力。该能力的培养需要强化文史哲等人文社会科学知识的系统教学，注重经典作品的案例分析与讨论，在热议、争论及创作实践中开阔视野、增长才干。

（2）发现捕捉新闻线索及其传播价值能力。

该能力是融媒时代记者编辑的基本功。高等院校应明确要求专业教师面向新技术、新传播、新生态进行理论与实践相结合的教学改革。与此同时，学校应有计划、有步骤地引进、补充业界精英从事专业教学，切实调优传媒专业理论课与实践课的教师比例。

（3）快速、精准、立体传播和及时解决问题能力。

融媒时代新闻直播化、多渠道、融平台传播的特性决定了从业者必须具有快速、精准、立体传播的能力。在快速传播中，传媒人还要及时解决各种突发问题。这就要求从业者精于内容生产，擅长新老媒体直播，设计、生产、推送各类直播产品。为此，我们要引导学生多参与网络、广播、电视等直播，在直播实践中坚持问题导向，善于发现问题，及时解决问题。

（4）熟悉不同思维方式、善于融合不同文化的能力。

融媒时代，新闻传播要强化用户意识，切实施行以用户为中心的理念。为此，传播者必须熟悉、适应并采用不同思维方式进行跨文化传播，擅长在新闻现场即兴分析点评新闻事件及其新闻背景，从而增加新闻可信度和传播价值。能否发表独特而有见地的观点，是否与不同思维方式、不同文化的人群进行有针对性的交流与沟通，直接关系到所在媒体传媒产品的影响力和公信力。这一能力培养要注重互联网新闻传播规律的教育教学，引导启发学生增强全球化思维，创新东西方文化交流策略。

（5）全媒体运营能力。

创意创新型新闻传播人才还要有全媒体融合运营能力。他们对所负责的新闻产品进行市场调研、分析，及时收集、反馈用户消费信息，明晰用户需求，提出设计、开发、包装、渠道、推送等意见，优化产品组合、开拓融合传播模式、设计融合营销方案、不断提升产品价值。

以上几个方面是融产品研发运营必备的能力。我们要切实重视在新闻传播教育教学的各环节着力培养学生的上述能力，落实落细学生能力具象化的各项措施。融媒时代传媒院校亟待在师资队伍建设、课程设计、能力素质培养、应用实践磨炼等方面进行全方位的改革创新。以融合与创新为核心价值、目标诉求和方向抉择才能将学生培养成新技术环境下能向用户提供更有创意、更新融产品、更好新闻内容、更有价值的为社会所需的新闻传播人才。

（二）培养技能融合型新闻从业人员

1. 加强对高校内新闻专业学生的教育

媒体融合要求新闻从业人员进行不断的技术融合，因此必须培养一批具有多项技能的复合型新闻从业人员。加强对高校内新闻专业人才的教育和培训，就是为媒体融合做铺垫。

高校在培养新闻专业学生的时候，要打破以往的观念，即认为记者就是采访和写稿，编辑就是审稿、编排，记者和编辑互不干涉对方的事，而注重对学生的多方面能力培养。随着媒介的融合，新闻专业学生不仅需要掌握采访、写作、编辑等技能，还需要学会摄影、Flash 等软件的操作运用；不仅要学会新闻的采集，而且要学会对新闻的策划和报道。

因此，为了培养优秀的具备融合型技能的新闻从业人员，就要全面地加强多种技能的培训，对课程进行适当的调整和改革。一个新闻专业学生没必要精通所有的技能，掌握所有的方法，但必须对媒体融合的趋势有初步了解，在此基础上，加强个别技能的深入学习，掌握熟练运用能力，达到学有所长，为今后从事媒体行业打好基础。

2. 开展对现有新闻从业人员的技能培训

现有的新闻从业人员已经对媒体行业及新闻报道有了深入的了解，他们往往已经熟悉了某项技能，或者对某一角色已经轻车熟路、得心应手。可是，对于其他部门或者其他媒体的新闻传播过程不见得精通，有的甚至一窍不通。因此，有必要让现有的新闻从业人员进行其他类型媒体相关技能的培训。这里的技能培训是学习同一媒体的其他部门的技能，了解掌握不同部门工作的差别，为成为"背包记者"打好基础。例如，文字记者在学会摄影后，可以兼任起文字采访和拍摄两种角色，记者可以进一步结合文字和他所有的图片进行写作，这样可以加强文字与图片的切合点，使报道更加生动和真实，从而在一定程度上促进媒体的发展。

3. 培养全媒体人才，消除"本领恐慌"

打造具有强大传播力和竞争力的新型主流媒体，实现一次采集、多种生成、多元传播、全媒发布，需要素质过硬、能力超强的全新采编队伍支撑。技术赋能、流程再造为新型主流媒体提供了全新的发展空间，从无人机采集、机器人写稿、AI 合成主播等新技术的应用，到动漫、图解、H5 等新产品不断跨界生成，媒体融合成为传统媒体人的技能大考。编辑记者工具包里拥有的"十八般兵器"如何转化出"七十二变"的融媒体产品，以内容优势赢得发展优势，就得以"大象也要学会跳街舞"的精神，一专多能，实现提笔能写、举机能拍、对镜能播、上机能剪的技能提升，不断消除融合发展带来的"本领恐慌"，练就具有融媒体视野、精通用户理念、拥有多种产品加工能力、善于与受众互动的专家型"网红记者""跨界编辑"，不断从海量推送向精准定制转变，由流量聚集向人心凝聚跨越，以内容优势、产品优势赢得发展新优势，激发媒体深度融合的力量，扩大主流价值影响版图，让党的声音传得更开、传得更广、传得更深入。

（三）培养融合型新闻传播人才

当前，媒体融合的新趋势对融合型新闻传播人才培养提出了新要求：一是学科建设从"独立"转向"融合"，二是培养理念从"专业细分"转向"融合创新"，三是培养路径从"专才"转向"全才"。只有对人才培养模式进行全方位深层次的创新，才能使新闻传播人才培养从狭隘的专业教育走向更加广阔的传播实践。

近年来，媒体已与通信技术的飞速进步融为一体。传统媒体产业正在从战略、文化、组织和技术多方面被重塑，由此引发了对媒体和传播教育的新需求。教育部在2018年1月颁布的我国高等教育领域首个教学质量国家标准中明确指出，新闻传播教育应该培养具备跨媒体信息传播知识和能力的应用型、综合型和创新型人才，新闻传播人才应该具有国际视野和在不同文化之间进行交流的能力。"跨媒体""融合媒体"和"综合"等核心用语也在2018年颁布的"卓越新闻传播人才培养计划2.0"中高频率出现，"国家标准"中还专门开列了"融合新闻学""融合新闻创作""数字多媒体技术"等课程，凸显出国家和行业对融合型新闻传播人才的迫切需求。

融合型新闻传播学的学科建设：从"独立"到"融合"分科制的形成是近代大学的主要特征之一，它是建立在近代科学研究不断细化深入的基础上的。大学学科制度的完善有利于学科的稳定发展、资源的有效整合，但也存在不少弊端。特别是近年来随着媒体融合趋势的不断加强，强调专业性和独立性的新闻传播教育已经无法适应时代的发展，许多具有前瞻性的院校纷纷开展学院、专业和学科间的联合教育活动。例如，密苏里大学是美国第一所设立新闻系的大学，该大学与法学院合作，开发了本、硕、博多层级的综合培养体系。2014年，一个为期六年的"联合学科"试点项目在美国斯坦福大学启动，以计算机与英语、计算机与音乐为开端，探索文理交融的独特学习体验。

学科建设是培养融合型新闻传播人才的基础，需要通过从内到外打破学科壁垒，深入推进学科融合来实现。向内，要破除本学科内跨专业的障碍，将人才培养机制从一个学科转变为多个学科融合。西南交通大学传播系实现专业融合的第一步是施行大类招生。在一年级的教学中不分专业，注重开阔眼界，夯实基础。为了帮助新生尽快融入专业学习，快速全方位了解传播专业现状与未来发展，特别开设了"新生研讨课"，采取系列讲座形式，在新生入学的第一学期聘请本系16位教师每周就相关话题展开教学与研讨，内容涉及新媒体、媒介素养、广告创意、纪录片制作、学习方法分享等，向学生展示了传播学丰富多彩的学科面貌，大大激发了学生的学习兴趣。

新生第一年除了开设"传播学概论"和"广告学概论"外，还开设了"数码摄影""图文设计基础"等基础实践课程。将学科基础、专业基础和通识课程结合起来，可以帮助学生从一年级入学开始就建立"大传播"的理念，避免过细过早的专业条块划分剥夺学生充分发掘自我兴趣与特长的机会。二年级分专业后，核心课程根据师资与培养目标打包为新闻业务、数字传播、视听传播、传媒经济与创意传播四个课程模块，学生可根据自己的能力与兴趣自由选择其中一个或多个单元学习。授课教师也不再根据教研室安排教学任务，而是根据授课模块组成跨专业、跨学科的教学团队。

此外，要实现其他学科和其他专业与本专业的融合。新闻传播学与众多人文学科相互交叉融合，涉及历史、文学、政治、经济、社会等多门学科内容，所以一直被视为杂家之学。同时，新闻工作者也由于报道内容包罗万象被划分为政治记者、财经记者、法律记者等不同类型。这就要求新闻传播教育不能只专注于传统的采、写、编、评这样的新闻业务技能培训，要跳出专业设置的窠臼，在相关学科间形成知识集群，建立多元化的学科生态，实现协同放大效果，助力融合创新。为此，西南交通大学传播系在一年级开设了"社会学概论""美学概论"等跨学科的基础课程，在其他年级引入中文、外语、哲学、经济学、设计学、计算机与信息科学等兄弟院系已经开设的"基础写作""跨文化传播（双语）""科技传播""消费者行为学""新媒体交互设计""大数据与舆情分析"等课程，通过或与外专业合并上课，或聘请外院外系教师，或直接由本系教师任教，实现跨学院、跨学科、跨专业的协同式融合教学。

融合型新闻传播人才培养的理念：从"专业细分"到"融合创新"。

在今天万物互联、自媒体泛滥的时代，公民新闻盛行，新闻媒介和新闻工作者遭遇了前所未有的"主体性危机"，越来越多的从业者和教育者开始认识到，过细的专业划分割裂了知识与学习的整体性，造成了学科壁垒、影响了学科创新，这就要求新闻传播教育从培养记者的职业性转变为培养复合型、跨专业的融合型人才，让学生跳出"小新闻"，到更加广阔的社会大生活中去，将扎实的专业技能与高尚的家国情怀相融合，将广博的知识素养与正确的价值判断相融合。

融合型新闻传播人才的培养路径：从"专才"到"全才"。

由技术进步引发的产业重构对人才培养提出了新的要求。以往奉行专业教育的新闻传播学教育，注重专业知识与技能培训，轻视人文素质和职业道德培养，割裂了专业素质与政治素质、道德素质之间的关系，难以满足当前社会对高水平新闻传播人才的需求。要改变这种现状，就必须从单一的技能培养转变为对素质、知识、能力的综合培养，从单一的专业教育走向专业与通识、理论与实践、技术与价值的全面融合。

首先，把提升政治素质放在首位。例如，西南交通大学传播系充分利用四川本地丰富的红色革命教育资源，在培养计划中开设了"马克思主义新闻观体认实习""马克思主义新闻影像创作实习"等课程，组织学生前往范长江纪念馆、建川博物馆、朱德故里、小平故里等地点，通过献花、观展、听报告、拍摄、写报道、心得交流等方式开展实地考察学习。特别是坐落在四川内江的范长江纪念馆，是为了纪念我国马克思主义新闻工作的先驱和近代最著名的记者范长江而建，是进行马克思主义新闻观教育的绝佳基地。通过一系列实习实践和考察参观活动，丰富了学生对马克思主义新闻观的感性体验和理性认知，提高了学习兴趣，坚定了马克思主义新闻理想，让新闻传播专业的学生真正做到了"进基层、懂国情、长本领"。

其次，高度重视道德素质培养。当前，媒体道德与伦理正在受到科技进步的严重挑战。新技术如大数据、AI和5G飞速发展，然而也带来了新闻失实、隐私泄露、算法偏见、信息茧房等诸多全新的问题。由新技术所引发的新闻伦理的迷失、新闻工作者主体责任意识的淡漠，只有通过建立法规、加强监督、合理运用新技术、提高从业者道德素质才能解决。为了维护智媒时代的新闻伦理，构建人机协同的良性局面，整个社会都要付出巨大努力。从新闻传播学教育来看，我们需要从伦理与技术两方面开展人才培养。以西南交通大学传播系为例，在课程设置上，除了普遍开展道德教育，还有针对性地开设了一系列与新闻法律法规、新闻伦理道德、媒介素养相关的课程，包括"新闻传播伦理与法规""新闻评论""媒介批评"等，努力贯彻价值教育理念，全面提升学生的职业道德水平。此外，还开设了"大数据与舆情分析""数据可视化"等技术类课程，在提升学生道德水平的同时，教会他们辩证看待技术进步，让学生有意愿也有能力深入理解技术原理，充分利用技术优势，尽量避免技术陷阱。

再次，全面加强专业素质教育。通过学科、课程、师资、资源的深度整合，实现教学质量的稳步提高。例如，大力开展基于项目的工作坊式学习。由教师牵头，3-5名学生自发形成小组，根据学生的特长与兴趣，选择论文写作、调查报告、新闻采写、影视制作或新媒体作品创作等课题，开展为期一年的学生研究实训项目。通过开题、中期答辩、结题答辩等形式进行质量监控，与此同时进行伴随式指导，把体系化的课程和基于项目的实训相互融合。又如，西南交通大学传播系近年来积极组织学生参加学科竞赛，推广"以赛促学"的观念，效果显著。参赛学生在国家级学科竞赛中屡获大奖，提升了自身的信心，也给学科发展带来了良好的声誉。通过以上措施，教学质量大幅提升，学生的专业素质明显提高。

（四）在高校进行新闻人才 CDIO 培养

CDIO 是近年来国际工程教育改革的最新成果代表，2004年由麻省理工学院和瑞典皇家工学院等四所大学联合研究提出，主要理论依据是美国著名哲学家、教育学家和心理学家杜威的"做中学"。我国目前已有18所教育部 CDIO 项目试点高校，其对新闻学科的借鉴意义也十分明显。

"CDIO"工程系统能力从构思（Conceive）、设计（Design）、实现（Implement）和运作（Operate）四个层面展开。它以产品研发到产品运行的生命周期为体系，体现学生的自主性、实践性及课程之间有机联系的方式学习工程。其具体目标是创造一个合理、完整、通用、可概括的教学目标，将个人的、社会的、系统的制造技术和基本原理结合。新闻实践的选题策划、采写编评到传播运营各环节也具有工程意义上的系统性与有机联系性。

地方新闻院校一直面临教育经费不足、教学内容落后于行业实践、双师型师资紧缺、实验配套滞后等问题，学生实践机会少，人才培养效果不理想。当下传统媒体纷纷向融媒化发展转型，从传统的"训示"模式到"咨询"模式，再到融媒体"互动"模式，媒体变革带来的挑战，给传统新闻人才培养提出了必须转型的要求。借鉴 CDIO 工程化人才培养理念和模式，对于新闻专业人才培养具有重要意义。

借鉴工程化 CDID 培养理念和模式，地方高校新闻专业实践教学育人工程首先是教育理念的创新。"理念是一个精神、意识层面的上位性、综合性结构概念，是指引人们从事理论研究和实际运作的航向。"

1. 突出融媒体特色

传统媒体时代,地方院校新闻专业教学内容相对陈旧,学生实践形式单一且深入主流媒体学习的机会较少。而融媒时代,两微一端、短视频、公众号、小程序 APP、编辑与策划、创意传播与运营、自媒体传播等多元化的实践空间,让地方院校新闻人才培养有了更广阔的空间,人才培养满足融媒时代之需成为其发展的根本。

2. 强调人才培养服务地方与社会的宗旨

地方高校传统教学课程设置及教学方式偏单一化,造成地方高校人才培养与社会需求脱节。学生对专业认知度不高或不准,服务地方热情不足,人才流失且毕业生专业对口率低。因此,新闻专业人才培养应注重差异化,突出地方特色,为地方发展培养人才。

3. 强调人才综合素质养成

新闻专业人才培养 CDIO 更需要注重学生个体、社会、综合的能力与素质提升。这是一个包括职业道德素养、专业理论知识、实践技能与水平、理解与认知能力、逻辑思辨与批判创新、实践动手能力、良好的职业道德伦理与价值观的复合体系,而不仅仅局限在经验性重复性的技术层面。

4. 着重学生创新发展能力

创新是文化内容生产的基本特征。在媒介社会化、媒体融合化已经成为大趋势的时代,信息烟尘化致使思想沙漠化,创意和见解成为稀缺资源,创新已经内化为当下媒介从业者的基本职业素养。新闻院校应着眼于培养能适应融媒体内容生产、运营、推广的新媒体人才,且具备创新性的思维、实践与自我发展能力,以适应瞬息万变的职业生态。

第四节 新闻传播融合和变革之路

近年来,互联网技术的不断发展给媒体融合工作带来很多机遇。在媒体融合背景下,传统新闻传播方式已经不能满足现代化新闻传播发展的需求,所以,在新闻传播发展的过程中,需要结合媒体融合发展的体制、特点、形势现状,加快新闻传播变革,更好地优化新闻传播形式、传播内容,为社会大众提供更丰富多样的新闻,提升新闻传播工作的有效性。

一、新闻传播变革价值

在新闻传播变革发展的过程中，结合媒体融合手段可以优化新闻传播的材料，拓宽传播范围，人们也可以运用新媒体时代的多样化传播渠道，了解和接收各类信息资源，增强信息获取的及时性。

在互联网技术不断发展的过程中，报纸、电视、广播等传统媒体传播方式发生很大改变，为提升新闻传播的速度、效率，需要以媒体融合为基础，促进新闻传播工作的多元化发展，这样也能为新闻传播工作带来积极影响和发展动力。

新媒体时代，新闻热点的获取方式更加便捷。为实现新闻传播工作与受众之间的交流和互动，需要发挥媒体融合作用，拉近新闻传播工作与人们之间的距离，提供更加优质的服务，强化新闻传播的效果。在新媒体平台不断发展的背景下，官方微博、门户网站等新闻传播形式越来越多。为加大宣传力度，需要传统媒体将发展重点转向新媒体网络平台，积极提升自身新闻在新媒体平台中的影响力，加强与媒体融合平台的密切合作，推动新闻传播工作的有序开展。

二、新闻传播变革策略

（一）创新新闻传播形式

一方面，新闻传播可以运用媒体融合背景下的良好互动优势，提高新闻传播的效率，还可以与受众之间进行交流和探讨，第一时间了解受众对新闻传播的实际需求。新闻传播工作可以结合新媒体编辑技术，提升新闻传播的新颖性，不断将真实有效的新闻内容传递出去，这样也能更好地满足受众对新闻传播的需求。

在新闻传播形式创新的过程中，新闻工作者还要注重新闻传播内容的质量，并通过与各类网站、APP 有机融合的方式，拓宽新闻传播的渠道，从而达到新闻传播工作相互借鉴、相互融合的发展目标，提升新闻传播工作在媒体融合背景下的影响力。

此外，新闻媒体可以创建自己的微信公众号、抖音账号等，传递信息内容。比如，可以创建抖音账号，发布受众感兴趣的新闻内容，让大众及时了解新闻热点。

（二）优化新闻传播内容

媒体融合可以弥补传统媒体发展的弊端，传统媒体可以结合新媒体平台创设自身的官方平台和网站，积极优化新闻传播的内容。传统媒体还可以利用新媒体平台优化自身新闻节目，提升新闻传播的效率，形成媒介融合体系。

在优化新闻传播内容的过程中，传统媒体还要重视对新媒体平台网络资源和信息内容的应用，使传统媒体的信息与新媒体内容有机融合，达到丰富新闻传播资源的发展目标，不断强化自身影响力。

在优化新闻传播内容的过程中，新闻工作者可以结合受众的实际需求和特征，积极挖掘新媒体平台的网络素材、网络资源，关注热点话题，增强受众参与新闻传播的积极性。比如，新闻工作者可以挖掘微博、微信等新媒体平台的网络素材，结合受众感兴趣的热点话题、网络流行语等，促进新闻传播内容的有效创新。

（三）提升媒体融合意识

首先，新闻工作者要多关注新媒体平台信息，积极分析新媒体平台信息内容特点，加快新闻传播工作的变革和发展。传统新闻媒体为了避免被边缘化，需要加强与新媒体的有效融合。

其次，传统媒体在发展过程中，可以结合受众对信息的获取和学习需求，重新定位新闻传播发展方向，不断扩大新闻传播的范围，加快新闻传播速度，充分发挥新媒体背景下网络平台、网站对新闻传播的作用和价值。

同时，工作人员需要意识到传统媒体与新媒体的融合是当前时代发展背景下的必然趋势，新闻传播工作需要坚持与时俱进的发展理念，积极通过新媒体技术进行新闻的传播，这样也能让更多的人通过网络和手机了解最新的信息，提升新闻传播在媒体融合背景下的影响力。

最后，在提升媒体融合意识的过程中，相关人员应积极学习互联网技术、新媒体平台使用方法、网络信息新闻制作方法等，从而深度参与到媒体融合发展工作中，加快媒体融合的步伐。以重点项目为抓手，在媒体融合背景下，认清互联网时代的传播特点和规律，加强与受众的互动，及时把受众反馈的信息表现在内容生产中，打造出"生产—发布—反馈—吸收—再生产—再发布"的完整链条。

媒体融合给传统新闻传播工作带来新的挑战，新闻工作者可以结合媒体融合优势，提升媒体融合意识，优化新闻传播的内容与形式，加强媒体融合，包括平台的融合和工作机制融合。牢牢掌握舆论主导权，讲述好故事，传播正能量，引领意识形态的正确方向，尽可能地促进媒体融合工作的有序进行。

三、新闻事业发展的新趋向

（一）从以传播者为中心走向以受众为中心

融媒时代，新闻事业将从以传播者为中心进行运作转向以受众为中心进行运作。具体来看，从以传播者为中心到以受众为中心主要包含以下三层含义。

1. 传播者角色的转化

新媒体的出现在很大程度上推动了新闻事业从计划经济向市场经济的转变，在这种社会大背景下，新闻媒介的强制化、权威化的特点逐渐减弱，服务特点逐渐加强。受这种大氛围的影响，曾经在计划经济时期以"组织者""宣传者""政府机构的分支"等角色自居的新闻传播者的角色也会发生转变，即从"发号施令"者向服务者转化。

2. 受众角色的转化

而在新媒体出现后，新闻信息是一种商品的这种观念逐渐深入人心，受众可以根据自己所需选择不同的新闻信息，在这种情况下，受众理所当然地被新闻媒介看作新闻信息的"消费者"，享有"消费"的各项权利，受众的角色也发生了转化。

3. 媒介风格的转化

随着新媒体的快速发展，为适应市场的需求，不少媒体在从以传播者为中心向以受众为中心转变的过程中，作为衔接传播者与受众的媒介新闻信息，随着传播者与受众的角色转化，其风格也发生了深刻的变化。具体来看，传统的新闻媒介大多是以宣传的面孔出现的，因而具有很强的宣传意味，而当其以受众为中心转变时，媒介就会为受众提供多种信息服务，其中不仅有严肃的政治新闻，也有娱乐、消遣等多方面的内容，而这一转变也会在很大程度上刺激新闻媒介形成多元化的风格。

（二）从人治走向法治

融媒时代，新闻事业的制度架构将从人治走向法治，这是新闻事业发展的要求。具体来看，新闻事业从人治走向法治需要经历以下几个步骤。

1. 建立新闻法

在新媒体环境下，建立新闻法是新闻事业发展的内在需求。针对我国新闻事业立法真空的问题，要实现新闻事业的法治需要建立新闻法。而这一认知随着新闻事业的发展越来越显得迫切。

2. 提升大众权利

建立新闻法只能从制度和秩序上对新闻事业进行规范，新闻事业的法治还需要进一步提升大众权利，这是新闻事业发展必须承担的社会责任，如保证受众的知晓权、新闻从业者的舆论监督权、新闻自由等，在发展新闻事业的同时，只有维护大众的这些权利，才能体现真正的法治思想。有鉴于此，未来的新闻事业的法治化还包括大众权利从重义务轻权利向权利义务并重的转变。

（三）新闻媒体从单一媒体走向媒体融合

融媒时代，传统的单一的媒体联合或兼并已经不再适应市场的需求，因此近年来，几乎所有的新闻媒体都在向多媒体方向发展，而在这一发展过程中，省（市）级别以上的媒体基本上都是"报纸+网络"或"广播电视+网络"的模式。而在地（市）一级，报纸、广播、电视、网络正在逐步联合、兼并。据此可以推测，未来新闻媒体在运作上将由单一媒体向媒体融合发展。

（四）从雅俗共赏发展为雅俗分赏

融媒时代，为吸引受众，更多的新闻事业将会以受众的兴趣作为重点，而这也会推动新闻事业从雅俗共赏向雅俗分赏发展。具体来看，新闻事业从雅俗共赏向雅俗分赏的发展包括两项内涵，其一是因受众兴趣的不同，新闻事业的受众从大众化向小众化方向发展；其二是因受众兴趣的不同，新闻媒介从单一性向多元性过渡

（五）从相对自由竞争向垄断竞争过渡

1. 从相对自由竞争向垄断竞争过渡的具体表现

为应对多种新媒体的威胁，各类传统新闻传播媒体开始进行同行业的集中和兼并，从而促使了行业联合现象的出现，这种模式在很大程度上增强了传统新闻传播媒体的竞争力。部分具经济实力的新闻事业单位开始进行跨行业联合，以应付激烈的市场竞争。

2. 从相对自由竞争向垄断竞争过渡对现实的影响

新闻事业从相对自由竞争走向垄断竞争使新闻媒介从松散走向了集中，对新闻事业产生了重要影响。

第一，垄断竞争的出现有助于新闻媒介以其雄厚的实力走向世界，并有效地和国外媒体展开竞争。我国在加入WTO之后，与国外各项事业的接触越来越密切，仅就新闻事业而言，随着"中国WTO保护期"即将结束，越来越多的国外

新闻事业单位涌入中国与中国的新闻事业竞争。因此，可以预见中国媒介参与国际竞争已势在必行。而垄断竞争的出现有助于我国优秀的新闻媒介联合起来，以雄厚的实力与国外媒介竞争。

第二，垄断竞争的出现对媒介结构产生了巨大的影响。在新媒体环境下，原本存在的新闻媒介重复建设现象成为新闻事业发展的拦路虎，它不仅占据了整个媒体生存空间，而且也不利于新闻传播效果的提升。而在垄断竞争格局下，新闻媒介为了不断向前发展，会采取吸收、兼并小的新闻媒介．以壮大自身力量的做法，这使得新闻事业领域的新闻传播集团大量衍生，从而对新闻媒介的结构产生影响。

参考文献

[1] 江海玉.网络直播对电视直播的影响与优化策略[J].电视技术,2019,43（19）：17-19.

[2] 翟玉亭.网络直播与电视直播的对比分析[J].环球首映,2019（4）：33.

[3] 马骉,张惠.新媒体时代网络直播与电视直播的融合[J].智富时代,2019（6）：1.

[4] 孙静.媒介融合背景下网络直播与传统电视直播的竞争与合作探析[J].视听,2017（9）：37-38.

[5] 邢佳妮.新媒体环境下媒介素养教育探索[J].传媒,2020（15）：81-84.

[6] 张开,丁飞思.回放与展望：中国媒介素养发展的20年[J].新闻与写作,2020（8）：5-12.

[7] 胡晓菲,孙艳.基于混合式教学模式的大学生媒介素养课程建设研究[J].教育教学论坛,2020（32）：251-253.

[8] 许颖.媒介融合的轨迹[M].北京：中国人民大学出版社,2011.

[9] 雷蔚真.跨媒体新闻传播理论与实务[M].北京：中国人民大学出版社,2012.

[10] 刘宏,栾轶玫.新闻传播理论[M].北京：中国传媒大学出版社,2016.

[11] 姜平.媒介融合教程[M].武汉：武汉大学出版社,2015.

[12] 宫承波.媒介融合概论[M].北京：中国广播影视出版社,2016.

[13] 强荧,戴丽娜.新闻传播学理论前沿：在媒体融合的视域下[M].上海：上海社会科学院出版社,2016.

[14] 王菲.媒介大融合：数字新媒体时代下的媒介融合论[M].广州：南方日报出版社,2007.

[15] 郑保卫.新闻理论新编[M]2版.北京：中国人民大学出版社,2015.

[16] 彭菊华.新闻学原理[M]2版.北京：中国传媒大学出版社,2014.

[17] 牛静.新闻传播伦理与法规：理论及案例评析[M].上海：复旦大学出版社，2015.

[18] 蔡雯.新闻报道策划与新闻资源开发[M].北京：中国人民大学出版社，2004.

[19] 童兵.理论新闻传播学导论[M].北京：中国人民大学出版社，2000.

[20] 陆小华.整合传媒：传媒竞争趋势与对策[M].北京：中信出版社，2002.

[21] 程世寿，刘洁.现代新闻传播学[M].武汉：华中理工大学出版社，2000.

[22] 杨保军.新闻理论教程[M].北京：中国人民大学出版社，2005.

[23] 郑兴东.受众心理与传媒引导[M].北京：新华出版社，1999.

[24] 蔡铭泽.新闻传播学[M]4版.广州：暨南大学出版社，2014.

[25] 林凌，濮端华，张帆.新闻学概论[M].北京：化学工业出版社，2011.

[26] 刘建勋.新闻传播理论概要[M].北京：北京大学出版社，2007.

[27] 钟大年，于文华.凤凰考：建构一个新传媒[M].北京：北京师范大学出版社，2004.

[28] 刘凡，杨萍.新编新闻学概论[M].广州：暨南大学出版社，2011.

[29] 廖永亮.舆论调控学：引导舆论与舆论引导的艺术[M].北京：新华出版社，2003.

[30] 李良荣.新闻学概论[M]5版.上海：复旦大学出版社，2013.